U0522955

怀特海知识论及其
在课程改革中的运用

Alfred North Whitehead

温宏宇 著

中国社会科学出版社

图书在版编目（CIP）数据

怀特海知识论及其在课程改革中的运用 / 温宏宇著 . —北京：中国社会科学出版社，2021.4
ISBN 978-7-5203-8233-5

Ⅰ.①怀… Ⅱ.①温… Ⅲ.①基础教育—教育现代化—研究—中国 Ⅳ.①G639.2

中国版本图书馆 CIP 数据核字（2021）第 066520 号

出 版 人	赵剑英
责任编辑	王　琪
责任校对	李　剑
责任印制	王　超

出　　版	中国社会科学出版社
社　　址	北京鼓楼西大街甲 158 号
邮　　编	100720
网　　址	http://www.csspw.cn
发 行 部	010-84083685
门 市 部	010-84029450
经　　销	新华书店及其他书店

印刷装订	三河弘翰印务有限公司
版　　次	2021 年 4 月第 1 版
印　　次	2021 年 4 月第 1 次印刷

开　　本	710×1000　1/16
印　　张	13.75
插　　页	2
字　　数	205 千字
定　　价	69.00 元

凡购买中国社会科学出版社图书，如有质量问题请与本社营销中心联系调换
电话：010-84083683
版权所有　侵权必究

序

综观我国基础教育课程改革的历史，在改革的各个时期我们都能发现知识论对其的深刻影响。甚至可以说，基础教育课程改革就是建立在对知识的认识与理解之上的，改革过程中的很多教育问题背后往往隐含了某些知识论问题甚或哲学问题。

新一轮基础教育课程改革之前，我国教育受客观主义知识观的影响较大，强调知识的客观性、普遍性和中立性，一方面促进了科学知识的传播以及教育的普及，但另一方面，客观主义知识观对人主观能动性的压抑使得教育工厂化、教学机械化的阴影开始笼罩在基础教育的上空。"新课改"之后，我国开始了由"应试教育"向"素质教育"，由客观主义知识观向建构主义、解构主义知识观的"转轨"，淡化或否定了知识的客观性、普遍性、中立性，转而强调知识的主观性、情境性与价值性。尽管"新课改"在弘扬人的主观能动性、激发学生的想象力与创造力、提高学生的自主学习与团队学习能力等多方面成果颇丰，但在处理知识客观性与主观性的关系、学科知识体系与学科逻辑的掌握、情感态度目标的落实、教与学的平衡等问题上有些力不从心，改革期间更是争议不断。随着研究的不断深入，人们越来越感受到，在客观主义知识观与建构主义、解构主义知识观之间选边站似乎并不是明智之举，但欲调和三者又着实有些困难。追本溯源，当我们将此问题进一步地深化便可发现，三种知识观的冲突与矛盾背后隐藏着一种围绕着"实体"的哲学本体论论争。从客观主义知识观到建构主义、解构主义知识观，实体的地位在不断地下降，知识与实体间的直接关联被淡化乃至消解，致使知识的性质发生了根本性的改变，从而影响了教育的发展。进一步讲，若我们承认了实体，承认了其与知识间的直接关联，则知识的客观性得以保留，但知识的主观性将会丧失；若我们否认实体的存在，或模糊了其与知识之间的直接关联，则知识的主观性得以体现，但我们将无可避免地滑向相对主义的陷阱。面对如此窘境，怀特海的知识论进入了我们的视野。怀特海的知识论以机体哲学为基础，在消解实体的同时建设性地提出了具有事件思维的"实际实有"这一新本体，进而不但超越了传统客观主义知识观那种唯客观性至上的错误理念，也为弘扬知识的人文精神做出了贡献。在这一点上，怀特海可以说是站在了与马克思主义哲学相同的立场，既强调精神创造对于推动社会进步与文明进程的作用，又未忽略物质性活动和物质生产方式的基础地位。

本书之所以选择怀特海，除了其知识论本身的建设性的确为解决我国基础教育课程改革中的诸多问题开辟了新的航线外，怀氏思想的独特魅力也着实令作者无法视而不见。

自20世纪20年代以来，我国便有学者开始接触怀特海的机体哲学。时至今日，在90多年的时间中，我国有关怀特海思想的研究越发深入，各种颇具启发意义的研究成果层出不穷。特别是进入21世纪后，怀特海的哲学思想受到了前所未有的关注，各种著作、学位论文及学术论文等大量科研成果的问世，都体现出怀特海机体哲学颇具启发性的积极价值已开始被我国学界所认同。机体哲学已然在我国悄然兴起，虽远远没有达到兴盛的地步，但也从侧面反映出其本身所具有的那种独特魅力，体现了机体哲学研究的价值性与必要性。应该说，我国很多著名学者对怀特海及其机体哲学的评价都很高，怀特海的学生、著名哲学家谢幼伟先生曾自嘲"自愧所得不及吾师十分之一"[1]；我国现代哲学家、哲学史家张岱年先生也曾指出，"怀悌黑的机体哲学，与胡萨尔的现象学，乃现代哲学中两个最宏伟的系统"[2]；

---

[1] 谢幼伟：《怀黑德学术》，台北"中央"文物供应社1954年版，第3页。
[2] 李存山编：《张岱年选集》，吉林人民出版社2005年版，第1页。

著名哲学家张东荪先生在提及怀特海时更是直接表明，"我们对于怀特海……的学说没有批评，因为我们除全部承认外，亦只有惊服而已"①。正如著名怀特海思想研究专家，《过程与实在》《观念的冒险》等多部怀氏著作的翻译者周邦宪先生所认为的那样，"怀特海无疑是20世纪最杰出的哲学家之一，他的影响在他生前就越出了哲学的领域，广泛地波及科学界，引起了包括爱因斯坦在内的一些大科学家的关注"②。在本体论上，怀特海完成了从实体到事件的颠覆性转变，消解了实体哲学所遗留的精神与物质的绝对壁垒，打破了人与自然的心之壁障，令在我们意识中原本孤寂无缘的冰冷宇宙得以回归其互联共通的本来面目；在认识论上，怀特海突破了休谟怀疑论所带来的难题，改进了传统的"主观主义原则"，并通过提出因果效验、直接表象与符号指称这三种知觉方式为我们对因果律的感知奠定了基础，为人类得以认识真实的自然提供了可能；在知识论上，怀特海完成了对知识主观性与客观性的融合，在弘扬知识人文情怀的同时保证了知识的客观性价值，在客观主义知识观与解构性后现代主义知识观之外探索出了一条新路径。准确地讲，一方面，怀特海既没有顽固地坚守实体主义哲学的现代性阵地，也没有皈依解构主义哲学的后现代信仰，而是提出了一种建设性的后现代发展道路；另一方面，怀氏的机体哲学既没有顺应哲学认识论转向的潮流，也没有投向分析哲学的理论阵营，而是着力构建一个使"我们经验中每一成分都能得到解释"③的宏大宇宙论体系，欲通过对哲学本体论的重新诠释与省思来解决那些困扰着我们的诸多切实问题。如此种种，在对以往哲学思想进行批判与融合之后，怀特海打开了一扇机体哲学的大门，在如今这个纷繁复杂且危机重重的时代里为诸多理论问题的解决提供了一种新的可能，为诸多实践困境的省思提供了一个新的机缘。

---

① 张东荪：《新哲学论丛》，商务印书馆1929年版，第309页。
② ［英］A.N.怀特海：《观念的冒险》，周邦宪译，北京联合出版公司2014年版，第3页。
③ ［英］A.N.怀特海：《过程与实在》，周邦宪译，北京联合出版公司2014年版，第5页。

当然，怀特海的思想并非完美，笔者对其的解读也不敢说面面俱到、细致入微，但笔者依然希望能够借本书之力抛拙砖以引璞玉，以期各有识之士、学术同人们能够将怀特海的深刻洞见引入教育，为我国基础教育课程改革的发展注入一些新的活力。

温宏宇

2020 年 9 月 21 日于哈尔滨

目　　录

第一章　我国基础教育课程改革中知识观的实体之思
　　　　与事件之维 …………………………………………（1）
　一　从信仰到消解——聚焦"新课改"知识观的
　　　实体之思 ……………………………………………（3）
　二　怀特海对实体哲学的批判——"新课改"知识观的
　　　"实体之困" …………………………………………（15）
　三　从解构到建设——探索"新课改"知识观的
　　　事件之维 ……………………………………………（25）

第二章　怀特海知识论的哲学前设 ……………………………（39）
　一　构成世界的终极实在事物——实际实有 …………（40）
　二　"实际实有"的具体成分——摄入及主观形式 ……（50）
　三　摄入的诸多主观形式之一——意识 ………………（53）
　四　关于肯定性摄入的一些原理 ………………………（56）
　五　作为知识表述主要方式的命题及命题性感受 ……（66）
　六　意识源生于合生中的补充阶段——比较性感受 …（76）

第三章　怀特海知识论的知觉论基础 …………………………（84）
　一　知觉的"补充"阶段——直接表象知觉 ……………（84）
　二　知觉的"反应"阶段——因果效验知觉 ……………（93）
　三　怀特海知觉理论对传统主观主义原则的
　　　批判与超越 …………………………………………（99）

四　对因果关系的知觉 ………………………………（105）
　　五　直接表象和因果效验两种知觉方式的
　　　　相互作用——符号指称 ……………………………（109）

第四章　怀特海的知识观——怀特海知识论的核心观点
　　　　阐释 …………………………………………………（119）
　　一　知识是意识对所经验的客体的分辨 ………………（119）
　　二　知识何以可能 ………………………………………（134）
　　三　科学是对事物整体性的探索 ………………………（137）
　　四　知识体系是一种观念的资本 ………………………（141）
　　五　真的关系与真的三种类别 …………………………（145）
　　六　怀特海知识论的局限 ………………………………（150）

第五章　怀特海知识论对我国基础教育课程改革的理论
　　　　价值 …………………………………………………（152）
　　一　丰富对知识有机整体性的认识 ……………………（154）
　　二　超越知识主观性与客观性"非此即彼"的困境……（159）
　　三　平衡知识习得过程中的动力因与目的因 …………（164）
　　四　在提高知识获取效能的同时重视对学生冒险精神的
　　　　培养 …………………………………………………（167）

第六章　怀特海知识论对我国基础教育课程改革的实践
　　　　意义 …………………………………………………（171）
　　一　在课程目标的制定上明确知识与情感的从属关系 …（172）
　　二　对知识体系与学科逻辑保持足够的尊重 …………（176）
　　三　课程实施遵循教育应有的"节奏" …………………（181）
　　四　注重"教"与"学"的平衡 …………………………（188）

参考文献 …………………………………………………………（193）

后　　记 …………………………………………………………（209）

第一章

我国基础教育课程改革中知识观的实体之思与事件之维

在不同时期,知识的形态、范式往往会随着社会发展与人类需要的变化而转换,且每一个历史时期知识的形态必然影响到那一时期的教育形态,每一个阶段的知识转型也必然地要影响到那一阶段的教育活动。每当我们论及某些教育问题时总离不开对其背后所存在的知识观的审视与考量,其所蕴含的教育与知识之间那种密不可分的内在关联已然成为解释教育现象、回答教育问题、推进教育改革的一个重要切口。同时,每一次知识观转型的背后都体现了某种知识论的变革和哲学上的省思,撇开哲学的思辨而妄谈知识观的思想意义与理论价值,不但容易令我们忽视知识观本身可能蕴藏的某些深刻洞见,而且容易模糊我们的视线,致使很多藏匿于深层的问题得不到应有的讨论。因此,探究教育背后的知识论背景、挖掘知识观背后的哲学前设,不仅是把握当今教育形势、透视教育现象的关键,更是解决教育问题、推进教育良性发展的必要举措。

21世纪伊始,随着教育部《基础教育课程改革纲要(试行)》(2001年6月8日)的印发,我国基础教育领域一场声势浩大且意义深远的基础教育课程改革拉开了帷幕。从教育层面看,这是一场由"应试教育"到"素质教育"的变革;从知识论层面上看,这是一次由传统客观主义知识观到建构主义与解构主义的转轨;从哲学本体论层面上看,这是一个由视实体为信仰到淡化乃至消解其存在价值的过程。在改革推行的近二十年时间里,"应试教育"成为众矢之的,客观主义知识观所含有的危险倾向与错误观点也受到了猛烈的批判，实体的统治地位与无上价值更是开始跌落神坛。客观地讲，新一轮基础教育课程改革对我国教育教学活动产生的巨大影响有其积极的一面，但同时一些反面的声音也不绝于耳。很多学者不认为所谓的"应试教育"真的那么不堪，不认为客观主义知识观所带来的知识客观性与确定性是教育可以随意舍弃的糟粕，不认为我们可以抛下实体这一根基来谈论知识的种种意义与价值。在这样一种境遇下，素质教育的大旗总是无法完全覆盖到应试教育的所有遗留问题，不少地区的学校应试教育仍大行其道。同时，客观主义知识观也凭借其顽强的生命力与建构主义、解构主义知识观分庭抗礼，其影响总是挥之不去。虽然我们的"新课改"成果斐然，但不少新问题也应运而生。对此，很多学者开始反思：新课程改革的理论基础到底是什么，基础教育的弊端可否归于对掌握知识的强调，应不应该弱化知识与教育的关系，什么是知识，要不要重新思考什么知识最有教育价值，基础教育是否存在过于注重知识传授，是否存在"轻视知识"的教育思潮，应怎样看待学科课程与模块课程，[①] 新课程改革应走向何方等一系列问题。似乎，人们发现基础教育课程改革也许真的存在矫枉过正的现象，在否定传统"应试教育"的同时，很多宝贵的教育经验和教育成果也被埋没了；在颠覆客观主义知识观的同时，知识的很多重要性质也不复存在；在解构实体的同时，整个知识的大厦也失去了根基。

进入21世纪，随着研究的不断深入，人们发现建构主义并不完美，而解构主义后现代哲学对实体哲学和现代性批判有余但建设不足。正是在这样的背景之下，一种以事件为本体、以过程为方法、以关系为对象的机体哲学引起了思想界的关注，源于其中的知识论思想也开始受到重视。因此，为了更好地推进教育事业的健康发展，本章首先要着重探究我国基础教育课程改革中不同知识观所带来的影响以及蕴含在这些知识观当中哲学本体论上的实体之思；其次要指出我国

---

① 廖哲勋：《实事求是地评价普通高中新课程改革》，《课程·教材·教法》2010年第9期。

第一章 我国基础教育课程改革中知识观的实体之思与事件之维

基础教育课程改革中知识论的本体之困,进一步明确课改中的很多问题其实是知识论问题,是哲学问题,是本体论问题;最后要找到"新课改"中所藏有的事件萌芽,引出怀特海知识观的事件之维。

一 从信仰到消解——聚焦"新课改"知识观的实体之思

课程变革的背后总是隐藏着知识观的转型与重构,知识观的转型又总是伴随着哲学上的颠覆与省思。回顾我国自 2001 年开始的新一轮基础教育课程改革,不难发现改革当中存在着一个由客观主义知识观向建构主义、解构主义知识观转型的趋势。该趋势一方面为教育理论与实践的变革和发展提供了一种理论上的可能,另一方面是对 20 世纪哲学世界所掀起的那场围绕着实体的批判浪潮以及现代科学的崛起做出的回应。因此,在理解我国基础教育课程改革的种种现象与问题时,我们不但要关注改革过程中所体现的那种由客观绝对到主观建构、由普遍适用到情境依托、由价值中立到价值自主的知识观上的转变,更要注意其中所暗含的那种导致了教育在认知上对实体从信仰到淡化,乃至最后完全消解的哲学本体论层面上的省思。

(一)客观主义知识观——视实体为信仰

客观主义知识观(或称科学主义知识观、表征主义知识观等)信奉对绝对真理的探寻,认为"真理是认识(也就是确认)实在事实的产物"[①],知识是对外在实际世界的一种准确表征,它客观、普遍且价值中立。如此,在教育实践活动中,教师便能够通过艺术地运用各种教学方法来向学生系统且高效地传授各种科学知识,使其获得改变世界、征服自然的力量。事实上,客观主义知识观对扭转因古典形而上学知识观所造成的教育困境、推进教育现代化进程也确实起到了一

---

① [美]安·兰德:《客观主义认识论导论》,江怡等译,华夏出版社 2007 年版,第 36 页。

定的积极作用。首先,客观主义知识观影响下的教育不再把知识当成一种空洞的言语修辞或逻辑算数,而是把知识看作一种认识世界、改造世界的重要工具,赋予了科学知识极高的教育价值与实用价值。其次,使传授知识的教育不再是少数人群的特权,而是每个人都必须享有的权利,促进了教育普遍化的进程。再次,提高了传授知识的效率,降低了知识习得的难度等。应该说,客观主义知识观对教育的发展及社会进步的积极意义是不言而喻的,而这一切之所以可能则有赖人们对实体的坚定信仰。17世纪,笛卡尔通过第一原理"我思故我在"提出了著名的心物实体二元论;培根扛起了经验主义的大旗,指出"我们的全部知识(逻辑和数学或许除外)都是由经验来的"①,并倡导"知识就是力量";牛顿提出了"简单位置"的概念,使实体成了科学逻辑的起点,令实体成了现代科学,特别是物理学的基石。那个时代的哲人们,或许在认识论层面上有着唯理论与经验论的差异,但是单就对被亚里士多德认定为"是一切谓述的终极主词和一切谓项的终极主体"②的实体的态度而言,大多保持了一种忠贞不渝的信仰。这种对实体的信仰推动了当时科技的迅猛发展,而科学技术的成就则促使客观主义知识观开始走向辉煌。自17世纪以来人们似乎都把寻找普遍、确定、客观且绝对的知识作为认识活动的根本目标。

客观主义知识观把知识当作一种对事物的表征或映射,而就它反映的内容而言,则是对客观事物的属性与联系的反映,是客观事物在人脑中的主观映像。换言之,客观主义知识观秉承以一种"实体—属性"的形式来描述世界,而这被怀特海称为"实体思维的形成之根"。除此之外,对于客观主义知识观来说,"'客观性'、'普遍性'和'中立性'是三个基本特性"③,而这三个基本特性正是基于实体的种种性质。

首先,所谓的客观性实际上体现了一种"符合"的思想,即知识

---

① [英]罗素:《西方哲学史》,马元德译,商务印书馆2016年版,第150页。
② 聂敏里:《亚里士多德的形而上学:本质主义、功能主义和自然目的论》,《世界哲学》2011年第2期。
③ 石中英:《知识性质的转变与教育改革》,《清华大学教育研究》2001年第2期。

必须与事物的本质属性或事物与事物之间的本质联系相"符合",那些没有达到这种"符合性"标准的认识经验就不能被称为知识,最多只能被称为"不完善的知识"。给知识客观性提供支撑的正是实体与属性的那层关系。亚里士多德把实体看作一个终极主体,一切的属性也必须依托于这个主体,这个主体成了一个命题中的主词,属性成了谓词,知识则意味着命题中谓词所代表的属性正是主词所代表的那个实体的本质属性。既然如此,我们不难推出,由于知识本身所关联的只是实体与属性之间的关系,因此知识本身并不依赖于人的主观意愿,也就是说知识本身是非人格的,因此知识在理论上便可以在人与人之间进行无差别的传播。应该说,客观主义知识观本身更加贴近唯物主义经验论的思想观念,但其并不否认笛卡尔提出的精神—物质二元论,这也就使得客观主义知识观当中的知识非常类似于某种"物质实体",它独立于人的精神。正如培根所提出的那样,人的主观思想其实是"种族假象"的始作俑者,知识必须来源于经验,依托于我们的感官知觉并借助科学的实验去加以证明。除培根外,洛克以及后来的赫尔巴特等知名教育家也都基本认同这一观点。概言之,客观主义知识观摒弃了个人的见解与主张,目的在于确保知识的准确与客观。

其次,知识普遍性的内涵主要指的是知识可以得到普遍的证实与证明,它超越了各种社会和个体条件的限制。赋予知识普遍性的正是实体的普遍性。比如,一个杯子在中国它是一个杯子,在美国它依然是一个杯子而不会是一个水壶;再比如,万有引力定律可以通过我国科学家的观测与计算得以证实,同样也可以通过英国科学家的观测与计算得以证实。但实体的这一普遍性其实也是一种孤绝性,因为它之所以普遍是因为实体不受任何他物影响,就像笛卡尔所认为的那样,实体"只需自身便可存在"。牛顿通过提出"简单位置"的概念强化了实体的孤绝性,依照牛顿的学说,"'简单定位'(同简单位置)的概念有两大特征:一是时空局限在事物自身,而事物则处于此时此地,并且和其他物质点尘及其所处的时空无关……二是凡是具有'简单定位'性质的事物,就可以化约为科学的或逻辑的实体。这样的实体一方面是空间化了的、不含任何时间成分;另一方面是抽象化了的、不含任何情境成分"①。也就是说，通过简单位置这一概念，情境被从实体中彻底抹去，知识本身也就不再受任何地域或情境的限制。先不论知识普遍性的对与错，单就这种性质本身而言无疑使知识的传播变得更加方便，因为任何新的知识只要一旦被发现便可以通过教育传授到世界的各个角落。这一便捷性使我们的世界非常容易形成一种知识的共同体，在这一共同体当中可以分享各种新的知识以扩充每一成员的知识储备。

最后，知识的中立性指的是就知识而言它本身是价值中立、文化无涉的，知识本身只能如培根所认为的那样来自纯粹的经验抑或是如笛卡尔所认为的那样来自理性和"天赋观念"。其实，在说明了知识的客观性与普遍性之后，知识的中立性便不难理解。因为既然知识同实体一样不受任何人主观意愿的影响，并且对任何人都普遍必然，犹如实体一样不受地域和情境的限制，那么知识对任何人来说也就必然秉持一个中立的态度。客观主义知识观所抱有的这一观点可以说是进一步消除了人的主观意愿对知识的影响，使得知识完全超越了国家、文化以及个人欲望的控制，不论何时何地，追求真理总是高尚的。

综上所述，在实体哲学的大行其道之下，客观主义知识观得到了坚实的理论根基。并且由于17世纪人类取得的光辉成就，客观主义知识观更是备受推崇，教育的发展方向也随之受到影响，培根、赫尔巴特、梅伊曼和拉伊等众多教育家都接纳了这种知识观并提出了很多值得后人反复推敲的经典理论，引领了当时的教育发展。以我国为例，在客观主义知识观还是学界主流的年代里，教育的主要目的似乎只有一个，那就是高效、系统地向学生传授科学知识；课程的主要内容似乎也只有一个，那就是逻辑、完善的学科知识体系；课程评价的标准似乎更只有一个，那就是细致、全面地检测学生对科学知识的掌握、了解情况，等等。不难发现，客观主义知识观主导下的教育对知识的掌握、记忆与背诵有些过于执着，教育的工厂化、教学的机械化

---

① 俞懿娴：《怀特海自然哲学—机体哲学初探》，北京大学出版社2012年版，第96页。

倾向严重,一种"无人"的教育弥漫在课堂之中。对此,正如马克思所说:"感性失去了它的鲜明的色彩而变成了几何学家的抽象感性;物理运动成为机械运动和数学运动的牺牲品;几何学被宣布为主要的科学。唯物主义变得漠视人了。"① 20世纪之后,随着哲学界对实体的淡化、质疑乃至消解以及各种教育问题的接踵而至,客观主义知识观开始跌落神坛,虽仍有余温,但建构主义知识观和解构性后现代主义知识观开始主导教育的方向。

(二) 建构主义知识观——视实体为不可触碰

笛卡尔提出的实体二元论以及牛顿提出的"简单位置"使人们在对实体的认识方面陷入了一个两难的困境,即要么像理性主义那样把对实体的认识看作一种主体建构客体的过程,要么像经验论那样把对实体的认识看作一种客体建构主体思想的过程。作为建构主义的重要代表人物,皮亚杰认为,不论是上述哪种观点都过于极端,且与事实并不相符。在《发生认识论原理》中,他极具建设性地指出:"认识既不是起因于一个有自我意识的主体,也不是起因于业已形成(从主体的角度来看)、会把自己烙印在主体之上的客体;认识起因于主客体之间的相互作用,这种作用发生在主体和客体之间的中途,因而同时既包含着主体又包含着客体,但这是由于主客体之间的完全没有分化,而不是由于不同种类事物之间的相互作用。"② 也就是说,皮亚杰并不把认识活动的主体与客体当作两个完全分离的实体,而是把它们视为"完全没有分化"的"共同体",认识活动则是这一共同体中联结主体与客体的中介。基于此,建构主义知识观认为知识应该是通过主体与客体之间的相互作用而主观建构的。这样的话,知识一方面能够对人的主观思想有所回应又不至将其绝对地主观化,另一方面能够以客观的实体为依托且不需将其作为唯一的理由。这里需要注意的是,"皮亚杰关于主体建构客体的思想,指的是客体的概念是主体建

---

① 《马克思恩格斯文集》(第1卷),人民出版社2009年版,第331页。
② [瑞士]皮亚杰:《发生认识论原理》,王宪钿等译,商务印书馆1997年版,第21页。

构的产物,并不是认为,客体的客观实在性是主体建构的结果"①。皮亚杰的这一观点其实体现了一种康德的思想,即"外物的很多属性并不属于自在之物本身,而仅仅属于自在之物的现象,这些属性在我们的表象之外没有单独的存在性"②。也就是说,我们能够做的只有对实体进行概念上的建构,但实体本身并非人类所能触碰的。加之皮亚杰对主体与客体的那种"未分离状态"的认知,我们不难发现,虽然皮亚杰承认实体的存在,也认可客体是可以独立于主体之外的,但在他的发生认识论中实体的意义实际上被淡化了。因为如果我们将认识的起源归为实体,那么就必然陷入唯理论与经验论二选一的两难境地;反之,如果将认识的源头引向认识活动本身则可避免这一困境。皮亚杰的这种将知识的源头由实体转换为实体与实体间相互作用的认识论变革是包括社会建构主义在内的一切建构主义知识观的理论基础,也是建构主义有别于其他知识观的根本所在。正如有学者言之:"现代主义主要从本质主义的角度理解知识大厦是什么以及由什么构成等问题(如逻辑实证主义等);后现代主义从解构主义的立场出发,告诫我们要在知识大厦的拆毁过程中来理解知识是什么(如夏平的《真理社会史》和哈丁的《科学的文化多元性》等);而社会建构主义则从发生学的角度,建议我们从知识大厦的建构过程中了解知识本身(如塞蒂纳的《制造知识》和拉图尔等人的《实验室生活》)。"③

　　转换了追溯的源点以淡化实体的干扰,建构主义知识观在保证知识具有客观性的同时扭转了由客观主义知识观所导致的教育对绝对客观、精确知识的沉醉。其对弘扬人的主观能动性、改良教学方法、进一步激发学生的首创精神与想象力等多方面都起到了十分正向的推动作用。首先,由于建构主义知识观认为知识是建构的而非发现的,所以学习本身就是一个"意义建构"的过程,虽然在以往的教育理论

---

　　① 张桂春:《激进建构主义教学思想研究》,辽宁师范大学出版社2002年版,第27页。
　　② [德]康德:《未来形而上学导论》,庞景仁译,商务印书馆1978年版,第50页。
　　③ 安维复:《社会建构主义:后现代知识论的"终结"》,《哲学研究》2005年第9期。

中，学生的主观能动性并没有被我们所遗弃，但建构主义无疑使得学生的主观能动性得到了进一步的发挥。以此为前提，"建构主义教学理论强烈主张在教学活动中，应以学习者为中心，从学习者个体出发，从人出发，以人为本，真正把学习者主体能动性的发挥放在教学活动与学习活动的首位"①。其次，受建构主义知识观的影响，"教学设计过程中，应充分考虑如何体现学生主体作用，采取适当的方法促进学生主动地建构知识、意义，使学生实现从被动地接受知识到主动地创造、建构知识的转变"②。因此，我国的基础教育课程改革开始摒弃传统的传授式教学方法，转而提倡探究式教学、对话式教学等强调师生互动的教学方式，"以教为中心"的教育正在向"以学为中心"的教育转变。再次，相较于客观主义知识观的地域无涉、情感无涉，建构主义知识观，特别是社会建构主义知识观更加强调社会情境对知识习得的重要作用，强调"个体在社会文化背景下，在与他人的互动中，主动建构自己的认识与知识"③。因此，远离社会生活的那些"繁、难、偏、旧"的知识有了从教育中剔除的理由，那些更加贴近生活的知识得以成为教学内容的主要组成部分。并且，建构主义知识观强调知识的情境化与生活化，使得知识能够通过情境而建构，并通过学生应用到各种情境中去，避免了以往所谓"应试教育"产生的一些对知识只会诉说但不会应用的现象。最后，相对于客观主义知识观所提倡的知识的普遍适用与价值无涉对因材施教的力不从心，建构主义知识观则更加关心"尽量使每个学生施展自己特长的教学，可以产生不同学习结果的教学，就是'差异性教学'"④。教育的目的在于育人，既然是育人，就要尊重人与人之间不论是在生理上还是心理上所存在的种种差异。客观主义知识观既然承认知识的客观性、普遍性以

---

① 薛国凤、王亚晖：《当代西方建构主义教学理论评析》，《高等教育研究》2003 年第 1 期。
② 肖国刚、常保晶：《建构主义知识观及其对教学的启发》，《四川教育学院学报》2004 年第 1 期。
③ 王文静：《社会建构主义研究》，《全球教育展望》2001 年第 10 期。
④ 李芒：《建构主义到底给了我们什么？——论建构主义知识论对教学设计的影响》，《中国电化教育》2002 年第 6 期。

及价值中立性，那么对于每一个人来说，学习教师传授的科学知识就永远是一件正确的事情，至于学生是否真的有兴趣、有天赋、有欲望去学习则没有得到应有的重视，虽有提及但很难落到实处。在这种情况下，教师所要做的就是把既定的知识交给学生并使其成为某类既定的人才。反观建构主义知识观，其赋予了教育更多的人性关怀，使每一个学生有了更为广阔的发展空间，对激发学生的学习动力、促进学生想象与创新能力的发展起到了一定的推动作用。

概而言之，建构主义知识观是对传统客观主义知识观的一次超越，对实体的淡化令建构主义解决了理性主义与经验主义在知识主观性与客观性问题上所存在的分歧，在其影响下的我国的基础教育课程改革也取得了很多值得认可的成就，其理论意义与实践价值不言而喻。但是，建构主义知识观虽然淡化了实体，视实体不可触碰，可实体毕竟还在那里，不论是建构主义的开山鼻祖皮亚杰还是激进建构主义的代表冯·格拉塞斯菲尔德，抑或是社会建构主义的代表维果斯基都没有否认实体的实在性。同时，"当代建构主义在本体论问题上的态度基本上承袭了康德的立场"①，然而康德强调的是"人为自然立法"，只强调"主体对客体的建构"，而非主客体双向建构。最为关键的是，作为建构主义知识观的基础，皮亚杰强调主体与客体在认识活动中是"不分离"的共同体，但在实体哲学中根本找不出实体与实体之间如何实现不分离的理由。也就是说，建构主义知识观在本体论上存在着理论矛盾，缺少强有力的理论根基。因此，虽然建构主义承认知识具有客观性，但知识的个体性、情境性、社会性以及主观性才是建构主义关注的重点。因此，就有学者指出，建构主义容易"导致知识的随意性，进而否定知识的客观性基础……如果将知识简单地归结为它的生产情境与利益相关者，无疑是否定了所有的知识和科学"②。还有学者认为，以极具后现代味道的建构主义科学观"为指导思想的科学教

---

① 江峰：《客观与主观：当代课程哲学的两种知识观评析》，《北京大学教育评论》2006年第4期。

② 文雯、许甜、谢维和：《把教育带回来——麦克·扬对社会建构主义的超越与启示》，《教育研究》2016年第3期。

育改革，不少流于形式，有些甚至走向了传统模式的另一个极端：放任学生自由'建构'"①。甚至有学者直接指出，新一轮基础教育课程改革存在轻视知识的趋势。② 再者，过分追求学生在教学活动中的地位、消解教师在课堂中的权威也给教学活动的组织增加了难度，降低了教学的效能，就有学者直言："从国际的研究报道来看，与建构主义思想相一致的基础教育课程改革，都没有得到实践的肯定。"③ 应该说，有关对建构主义知识观的批判以及对我国新一轮基础教育课程改革的反思文章有很多，其中有些观点或许可能言过其实，但建构主义对知识客观性的淡化所容易导致的相对主义倾向，对情境式、探究式学习的提倡所极易形成的对传授式教学的否定与打压，对差异性教学的推崇所导致的教育评价在实施上的困难等现象的确值得我们去认真思考。

（三）解构主义知识观——视实体为谬误

从对待客观主义知识观的态度上讲，解构性后现代主义知识观与建构主义知识观的立场是一致的，即都反对追求那种客观、普遍、中立的知识。但与建构主义知识观那种依然以实体哲学为基础进行理论建构不同的是，解构主义知识观直接消解了实体的存在，把实体本身当作一种哲学本体论上的谬误。④ 正如尼采所言："问'自在'之物是什么样子的，根本不问我感官的感受性和理智的能动性，因此我们应该这样来回答上述提问：我们怎么知道有这样的事物呢？'物性'乃是我们首先创造的。""'自在的事实'是没有的，而始终必须首先

---

① 于伟：《后现代科学观及其对科学教育观的消极影响》，《外国教育研究》2005年第11期。
② 王策三：《认真对待"轻视知识"的教育思潮——再评由"应试教育"向素质教育转轨提法的讨论》，《北京大学教育评论》2004年第3期。
③ 邢红军：《中国基础教育课程改革：方向迷失的危险之旅》，《教育科学研究》2011年第4期。
④ 石中英：《本质主义、反本质主义与中国教育学研究》，《教育研究》2004年第1期。

植入一种意义,才能造成事实。"① 当不以人类意志为转移的实体不再存在,以此为基础的客观性概念也就荡然无存,致使以客观性为基础的有关知识的一切性质都被颠覆了。所以,在解构主义知识观当中,知识的文化性代替了客观性,知识的境遇性代替了普遍性,知识的价值性代替了中立性。② 值得注意的是,建构主义知识观实际上也散发着一种后现代性的味道,这种后现代性的体现主要在于对知识主观性的弘扬与发展,正因如此,我们基础教育课程改革中的一些举措受到了建构主义与解构主义知识观二者的共同影响。

或许"随着体现客观性理想的科学知识在社会生活特别是社会经济生活中的作用日益明显和增大,人们对这种知识的客观性产生了一种内在的、逃脱的理性批判的信仰"③,抑或客观主义知识观主导下的所谓"应试教育"对我国青少年的健康成长"涂毒"过深,从解构性后现代主义知识观被我国教育理论工作者所注意开始,它便很快成为学界研究的焦点与热点。那种批判、解构的思想逐渐被应用到了对我国传统教育教学的反思中去,在实际的基础教育课程改革中也能常见其身影。其对教育改革的具体影响如下。

在对知识的理解上,提倡我们的教育改革应秉承一种批判的、发展的、多元的知识观。对知识客观性的解构直接导致客观主义知识观所含有的那种"符合论"不复存在,因而知识自然也就失去了客观的参照。以此为前提,解构主义知识观认为知识本身应该是在批判中发展的,"是人们对客观世界的一种解释、假设,它必将随着人们认识程度的深入而不断地改变,不断地出现新的假设和解释"④。同时,由于解构主义知识观消除了知识的权威性,赋予每一个人批判知识、发展知识、创造知识的权利,因而那些由于人的主观意愿、所处地域、所置身的文化的差异所产生的对同一事物或现象的多元化理解也就因

---

① [法]尼采:《权力意志——重估一切价值的尝试》,张念东译,商务印书馆1991年版,第525页。
② 石中英:《知识性质的转变与教育改革》,《清华大学教育研究》2001年第2期。
③ 石中英:《知识转型与教育改革》,教育科学出版社2005年版,第136页。
④ 项国雄:《后现代主义视野中的教育》,《外国教育研究》2005年第7期。

第一章　我国基础教育课程改革中知识观的实体之思与事件之维

而得到了充分尊重。这里需要注意的一点是，在怀特海的知识论当中同样强调知识的批判与发展、多元与共生，但解构主义在批判的同时缺乏继承性与建设性，很容易走向极端。

在教育目标的建构上，提倡我们的教育改革应着重追求"发展"的理想。具体说来，这种发展的理想体现在以下三个方面：一是着重追求以对知识的鉴赏力、判断力、批判力培养为主的"内在发展"，而非着重追求以对知识的机械记忆与掌握为主的"外在发展"。二是相对于以往着力于对普遍适用知识的掌握，认为教育应更加注重本土知识与地方性发展。三是相对于以往忽略了学生情感、态度、价值观所导致的工厂化教育，解构性后现代教育应更加注重学生的多样性、异质性发展。① 总的来说，解构性后现代主义知识观在教育的目标上更加注重学生对知识的判断与运用，更加注重知识的个人价值与地域价值和谐发展，更加注重学生主观情感的引导与培养。不难看出，我国新一轮基础教育改革所提出的"三维目标"或许在一定程度上受到了解构性后现代主义知识观的影响。

在教学内容的选取上，提倡我们的教育改革应对非良构知识抱以足够的尊重。由于对知识客观性的消解，源自17世纪的那种由严密知识体系与学科逻辑为主要表现方式的良构知识开始受到冷落。因为如果知识连客观性都不具备了，那么客观的学科知识体系也就自然不再具备合法性。正如利奥塔所言："知识的本质发生了变化，当前的知识与科学所追求的已不再是共识，精确地说是追求'不稳定性'。而所谓的不稳定性，正是悖误或矛盾论的实际应用和施行的结果。"② 进而，解构主义知识观认为，那些源自实际情境的、概念与概念之间存在着复杂的相互作用的知识，更应该被教育所重视。值得肯定的是，传统的客观主义知识观仅仅在意对抽象概念的精准把控以及对抽象逻辑的必要理解，忽略了知识在实践过程中所呈现的复杂性，对此，解构主义知识观的思想观点很好地解决了这一问题。在我们的教

---

① 石中英：《知识转型与教育改革》，教育科学出版社2005年版，第162页。
② ［法］利奥塔：《后现代状况——关于知识的报告》，岛子译，湖南美术出版社1996年版，第73页。

育改革过程中，对学科知识体系与学科严密逻辑的淡化，强化知识与实际生活的关联，强调"知识模块"的意义与价值，倡导实践性知识的习得已然成了一种风尚，这一趋势的不断发展无疑离不开解构主义知识观的深远影响。

在教学策略的制定上，提倡我们的教育改革应更多地宣扬讨论与对话，避免传统的"知识灌输"。由于客观主义知识观认为知识是客观的、绝对的，因此通过"传授—接受"的方式向学生传授科学知识自然成为教育的重要目的之一。但在这种模式下，作为传授者的教师往往具有绝对的权威，一节课的整个过程很容易变为教师向学生头脑中塞知识的过程。对此，解构主义知识观通过对实体以及知识的客观性的彻底消解，完全否定了知识的传授价值，提出知识需要在批判与发展中不断生成。因此，相较于单方面的传授与接收，教育更加需要对话和沟通，进而我们应该"把课堂看作一个共同体，教师是共同学习者，而课程则是持续进行的对话"①。

客观地说，一方面，解构主义知识观对我国的基础教育课程改革存在着一定的积极意义，特别是在反思、批判传统客观主义知识观主导下的教育方面，解构主义知识观可以说功不可没。但另一方面，解构主义存在的问题一样十分棘手，那就是当我们彻底否定了知识的客观性，真理就不复存在，那么既然真理不复存在，教育乃至科学本身是否还有存在的意义就有待商榷了。因为，没有了客观知识与真理作为参照，我们到底要培养一个什么样的人根本无从知晓，即便我们可以通过讨论和对话"民主"得出一个结论，但历史上多数人暴政所导致的灾难可谓数不胜数，所以很难以此来确保教育的健康发展。并且，对我国基础教育课程改革而言，解构主义知识观的思想观点有些过于激进，虽然它为我们的教育带来了一些新的可能，但其破坏性也是十分巨大的。解构主义知识观彻底解构了实体的存在，进而否定了知识的客观性，否定了客观、必然的科学

---

① ［美］小威廉·E. 多尔：《混沌、复杂性、课程与文化》，余洁译，教育科学出版社2014年版，第265页。

知识的教育性，否定了书本知识的适用性，这便使得在对话与实践中进行知识的创造成为学生获取知识的唯一途径。对此，有学者就指出："否定通过课堂教学对学生进行科学知识教育，否定这些科学的、书本的东西，实际上就否定了学校教学存在的意义。"① 还有学者认为："课程内容应以传授科学知识、方法为主，以传递间接经验和理性知识为主，而不是以情感、信仰、直觉等非理性的知识经验为主。"② 对此，我们很难说这就是我国教育的应然状态。综上所述，解构主义通过消解实体的存在进而从本体论上对知识观进行了彻底的颠覆，虽然这种做法解决了建构主义知识观所存在的本体论上的不足，却有着矫枉过正的嫌疑。特别是在教育领域，解构主义知识观近乎否定一切过往的行为并不完全有利于我国基础教育课程改革的健康发展。

二 怀特海对实体哲学的批判——"新课改"知识观的"实体之困"

应该说，经过对我国基础教育课程改革中知识观转变的分析与研究不难发现，无论是坚守实体哲学阵营的客观主义知识观，还是淡化实体意义的建构主义知识观，抑或是消解了实体存在的解构主义知识观，都不足以指导我国基础教育课程改革的持续健康发展。一种"实体之困"似乎一直萦绕在我国基础教育课程改革的上空。在对待实体哲学的态度上，怀特海既不赞成对其盲目坚守，也不赞同"只破不立"，而是既对其所存在的问题提出犀利的批判，也承认实体哲学的确具有一定的积极意义。通过分析怀特海对实体哲学的批判我们也不难发现"新课改"中一些教育问题的症结所在。

---

① 潘新民：《反思"当代西方新理论"在我国新课程改革中的适切性》，《教育科学研究》2006年第10期。
② 于伟、胡娇：《现代性的教育观的危机与出路》，《教育科学》2004年第4期。

(一) 对"实体—属性"的坚持导致了自然的二分——"新课改"中知识的客观性何以备受冷落

自亚里士多德开始,"实体—属性"的观念就深植于人们的心中,包括笛卡尔、培根、洛克、牛顿、康德等学者无一不受此影响。简单说来,这种观念无非是在表明实体作为宇宙的终极存在是一切属性的依附对象,任何属性必须依托于实体而存在。怀特海对"实体—属性"是持否定态度的,其中的一个重要因素就是对"实体—属性"的坚持将导致自然的二分。

既然实体是属性的载体,那么诸如时间、空间上的广延,颜色、气味、硬度等都是实体的属性,也都依托于实体。但是,随着科学的发展,我们知道我们所看见的、听见的以及嗅到的不过只是光波、声波以及一些微小的粒子罢了,它们经过大脑在意识中生成了颜色、声音及气味等属性,也就是说,我们不但根本没有看见实体本身,我们甚至连颜色、声音等属性都没有知觉到。这一结论显然"完全破坏了感知的'实体—属性'理论的简单性"①,因为很明显我们感知的很多属性并不直接依附于实体。面对这一难题,洛克给出的解决办法是把属性分为第一性质和第二性质,诸如广延、运动等属性属于第一性质,而诸如颜色、声音等属性则属于第二性质。按照实体哲学的观点,实体的第一性质是我们无法通过感官知觉经验到的,我们只能感知到第二性质。然而,第二性质又不是直接源自实体本身。以颜色为例,实体只不过是反射了太阳的光线才使一些事物具有了颜色。也就是说,所谓第二性质无非就是心理主观上的添加物,我们真正感知到的东西根本不在"那里"。上述的这些观点就导致了"当自然在感觉—意识中向我们显露时,不把自然拖进与心灵的关系中就不能对自然做出一致的解释"②,也就是"把自然二分为两个部分,即在意识中理解的自然和作为意识的原因的自然……两种自然的汇合点是心

---

① [英] A. N. 怀特海:《自然的概念》,张桂权译,中国城市出版社 2002 年版,第 26 页。

② [英] A. N. 怀特海:《自然的概念》,张桂权译,中国城市出版社 2002 年版,第 26—27 页。

第一章 我国基础教育课程改革中知识观的实体之思与事件之维

灵,作为原因的自然是流入物,而显现的自然是流出物"①。巴克莱并不认同这种观点,怀特海把巴克莱对其的批判称为"巴克莱两难"(Berkeleyan Dilemma),即"知觉在心灵之中,而自然在心灵之外,这使得自然的概念与知觉的活动各自为政"②。或者我们可以说,这种自然的二分导致我们认识的自然其实并不真实,而真实的自然则并不能被我们所感知。但是,巴克莱处理此问题的方法略有些简单粗暴,巴克莱直接否定了物质实体的存在,只肯定精神实体,虽然表面上解决了这一二分的问题,但实际上与我们的实际生活并不相符。与巴克莱不同,怀特海虽然也反对把自然分为实在的自然与表象的自然、把性质分为第一性质与第二性质,但其没有否定自然本身的客观性,而是从表象自然的实在性入手来解决这一问题。诸如培根、洛克等传统的经验论者认为,我们所认识的自然是表象的自然,是虚假的,其实在性不如原因的自然,但怀特海则认为,表象的自然也有其实在性。不论是我们经验中的一般对象,如椅子、桌子等,还是我们看到的颜色、听到的声音等都是抽象的,它们必须位于具体的事件中才能被我们所认知。换句话讲,表象的自然和原因的自然只有抽象程度上的不同,没有实在性的差异,与"表象"相对的是"原因"而不是"实在"。③ 怀特海的这种知觉观后来发展成了由因果效验、直接表象、符号指称三个阶段所组成的有机认识论,第一性质与第二性质则被机体哲学中更为严谨的实在本质与抽象本质所替代。有关表象自然的实在性问题,将在后续章节做进一步的阐释。

这种自然的二分实则就是建构主义知识观极易对知识客观性淡化处理的重要原因之一,也是"新课改"过程当中知识的客观性备受冷落的症结所在。依照建构主义知识观的观点,"客观实在是不可及的,我们对它所知道的一切都是由人所创造的,并仅仅主观地存在于人的

---

① [英]A. N. 怀特海:《自然的概念》,张桂权译,中国城市出版社2002年版,第29—30页。

② Alfred North Whitehead, *An Enquiry Concerning the Principle of Natural Knowledge*, New York: Dover Publications, Inc., 1982, p.8.

③ L. S. Stebbing, "Professor Whitehead's 'Perceptual Object'", *Journal of Philosophy*, Vol. 8, 1926, pp. 197–213.

大脑之中"①。因此，我们并不能感知到实体本身，我们所感知到的仅仅是现象或者说是洛克所说的第二性质。进而，尽管建构主义知识观承认了知识的客观性，但知识依旧存在被主观上心灵所统治的倾向，很难实现对知识的主观性与客观性的双向关注。

（二）对"简单位置"与"具体性误置的谬误"的批判——教育何以在体系性知识与非良构知识间左顾右盼

在牛顿的思想体系中，"如果我们说一个物质微粒有一个简单位置，意思就是说在表达它的时——空关系时，只要说它的位置就在它本身所在的地方，并说它在一个肯定有限的区域中和一段肯定有限的时间里存在就行了。完全不必设计该物质微粒跟其他空间区域以及时间延续的关系"②。怀特海所言的"简单位置"其实与我们在日常生活中的认识是一致的，我们周围的桌子、椅子、手机、书、笔等都在时空中占有一个位置或者说处于具体的时空中，这就是我们思索事物的方式，生活中我们似乎对此少有质疑。在怀特海看来，这不过就是提出观察实际事物的简化状态，只要粗略地把看来无关紧要的细节抛开不谈就能得到这些概念，但这样表述是非常抽象的。

实体哲学有许多不足，但"具体性误置的谬误"则是其根本性错误，也是人们对其批评较多的地方。在怀特海看来，抽象经常被当作仿佛是具体来对待，以赋予它们不可能具有的功能，如果人们这样做了，就犯了"具体性误置的谬误"。譬如，平面几何中的点、线、面、角等都是抽象的概念，但在具体数学教学中，许多教师时常会用黑板上粉笔画出的点、线、角来表示数学中的点、线、角，这就把抽象的当成具体的了，犯了"具体性误置的谬误"：我们可以借助黑板上的图形说明这些概念，但绝不能说它们就是数学中所言的点、线、角。一个物体在高处放下就会落到地面上，你可以说这是因为引力，甚至

---

① 张桂春：《激进建构主义教学思想研究》，辽宁师范大学出版社2002年版，第102页。

② [英] A. N. 怀特海：《科学与近代世界》，何钦译，商务印书馆2012年版，第67页。

第一章 我国基础教育课程改革中知识观的实体之思与事件之维

可以说因为引力定律,但如果你认为除了相互吸引的存在物之外还有其他某种被称为引力的东西,便犯了"具体性误置的谬误",即把抽象的概念当成具体的存在了。在怀特海哲学中,"当我们说某物是具体的,乃是指该物是我们可直接经验到的,而且该物是整体而不可分割的。当我们说,某物是抽象的,并不指它是不存在的、虚无的,而是说它的存在不能独立而需要依附在具体事物上。例如红花中的'红'、花猫身上的'花纹',皆是抽象的"①。

怀特海之所以对简单位置加以批判,主要有两点原因:其一是因为,支配"简单位置"的物质(或称物质实体或材料,下同,笔者注)的时空原理是"不相连接延展性"(the disconnection of extension in space or in time),这一原理无法对古典科学中有关运动、速度和因果等概念给出一个合理的解释,并威胁了归纳法的存在。其二是因为,虽然人们在进行日常思维或在进行科学探究时无法避免对"简单位置"的应用,但"简单位置"概念是高度抽象的产物,不可以把它看成具体真实的事物,否则就容易掉入具体性误置的陷阱。实体哲学的错误就是没有说明实体—属性、简单位置是一种抽象,结果人们把它当作具体的事物,导致了科学和形而上学的混乱。

其实,所谓的"不相连接延展性"与"简单位置"是怀特海从实体哲学中"科学唯物论"和"唯物机械论"的时空观中所总结出来的特点或者说是症结,前者主要出现于怀特海自然哲学时期的著作中,而后者则出现在《科学与近代世界》一书之中。怀特海认为实体哲学中的"简单位置"及支配其的"不相连接延展性"造成了构成自然的物质之间的彼此孤立、毫无关系,进而导致一系列的问题。在《自然知识的原理探究》一书中怀氏指出,古典科学中的物质、时间与空间存在着一个支配性的原理,"这一支配性的原则就是时间或者空间上延展性的断开"②,或者我们称为"不相连接延展性"。通过对

---

① 朱建民:《现代形而上学的祭酒——怀德海》,允晨文化实业股份有限公司1982年版,第50页。
② Alfred North Whitehead, *An Enquiry Concerning the Principle of Natural Knowledge*, New York: Dover Publications, Inc., 1982, p.1.

"简单位置"的了解,我们知道作为一个物质或者说是物质实体,其本身在空间上是延展的,在时间上则不具备延展性。同时,由于"不相连接延展性"的存在,各个物质之间又呈离散状态。因此,"自然的'终极事实'便是于刹那间散布于整个空间之中的物质,并且这一物质同时可以于另一刹那间散布于相同的空间当中"①。我们不难看出,"不相连接延展性"预设了所有的"物质点尘存在于一无时间的绝对空间系统,或是一绝对分离的时空系统中,其中任何分离的两个质点之间,没有产生因果作用的可能性"②。但是,恩格斯曾指出"世界不是既成事物的集合体,而是过程的集合体"③,不论是速度也好加速度也罢,一切自然过程都需要在一个具有时空连续的延展性的宇宙中才可能发生。这就导致时空观和经典物理学当中的一些概念的矛盾。举例来说,如果物体所处的时空中时间不具备延展性,也就表明物体只占据了瞬时的或者说是刹那的时间点,而非时间段,那么前一刻的物体和后一刻的物体显然是分离的,不具备连续性,这样一来,诸如速度一类的经典物理学概念就失去了过去或者未来作为现在的参照,其本身也就无从谈起了。很多哲学家、物理学家等都提出过一些观点来尝试化解这一矛盾。比如"以太"(ether)这一概念的提出就是为了解决时空的"不相连接延展性",为因果作用提供支撑。但是,怀特海并不赞同"以太"的说法,而且目前的科学也由于根本无法证明"以太"的存在从而抛弃了这一概念。依怀特海所想,不论是时空还是物质,它们都是事件的衍生物,也就是说怀特海用事件来代替物质或者说是实体成为宇宙的终极事实,用"事件场"替代了"以太"这一"物质场"。这种做法一方面打破了"不相连接延展性",因为事件不可能存在于刹那之间,它必将占据时间段;另一方面,支配"简单位置"的时空观,亦即存在"不相连接延展性"的

---

① Alfred North Whitehead, *An Enquiry Concerning the Principle of Natural Knowledge*, New York: Dover Publications, Inc., 1982, p.2.
② 俞懿娴:《怀特海自然哲学—机体哲学初探》,北京大学出版社2012年版,第73页。
③ 《马克思恩格斯选集》(第4卷),人民出版社2012年版,第250页。

时空观是一种绝对时空观,这种时空观已然与现今的物理科学相违背。而以事件为终极事实的时空观则是一种相对时空观,不论是时间还是空间都衍生于事件,二者相对而不相互独立,亦即相对时空观。显然,这种哲学上的新观点更加符合爱因斯坦的时空相对理论,更加贴合现今的科学发展。

但必须说明的是,怀特海并不认为"简单位置"毫无可取之处,或者说怀特海并没有彻底否定以"简单位置"这一概念为基础的整个17世纪的哲学和科学以及它们的伟大功绩。在《科学与近代世界》中,怀特海指出:"我认为通过建设性的抽象概念,便可以获得某些具有简单位置的物质微粒的抽象概念,以及另一些包括在科学思想体系中的精神的抽象概念。"① 也就是说,如果运用得当,通过对"简单位置"的应用,是可以得出一些有价值的抽象概念的,而这种抽象概念显然有助于我们进行某些科学上的省思。可紧接着怀特海又言:"因此,实际上的错误便是我所说的'具体性误置的谬误'中的一个例子。"② 也就是说,怀特海认为可以抽象,但绝对不能把"简单位置"这一抽象的概念,当成具体的存在,实体哲学的错误就出现在此。前面已经提及,"简单位置"这一概念其实是十分抽象的,为了使思想可以集中在界限和关系都十分明确且肯定的物体上,我们就需要一些抽象的概念。"简单位置"的抽象在于,它把各空间区域之间的关系与时间的延展排除了,进而抽象出了一个孤立的、几乎不受时间影响的物质实体。但是,或许这种抽象有助于进行某些科学上的思考,可如果我们抽象掉的这些东西恰恰是我们经验中的重要成分,那么这种思维方式显然不利于我们去认识世界。也就是说,牛顿提出的"简单位置"这一概念由于并没有提醒人们它的适用范围,导致我们在很多时候误把抽象当成具体,犯了"具体性误置的谬误"。

随着牛顿理论在科学上的大获成功,人们对科学的崇拜变得无以

---

① [英]A. N. 怀特海:《科学与近代世界》,何钦译,商务印书馆2012年版,第67页。
② [英]A. N. 怀特海:《科学与近代世界》,何钦译,商务印书馆2012年版,第67页。

复加，同时人们对"简单位置"所带来的那种简洁性与确定性也是心生向往，对抽象的强调使我们渐渐模糊了抽象与具体的界限，"简单位置"的概念以及"具体性误置的谬误"所影响的范围早已跳出了科学本身。比如说在知识论方面，客观主义知识观所崇尚的科学知识是我们探索世界、认识世界的一种结果，而由于我们对世界的认识是一种由大量不连续的、彼此之间没有时空参照的物质实体所组成，那么我们通过对这样一个宇宙的认识而得出的知识也开始变得不连续且相对孤立。又比如说，如今各学科知识体系的越发孤立，彼此之间缺少有机的联系这一现象很难说不受"简单位置"及"具体性误置的谬误"的影响。

在教育层面，当教育受客观主义知识观影响因而对系统的知识体系和学科逻辑无比推崇的时候，我们发现学生往往仅能够对知识有一个抽象的把握却不具备具体运用知识的能力；而当我们如建构主义或解构主义知识观那样放弃了对系统知识体系的追求转而投向更加贴近生活的非良构知识时，我们又开始察觉到知识体系与学科逻辑是绝不能轻言放弃的存在。因此，教育开始在两者之间左顾右盼、难以抉择。应该说，不能学以致用的原因有很多，但错误地认识了知识体系与日常生活之间的关系，欲将抽象的系统知识完全对应生活中的复杂情境，也就是怀特海所指出的"具体性误置的谬误"，这无疑是其中的一个重要因素。概言之，我们对抽象的执着，导致对科学知识的过度崇拜，忽略了很多知识只是抽象结果而非具体事实。正如马克思所言："哲学家们只要把自己的语言还原为它从中抽象出来的普通语言，就可以认清他们的语言是被歪曲了现实世界的。"① 所以怀特海强调："思想时总是不能没有抽象概念的。因此，最重要的是经常以批判的态度检查你的抽象方式……文明如果不能超脱流行的抽象概念，便会在获得一些进步之后变得一无后果。"②

---

① 《马克思恩格斯全集》（第 3 卷），人民出版社 1960 年版，第 525 页。
② ［英］A. N. 怀特海：《科学与近代世界》，何钦译，商务印书馆 2012 年版，第 68 页。

（三）对传统知觉论的批判——知识习得过程中的主体与客体何以难以融合

以实体哲学为基础的知觉理论往往认为，知觉本身存在主观性与偶然性，甚至由于梦境与幻觉的存在，知觉所提供的材料往往还可能是错误的，所以当我们仅仅以知觉为基础来作为知识的来源时，我们所得的知识便不可能是客观的和普遍正确的。以这样的一种知觉理论为前提，唯理论者完全否定了感觉经验，转而认为知识需要以与生俱来的天赋观念和天赋命题为基础；经验论者虽认为知识是以经验为基础的，但在此之上还需加以科学的证明以排除感官知觉对我们的误导。客观主义知识观主要源自经验论，特别是唯物主义经验论的观点，而建构主义知识观则欲在不对实体哲学与传统知觉论加以否定的前提下调和唯理论与经验论。我们在前面提到，唯物主义经验论特别容易引发"自然的二分"，所以巴克莱对此加以批判，而建构主义由于既没有像巴克莱那样将感官知觉本身当作知识的唯一理由，也没有对传统的知觉论加以批判或颠覆，因此在建构主义知识观当中依然存在知觉的不可靠所导致的无法认识真正自然因而只能认识表象自然的"自然的二分"现象。也就是说，以传统知觉理论为基础的客观主义知识观与建构主义知识观都存在着导致"自然的二分"现象的问题。

为了避免传统知觉理论的消极影响，怀特海提出：虽然知觉经验有时的确存在着错误，其本身有时也的确有些混乱，但我们并不能因此而忽略知觉中所蕴含的重要"意义"，这种"'意义'便是事物之间的相关性"[①]。应该说，虽然怀特海并不赞同巴克莱，但怀特海对知觉中"意义"的关注确实受到了巴克莱的启发。前面提到，巴克莱为了避免心物的二元对立，避免"自然的二分"而采取了主观观念论的立场，即完全否定物质实体的存在，只认为心灵实体才是真实的。这里需要说明的是，巴克莱否定的并不是如桌子、椅子、苹果等，而是否认我们关于物质的经验代表存在于我们之外并且独立于我们的任何

---

① Alfred North Whitehead, *An Enquiry Concerning the Principle of Natural Knowledge*, New York: Dover Publications, Inc., 1982, p. 12.

东西,也就是说他否认我们感觉经验以外的任何东西,所以巴克莱才说"存在就是被感知"。应该说,这种做法势必使得知觉和心灵在认识事物的过程中占比加大。巴克莱曾借助艾尔西芬(Alciphron)与攸弗仑勒(Euphranon)的对话来说明经验对于人类认识活动的意义。其大概内容可以概括为,我们眼睛所看到的远处的事物,不论是城堡还是千万光年外的星球都不是我们以为存在于远方的真实事物,而是一个小的圆形物体或者只是一个小光点。也就是说,我们仅仅凭借立即的知觉是无法区分远处的物体和我们曾在近处看过的物体是否同一个物体,我们需要依靠那种透过经验的累积所产生的对当前知觉的把握,以便能够了解到知觉之间间接的或是推论的关系。因此,巴克莱认为"我们对遥远距离的知觉靠的是'经验',而非依靠感官"[1]。怀特海认为巴克莱所谓的"经验"实际上就是"意义",也就是"对事物之间关系的掌握"[2]。虽然,"把上帝看作感觉经验的终极原因是贝克莱理论中的失败之笔"[3],并且怀氏也并不认可巴克莱"存在就是被感知"的观点,但怀氏认为"'经验就是意义'这一理念,确实刻画出知觉最重要的特质:知觉不是被动地接受外在的刺激所产生的反应,而是心灵主动对自身所处的情境与事物之间关系的'体会'"[4]。

怀特海在《自然知识原理探究》一书中对"意义"这一概念有过这样一段诠释:"说'意义'是经验就是肯定知觉知识不外乎对事物相关性的体会,也是就事物所处的关系,以及与处境相关的情形。当然,如果我们以追求事物的关系作为取得事物知识的开始,我们可能无法发现这些关系……但我们不可因此就误以为事物之间可能没有关联。如果不先了解事物间的关系,我们根本不可能取得有关事物的

---

[1] Berkeley, George, "An Essay Toward a New Theory of Vision, 1709", *Australasian Journal of Optometry*, Vol. 8, 1948, pp. 69 – 80.

[2] Alfred North Whitehead, *An Enquiry Concerning the Principle of Natural Knowledge*, New York: Dover Publications, Inc., 1982, p. 12.

[3] 胡军:《知识论》,北京大学出版社2006年版,第96页。

[4] 俞懿娴:《怀特海自然哲学—机体哲学初探》,北京大学出版社2012年版,第104页。

知识。至于所谓事物的性质总可以借着它们和不特定的事物之间的关系来表达,自然知识所重视的就是关系。"① 怀特海的这段论述不可谓不具颠覆性。首先,怀氏认为所有的事物都是相关联的,包括事物(认识对象)与知觉者(认识主体)之间也同样存在关联,而这种关联也是"觉知事件"中的一部分。进一步讲,怀特海的知觉论把知觉看作知觉者与被知觉物之间的关系,也就是把心灵包含在自然当中,从而避免了"自然的二分"。其次,当心灵被自然所包,意味着心与物的融合,原因自然与表象自然的融合,这也就完全否定了实体哲学所认同的通过知觉所得到的知识不具有客观性这一原理,也就是说怀特海认为我们知觉到的自然就是真实的自然,我们通过知觉所获取的知识是具备客观性的。最后,透过怀特海的知觉论以及"意义"概念的提出,怀氏明确了其知识观的核心,用怀特海自己的话说就是"自然知识的主题就是相关性"②,也就是说,怀特海将自然知识的源头由实体转为事物之间的相关性,进一步讲就是认识的对象是由多个事件组成的整个"被知觉的事件"。这种由实体到事件的转化可以说是怀特海知识论与认识论甚至是整个机体哲学的重要开始。我们从这一转化中也不难看出,相对于建构主义知识观将认识的源头定为实体与实体之间的相互作用,怀特海直接把实体消解,并把这种相互作用定义为一种新的实有,在本体论层面将传统意义上的主体与客体包容成为一个共同体。

三 从解构到建设——探索"新课改"知识观的事件之维

众所周知,实体哲学是客观主义知识观生成之基础,但我们也不能无视实体哲学存在的诸多问题。早在20世纪初,怀特海在《自然

---

① Alfred North Whitehead, *An Enquiry Concerning the Principle of Natural Knowledge*, New York: Dover Publications, Inc., 1982, p.12.
② Alfred North Whitehead, *An Enquiry Concerning the Principle of Natural Knowledge*, New York: Dover Publications, Inc., 1982, p.12.

的概念》《自然知识原理探究》《科学与近代世界》《过程与实在》等一系列著作中就对实体哲学进行了深刻批判，正是在这个意义上，怀特海被称为后现代哲学家。20世纪60年代，以批判现代性为特征的后现代思潮，更准确地说是解构后现代思潮兴起并迅速席卷世界各国。其中，利奥塔、福柯、德里达等可谓领军人物，作为现代性基础的实体哲学再次受到猛烈批判。20世纪80年代后期后现代思潮开始在我国传播，90年代后教育界开始出现基于后现代思想的教育研究，后现代思潮很快引起教育学界的普遍关注与研究热情。这种关注与研究的热情也源于当时的中国教育存在诸多问题，迫切需要各方面的思想营养。在这一背景下，建构主义知识观、后现代知识观，更准确地说是解构主义知识观进入了人们的研究视野，正是这一"慧眼"使人们在研究中发现我国的教育理论与实践深受实体哲学的影响，基础教育课程与教学中的诸多问题与以实体哲学为基础的客观主义知识观密切相关。21世纪初我国基础教育课程改革方案的一些主张，如上文提到的对教育中学生主观能动性的弘扬，教材内容的选取更倾向于贴近生活的非良构知识等，明显深受建构主义知识观与解构主义知识观的影响。但随着近年来思想界对后现代思潮的批判以及伴随基础教育课程改革的深入发展暴露出的诸如知识的相对主义倾向、对传统教育教学经验的彻底否定、科学知识重要性的削弱等问题，这一切都使人们意识到被寄予厚望的建构主义知识观、解构主义知识观也并非那么完美，把建构或解构主义知识观作为我国基础教育课程改革知识论的主要参照或许不是理想之选。

应该说，在对待传统客观主义知识观的态度上，怀特海的知识论与建构主义、解构主义的阵线是一致的，即反对过分追求那些绝对客观、绝对精确的知识。在弘扬知识的主观意蕴的层面上，怀特海的知识论与我国基础教育课程改革的方向也极为相似。然而，虽然如此，怀特海既没有走建构主义知识观的道路，也没有创设类似解构主义知识观的思想，而是选择了融合二者优点的另一条路径。首先，怀特海犀利地指出了实体哲学所存在的诸多谬误，如源自亚里士多德的"实体—属性"的观念，牛顿提出的"简单位置"的概念，还有笛卡尔的

第一章　我国基础教育课程改革中知识观的实体之思与事件之维

心物二元论思想等，消解了实体的存在价值与理论可能。其次，怀特海在本体论层面上提出了一种新的"终极事实"——"事件"，并基于事件的概念创设了一套以"实际实有""摄入""永恒客体"等存在范畴为基础的机体哲学宇宙论与秉持着有机整体知识观的知识理论体系，以此为皮亚杰所提出的主体与客体的"完全没有分离"的状态提供了本体论上的依据，从而为实现对知识主观性与客观性的真正包容提供了可能。虽然，事件这一概念只是怀特海早期自然哲学的核心，在其后期的宇宙论中其意义与内涵被"实际实有"这一概念所替代，但作为怀氏机体哲学的前身，其自然哲学中的知识论意蕴是我们所不能忽视的。因此，我们有必要在此对怀特海的"事件论"及其所蕴含的一些知识论观点进行简单的诠释并指出其对我国基础教育课程改革应然追求的一些价值，为本书后续内容做铺垫。

（一）事件之维——当代基础教育课程改革的新机遇

自我国新一轮基础教育课程改革实施以来，一种事件思维其实已然在教育中悄然形成。在过去，教育实践活动往往偏重对知识的记忆与理解，强调知识对外界自然的精准摹写，而如今则更加注重将知识置于某些具体的情境事件当中，强调知识与生活的关联；在过去，教育评价更偏重对学生学习结果的严格考核，强调知识的客观性与普遍性，而如今则开始注重对学生学习过程的观察，强调知识的生成性与批判性；在过去，教学内容注重对学科知识体系的深入挖掘，强调知识的逻辑性与严谨性，而如今则倾向于将各学科的知识体系融入生活，强调知识与知识之间的共同性与关联性；如此等等。应该说，教育中的这种对知识思维方式的转变得益于建构主义与解构主义知识观对实体霸主地位的消解，得益于对传统客观主义知识观的批判。一方面，我们必须承认，新一轮基础教育改革所暗含的这种事件思维的确为我们的教育带来了很多积极的影响，在教育实践活动中也起到了正向的作用；但另一方面，我们要清楚，蕴含于建构主义抑或是解构主义知识观中的这种事件思维其实是不彻底或不全面的。准确地讲，我国教育界目前所蕴含的事件思维是一种对事件生成过程的强调，是一种对实体与实体之间相互作用的关系注重。就事件本身而言，它的意义更加接近我们日常生活中的那个"事件"，既没有发生概念的重构也没有发生外延的扩展。简言之，就是令我们的教育在知识观上把焦点从实际事物转移到它们之间的关系以及由这些关系所体现出的事件上。这种关注焦点的转移在给我们的教育带来一些新观点、新方向的同时，也潜藏了很多的风险。比如，由于没有解决实体本身的诸多弊病而可能导致知识观上的"相对主义"倾向，又比如没有对以实体为基础的传统知觉理论加以超越容易导致的"自然的二分"等，这些理论上所存在的风险教育不可不防。可同时，基础教育课程改革所取得的成就绝不能被否定，更不能被遗弃，我们要做的，是在保留如今改革硕果的同时去完善知识观层面的不足。所以，深化、发展当今教育中所蕴含的那种事件思维就成了我们的一个明智之选。

相较于表达生活中具体事物的那种事件，怀特海的事件是一种本体论上的新实有，它不是实体与实体之间的相互作用，更不是实体本身的生发过程，而是顶替了实体地位的终极实在。也就是说，怀特海知识论中所蕴含的事件思维不是一种关注焦点的转换，而是一种思维方式的彻底重构。以事件为基础，万事万物通过延展涵盖而互相关联，你中有我，我中有你；事物本身不再不变不动，而是时刻在发展与生成；自然实际不再不可触碰，而是可以被我们直接知觉；精神与物质不再是此岸与彼岸的眺望与猜疑，而是一体两面的融合发生。在这样一种新本体的支持下，怀特海的知识论既兼顾了解构主义的批判性又融合了建构主义的建设性。虽然，本章所介绍的怀特海的"事件论"以及一些知识论意蕴只是他的早期思想，其目的更多的是在于渗透怀氏哲学的一些基本思想，为源自其机体哲学的知识论观点做铺垫，但我们从中不难看出怀特海知识论的那种欲兼顾知识的主观性与客观性、弘扬知识的过程性与发展性、崇尚知识的有机性与整体性的宏大愿景。面对这样的一种知识论，想必它定会对深化、发展教育的事件之维有所促进，进而对超越客观主义知识观对教育的桎梏、解决解构主义与建构主义知识观中所蕴含的风险与可能引发的教育困境有所启迪。

（二）"事件"——知识论本体基础的新机缘

怀特海在其机体哲学发展的萌芽阶段也是其知识论生成与发展的早期，他一方面通过对实体哲学、科学唯物论的批判否定了实体作为宇宙的终极事实这一原则，另一方面创造了一套以事件为核心的新话语体系和哲学体系。不过，需要说明的是，怀特海对实体的否定并不是说实体的存在毫无价值，而是认为实体并不能够作为宇宙的终极事实，诸如"实体""物质"等概念只不过是人们对自然进行抽象的结果，如果误把这种抽象当成自然的终极事实，那就犯了"具体性误置的谬误"。那么，事件作为终极的事实究竟是何种存在？事件又具有哪些与实体不同的性质呢？下面本书将通过对事件的详细分析，尽可能地呈现怀特海事件论的最核心内容。

1. 事件是终极事实，是最具体的存在，是时空延展关系

怀特海不同意笛卡尔、牛顿等人的那种实体论与时空观，所以其显然也不是康德先验论的支持者，因为康德先验论正是以牛顿的绝对时空为预设的。毫无疑问，怀特海是一个实在论者，其否定实体是因为诸如"简单位置""实体—属性"的观点过于抽象，当我们把抽象当作具体时则犯了"具体性误置的谬误"，但是怀特海并不认为自然是不实在的。按照康德的想法，认识的主体具有先天必然的认识形式，同时主体本身则构成了自然世界的一切特质。而怀氏则认为，自然界本身具有自己的特质与结构，包括时间和空间等特性都源于自然本身，源自那种最具体、最实在的存在——事件，而非出自主体。在《自然知识原理》中，怀特海指出："事件是广延的基本齐关系的关联者（relata）。每一事件都延展涵盖（extend over）了作为其自身一部分的其他事件，且每一事件也被其他事件作为自身一部分而延展涵盖。"[①] 怀特海的这一论述很明确地表明了他对事件的看法，也说明了事件与事件之间是如何叠加而成为我们所认识的广袤自然。

---

① Alfred North Whitehead, *An Enquiry Concerning the Principle of Natural Knowledge*, New York: Dover Publications, Inc., 1982, p.61.

源自 17 世纪实体观中的"简单位置"通过把时间绝对化，进而得到了一个孤立无援的实体，由这种实体所组成的自然是孤绝的。怀特海不认同简单位置的观点，也不承认实体就是自然的终极事实。怀氏认为，不论是时间还是空间，它们都是实在的，而不仅仅是一个维度而已。"时间与空间表达了事物之间的相互关系"①，它们来自事件，我们甚至可以说时间和空间就是事件本身，那些我们平常所描述的时间和空间不过是对事件进行抽象而已。怀特海说"事件是广延的基本齐关系的关联者"正是这个意思，这里面所说的广延包括了时间的广延和空间的广延，也就是说怀特海赋予了事件时间和空间上的广延。当时间与空间变得实在，那么实体就显然并不能描述最真实的自然，因为它把时间忽略了。而事件则不同，事件本身可以承载时空，或者说，不论是时间还是空间都是事件本身的一种特性，而不是我们主观想象的。但如果我们看见一个水杯，这个水杯显然在我们的意识中可以脱离时空的界限，它具有一种恒常性，使得哪怕我们离开了这间屋子这一水杯依然还在我们的印象之中，我们明天再看到这个水杯的时候还能辨认出它还是那个水杯。如果说，我们把这一水杯称作一个实体，把它当成一个最具体的存在，显然与怀氏的观点相违背，但我们所指的这个杯子既然不是最具体的存在，那它又是什么呢？怀特海认为，这一我们看到的那个水杯的"像"就是所谓的"对象"。对象不同于事件，对象本身是可以超越时空的，是具备恒常性的，但它并不是最终的事实。由于"对象"这一概念在怀特海的宇宙论中演变为"永恒客体"，并且要在后面的章节进行详细的分析，这里就不赘述了。事件不但占据了时间和空间的广延，同时也与其周围的其他事件存在互相占据的部分，也就是所谓的延展涵盖。需要着重说明的是，在传统的认知中，"盖"这个词貌似只属于平面上的覆盖，只存在于空间领域，但怀氏所说的延展涵盖并非如此。延展涵盖不仅仅是一种空间上的延展涵盖，比如说飞机着陆这一事件同时包含了飞机发

---

① Alfred North Whitehead, *An Enquiry Concerning the Principle of Natural Knowledge*, New York: Dover Publications, Inc., 1982, p.61.

第一章　我国基础教育课程改革中知识观的实体之思与事件之维

动机熄火这一事件，即一种空间上的包含；延展涵盖也适用于时间上，比如说飞机从北京飞往长春这一事件与飞机在长春机场着陆之间也存在一种延展涵盖的关系。实体的一大弊病就是它不依附于其他实体而存在，也不受时空的限制，这使得实体变得非常孤立。怀特海所描述的自然每一元素之间应该是有机联系的，不论是在时间上还是空间上，各事件之间都可以通过延展涵盖而联系在一起。由于每一个事件都包含了其他事件或其他事件的一部分，而自身或自身的一部分也被其他事件所包含，所以各个事件便组成了一个绵延的整体，这个整体其实也就是怀特海所指代的自然或宇宙。怀特海的这一观点便是其机体哲学宇宙论的前身，在怀氏的宇宙论当中宇宙便是一个有机的整体，并且我们不难看出，当以一个有机相连的宇宙作为知识的对象时，知识与知识之间也将是有机相关的，实体主义知识观由于实体的孤寂而导致的一些矛盾想必也能够在这个有机的理论里得到解决。

2. 事件处于不断地生成之中

在《自然的概念》中，怀特海说："分割空间观念和时间观念仅仅是为了遵守现行语言规范、获得阐述的简明性。我们所识别的东西是经过时间期间的地点的具体特征。这就是我用'事件'所指的东西。"① 也就是说，怀特海虽然会对时间与空间进行一定程度上的区分，但本质上怀氏认为它们二者是一体的，是从事件中抽象而出的。那么，作为抽象的时间的具体，事件本身势必能够体现时间的那种流淌。怀特海指出："自然过程的展示就是展示每一绵延的发生和消逝。自然的过程也可以叫做自然的流变（passage）。在这个阶段，我明确地禁止使用'时间'一词，因为科学时间和文明生活的可变量度时间一般只是展示自然留边的基本事实的某些方面……自然的流变是均等地在空间变迁和时间变迁中展示的。"② 所以，怀特海认为时间的概念只是自然的流变的一个不完全指代，真正所谓的"时间"应该是

---

① ［英］A. N. 怀特海：《自然的概念》，张桂权译，中国城市出版社2002年版，第50页。

② ［英］A. N. 怀特海：《自然的概念》，张桂权译，中国城市出版社2002年版，第52页。

"自然的流变",而自然的流变则关乎自然或者说自然内的各种事件的发生和消逝。不过,虽然怀氏采用了"自然的流变"一词,但是他并没有强调事件的变化,而是强调了事件的发生和消逝。

在怀特海看来,事件本身并不存在变化,它只是在不断地生成之中,生成后随即消逝,这种不断生成的事件通过广延抽象法进而相互延展涵盖,最终形成了一个绵延的自然,形成了一个时间上的过程,所以怀特海认为"自然是过程"。[①] 直到这里,我们不免有些迷茫,如果事件在时空上存在延展性,那么其本身必然应该存在变化,一方面,因为怀氏提出"事件"这一概念本身就是为了批判实体哲学中实体的那种不变不动的孤立状态;另一方面,事件本身给人的感觉也应该是不断变化的一个流程,那怎么能说它生成随即消逝,并且并不存在变化呢?比如说飞机起飞这一事件,必然包含了发动机启动、升空以及收起飞机轮等阶段,这不就是在变化当中吗?其实,笔者认为这是怀特海自然哲学上所存在的一个问题,也就是说怀特海并没有明确地区分作为终极事实的事件和由众多事件结合在一起的事件,它们二者都用事件这一词语指代,未免让人有些糊涂。作为宇宙的终极事实,事件的确是不变的,它只是在不断的生成之中,并且生成之后随即消亡,在怀特海的宇宙论中,这种生成随即消亡的事件被"实际实有"所替代,"实际实有都是点滴经验,复杂而又相互依赖"[②],而如飞机起飞的事件怀特海则用"联系"这一概念来指代,在第三章有关怀特海知觉理论的介绍中也将说明"联系"正是怀特海宇宙论中"事件"一词所指的那种存在,而如飞机、水杯等事件怀特海则用有着特殊秩序的"群集"概念来指代。也就是说,事件这一概念是怀特海前期应用的一个比较粗糙的定义,存在一定的问题,但在其宇宙论当中,怀特海对不同的事件进行了十分具体的区分,进而避免了事件概念的粗糙所带来的种种隐患。不过,虽然事件这一概念本身的确并不完

---

① [英] A. N. 怀特海:《自然的概念》,张桂权译,中国城市出版社2002年版,第52页。

② [英] A. N. 怀特海:《过程与实在》,周邦宪译,北京联合出版公司2014年版,第27页。

善，但其思想和怀氏的宇宙论并不冲突，可以看成怀特海宇宙论的前身。

虽然事件这一概念存在一定的瑕疵，但它的提出解决了一个知识论方面的重大议题。建构主义与解构主义知识观都抱有这样一个极具价值的观点，即知识是处于不断地生成与发展当中的。但是，由于建构主义本身并不反对实体的存在，而实体本身又是不变不动、孤立无援的，因此有关实体的知识就很难在保证其客观反映实际自然的同时还能够不断地生成、发展。解构主义的问题则是，虽然保证了知识的生成性，但同时彻底否定了知识的客观性。不论是上述哪两种知识观，知识的生成性与客观性都是一对矛盾体，这便导致两种知识观虽然在强调知识的生成性、促进学生批判思维与学习能力等方面对我国基础教育课程改革起到了积极的作用，但这种积极的作用往往是以淡化甚至牺牲知识的客观价值为代价的。反观怀特海的知识论，由于作为自然终极事实的事件本身就处于不断的生成之中，所以围绕其的知识自然也就处于不断地生成当中，知识的客观性与生成性和发展性本身就不相矛盾。这样，知识既能够反映真实的自然，也能够不断地发展、变化，两者之间的矛盾不再存在。

3. 事件的外在性

怀特海一方面认为我们知觉到的自然就是真实的自然，也就是说人类认识自然必须通过我们的知觉；但另一方面，怀特海并不是一个唯心主义者，他同时也承认自然的确是一个客观的外在实有。我们的自然或者说宇宙是广袤无垠的，它由一系列不断生成的事件所构成，但我们的知觉经验十分有限。比如，有一些声音蝙蝠能够知觉到但人类不能，一些十分微观或十分宏观的现象我们也无法感知。也就是说，一些来自这个自然的知识我们是很难知觉到的。"因此那无限绵延又无法为知觉穷尽的自然，成为特定有限科学研究的预设，这便是事件的'外在性'"[1]。

---

[1] 俞懿娴：《怀特海自然哲学—机体哲学初探》，北京大学出版社 2012 年版，第 117 页。

怀特海一向认为，知识的对象的确是实物，但这一实物并不是我们传统意义上的物体，或者说是实体，而是一种自然的连续体，是事件。这就说明按照怀氏的观点，"虽然取得所有确定的自然知识不是人类所能及，不过整体自然存在的预设，却使得完美又确定的知识，有了理想的可能性"①。怀特海的这一观点为知识的客观性提供了基础，也使真理成为可能。但显然，怀特海这一知识论的观点与另一位哲学大家——康德是完全不同的。康德一方面认为"我们的一切知识都从经验开始，这是没有任何怀疑的"②，另一方面则表示"尽管我们的一切知识都是以经验开始的，它们却并不因此都是从经验中发源的"③，进而把知识分为纯粹（先天的）知识与经验性知识。罗素在提及《纯粹理性批判》一书时曾指出："这部著作的目的是要证明，虽然我们的知识中没有丝毫能够超越经验，然而有一部分仍旧是先天的，不是从经验按归纳方式推断出来的。"④ 进一步地说，康德意在对唯理论与经验论之间的矛盾进行调和，而调和矛盾的方法就是把以往以客体为中心的认识论原则转变为以主体为中心的原则。康德认为："只有统觉的先验的统一性才是客观有效的；统觉的经验性的统一性则只有主观的有效性，我们在这里不考虑它，它也只是在给予的具体条件下从前者派生出来的。"⑤ 这就把客观性赋予了人类认识活动即统觉的先验部分，而我们对客体的经验部分则失去了客观性，亦即知识的客观有效性由主体来决定，原本客体的客观性则需要由主体来建构，即主体建构客体。康德的这种"哥白尼式的变革"虽然完成了对唯理论与经验论的综合，但也埋下了主观唯心论、不可知论等隐患，百年后兴起的建构主义知识观对知识客观性的淡化很难摆脱与其的关系。反观怀特海，虽然抱有与康德同样的目的，但其方法并不相同。

---

① 俞懿娴：《怀特海自然哲学—机体哲学初探》，北京大学出版社2012年版，第117—118页。
② ［德］康德：《纯粹理性批判》，邓晓芒译，人民出版社2012年版，第1页。
③ ［德］康德：《纯粹理性批判》，邓晓芒译，人民出版社2012年版，第1页。
④ ［英］罗素：《西方哲学史》（下卷），马元德译，商务印书馆2016年版，第271页。
⑤ ［德］康德：《纯粹理性批判》，邓晓芒译，人民出版社2012年版，第94页。

按照怀氏的观点，知识的的确确不能离开我们的主观意识，但这并不妨碍知识客观性的存在。在康德看来，知识的客观性来自主体，而怀特海由于对传统的知觉论和认识论上的颠覆，其认为我们能够知觉到外在的自然，并指出知识的基础就是外在的自然。也就是说，知识的客观性是以外在的自然为基础的。怀特海的这一观点看起来似乎与唯物主义经验论有一些类似，但需要明确的是，不论是唯理论还是经验论，其本体基础都是实体，但机体哲学的本体是事件，二者本体论上的区别使得它们虽然看上去都把客观事物当作知识客观性的基础，但实则二者的观点大相径庭。

前文曾指出，怀特海对科学唯物论的一些观点持否定态度，如今又说怀氏并不是一个唯心主义者，看似有些矛盾，但这也是怀特海机体哲学的用意所在。在怀氏的宇宙论当中，事件这一概念发展为"实际实有"成为宇宙的终极事实。"实际实有"是"偶极"的，它包含了精神极与物质极，也就是说怀特海从本体论上打算对唯理论与经验论、唯物论与唯心论进行调和，并且从理论层面也做到了这一点。

4. 事件的理论基础——广延抽象法

虽然怀特海通过用事件代替了实体或者物质作为宇宙的终极事实，使实体哲学中所存在的一些矛盾或谬误得以化解，但在传统认知里我们所经验到的是杯子、椅子、苹果等具备几何形态的物体，而不是怀特海所谓的各种不同的事件。比如说，当我们看一本词典时，我们所看到的是一个类似长方体的标准欧氏几何三维图像，当我们对这一长方体的长、宽、高进行不断地收敛之后，我们所得到的就是只在空间中占据位置但又没有大小的点。正可谓点动成线、线动成面、面动成体，实体哲学所描绘的自然正是由这些几何物体组成，而且不论是从逻辑上还是在实际的生活中，这种解释貌似完全说得通。所以，怀特海必须构建一种新的理论方式来作为事件论的支撑。支撑实体的欧式几何图形需要具备两个关键的元素："有限的空间范围"与"整体与部分的关系"。以一个水杯为例，水杯这一近似圆柱体必须占据一定的空间范围，并且作为整体的这一圆柱体必须能够收敛为作为其部分的面、线、点，或者说其必须包含整体与部分的关系。但是怀特海认为不论是"有限的空间范围"还是"整体与部分的关系"，都太过抽象，并不能反映具体的事实。所以怀特海提出用"事件"来取代"有限的空间范围"，以事件间"延展涵盖的关系"取代空间范围中"整体与部分的关系"，进而提出了"广延抽象法"来作为"事件"的理论依据。

在《自然知识原理探究》一书中，怀特海指出："'事件 a'延展涵盖'事件 b'的事实，可用'a 盖 b'（aKb）的方式表达。这里的'盖'（K）就是延展涵盖的意思，用意表征基本的延展关系。对'广延抽象法'来说，延展涵盖的性质如下：1.'a 盖 b'意指'a'不同于'b'；2. 每个事件延展涵盖其他事件，其自身是其他事件的一部分，某事件涵盖延展到另一事件的集合，该事件集合即某事件部分的集合，这里的'部分'是指'特定的部分'；3. 如果'b'的部分也是'a'的部分，且'a'和'b'不同，那么就是'a 盖 b'；4.'盖'是递移关系，例如，若'a 盖 b'，且'b 盖 c'，则'a 盖 c'；5. 若'a'和'b'是任何两个事件，则有某'事件 e'，使'e 盖 a'且'e 盖 b'。"① 综上所述，由第一点我们可知"延展涵盖的关系"是一种区别性的关系，即事件 a 不等于事件 b，第二点则表明了"延展涵盖的关系"是对"整体与部分的关系"的替代，第三点说明了此关系的不对称性，第四点说明了此关系的递移性，最后一点说明了事件与事件之间是连续的。怀特海进一步指出，通过对广延抽象法中延展涵盖性质的解释，其认为有三种延展涵盖的关系，即交错（intersection）、分离（separation）以及切割（dissection）。为了方便理解，怀特海绘制了一个简易的图形，见图 1-1。图中有 x、y、z 三个不同的事件，事件 x 与事件 y 为交错关系，即事件 x 与事件 y 之间有公共的部分，事件 x 或事件 y 同事件 z 之间是切割关系，而分离关系则是指两个事件既不交错也不是切割关系。

---

① Alfred North Whitehead, *An Enquiry Concerning the Principle of Natural Knowledge*, New York: Dover Publications, Inc., 1982, p.101.

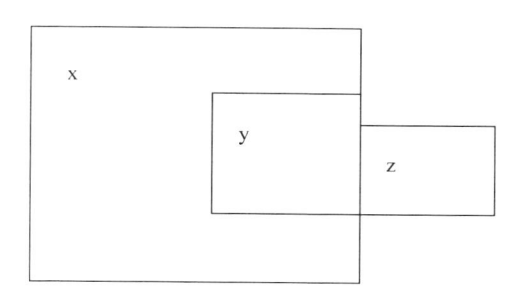

第一章 我国基础教育课程改革中知识观的实体之思与事件之维

图 1-1 怀特海绘制的简易图形

综上，我们可以看出，区别于那种点动成线、线动成面的欧氏几何关系，事件与事件之间是一种延展涵盖的关系，怀特海通过广延抽象法把事件看成在时空中彼此延展涵盖的抽象集。所谓抽象集，怀氏在《自然的概念》中指出："抽象集的事件是任何一集这样的事件：它拥有两种性质：（1）在这一集的任何两项中，都是一项包含另一项作为部分；（2）不存在作为这一集每一项的共同部分的事件。"[①] 这里所说的包含有点类似于图 1-1 中事件 x 和事件 y 的那种关系，是交错的一种。为了更好地理解抽象集这一核心感念，我们来举例说明。所谓抽象集就好比我们常见的俄罗斯套娃，任意两个套娃都存在一个包含另一个的关系，唯一有别于套娃的地方在于，套娃中必然存在一个最小的套娃，这个最小的套娃被每一个其他套娃所包含，但抽象集不存在这样的一个最小的事件。也就是说，任何一个抽象集，都会通过不断地收敛最终到无。但假如我们理想化地设置一个最小事件，怀氏"将为事件的理想最小极限使用'事件—粒子'（event-particles）这一名称。于是，事件—粒子就是抽象要素，它本身是一组抽象集；点——即永恒空间的点——是一类事件—粒子"[②]。同理，我们依据不同的收敛路径，同样可以得到诸如只有长度没有宽度的线，只有面积

[①] ［英］A.N. 怀特海：《自然的概念》，张桂权译，中国城市出版社 2002 年版，第 76 页。

[②] ［英］A.N. 怀特海：《自然的概念》，张桂权译，中国城市出版社 2002 年版，第 82 页。

没有厚度的面等"事件—粒子"。任何"事件—粒子"的产生都是依赖对事件的抽象和对收敛路径的依靠进而衍生的抽象逻辑结构，而事件自身不能从任何抽象作用中导引出来，因为它是最基本、最具体的存在。[①] 换句话讲，在实体哲学中，我们往往通过抽象来解释经验，而怀特海认为，用抽象来解释经验是不准确的，我们实际上应该将这种方式倒置，即通过经验来解释抽象。这也就是"广延抽象法"的目的，也使得事件成为可能。

---

① 俞懿娴：《怀特海自然哲学—机体哲学初探》，北京大学出版社2012年版，第121页。

第二章

怀特海知识论的哲学前设

通过第一章的分析可知，我国基础教育课程改革中的诸多困境都可以追溯到其背后的知识观问题，而知识观的一些问题则可追溯到其背后的本体论缺陷。客观主义知识观与建构主义知识观均以实体为本体，这种本体论基础为这两种知识观带来了不小的问题。解构主义知识观虽然认识到了实体的缺陷，但批判有余而建设不足，在应用到教育实践活动中时往往并不符合实际情况，给教师和学生们带来了困扰。怀特海的知识论是以本体论的重建为基础而创设的，这样的一种知识论虽然对突破原有的知识论困境有所帮助，但同时增加了我们理解它的难度，使我们不再将知识论的本体论基础视为一个默认的前设，而必须对怀特海知识论背后机体哲学的基本概念和基本原理进行充分的论证。

怀特海认为："所有的知识都是意识对所经验的客体的分辨。但是这一意识的分辨，即知识，不过是主体与客体交互作用时主观形式中的一个额外因素而已。"① 意识怎么理解？经验的客体指什么？主观形式又怎么理解？意识与主观形式又是什么关系？这就必然要知道摄入理论、摄入的主体"实际实有"以及与它们交织在一起的知觉理论。有必要加以说明的是，在机体哲学中，它的所有概念都是相互交织在一起的，这或许也是"有机"的体现，在这一点上机体哲学与实

---

① ［英］A. N. 怀特海：《观念的冒险》，周邦宪译，北京联合出版公司2014年版，第193—194页。

体哲学不同,与主要以实体哲学为基础的教育理论更是不同。譬如,在有些教育学教材或著作中,教育、教学、课程、教师、学生等各概念之间的联系较弱,读者可以从中间某一章开始阅读,不会产生太多的理解障碍,每个概念似乎都可以单独定义。而机体哲学各概念之间的联系则非常紧密,彼此交叉、环环相扣,这也决定了本书为什么用三章的篇幅走进、认识、理解怀特海的知识论,最后梳理、概括出它的核心观点。本章一方面将对由"事件"概念演变而来的"实际实有"概念与摄入理论进行较为深入的分析,厘清其中所蕴含的、与知识论密切相关的各种重要思想;另一方面也会对基于上述二者且与知识论内容密切相关的一些其他概念进行必要的阐释,这些内容可谓生成怀特海知识论大厦的根基与骨架。

一 构成世界的终极实在事物——实际实有

在怀特海早期的自然哲学当中,"实际实有"这一概念并没有出现过,而在怀特海的宇宙论或者说是本体论当中,为了能够更准确地描述、解释我们的宇宙和一些相关经验,怀氏对其自然哲学进行了超越,提出了以"实际实有"这一概念为核心的新的范畴体系,进而取代了早期的"事件—对象"范畴体系。应该说,相较于怀氏的自然哲学,他的宇宙论更为系统、影响也更为广泛,并且这一理论体系也寄托了怀特海更为宏大的愿景和对哲学更加深远的期待。《过程与实在》开篇就有言:"思辨哲学就是要构建一个由诸一般观念构成的一致的、逻辑的且必然的体系,根据这一体系,我们经验中的每一成分都能得到解释。"[①] 这一论述一方面提出了怀氏对其理论的要求,即一致的、逻辑的且必然的;另一方面明确了其宇宙论的作用及价值,即解释我们经验中的每一成分。当然,这里所说的"经验中的每一成分"必然

---

① [英] A. N. 怀特海:《过程与实在》,周邦宪译,北京联合出版公司2014年版,第5页。

包含着知识。所以，在怀特海的哲学中，并没有单独的知识论或认识论章节，有关我们经验的所有疑问怀特海都是通过其本体论来进行回答的。因此，若说怀特海是通过"事件"来描绘其知识论轮廓的话，那么"实际实有"则是其知识论大厦的绝对根基。

（一）"实际实有"的是其所是

每一种哲学都以某种方式区分了什么是现实的以及什么是可能的或潜在的。在柏拉图的哲学中或许认为"理念"是真实的存在；在笛卡尔的哲学中，可能会认为物质实体和精神实体是最真实、最根本的存在；在康德和黑格尔的哲学中，客体精神是真实的存在。对此，怀特海认为构成世界的终极实在事物是"实际实有"，亦称实际事态，而不是历经时间而保持不变的实体。

所谓"实际实有"是怀特海提出的八个存在性范畴之一，亦称实际事态（actual occasion），"或终极实在，或称 Reverae（真实实体）"①，是构成世界的终极实在事物，在"实际实有"背后不可能找到任何更实在的事物。在机体哲学中，"实际实有"这一概念表面看起来有些类似于我们熟知的"殊相"，但内涵大不一样。怀氏称"实际实有"为终极实在是因为在他的哲学思想体系中，虽然各"实际实有"间存在着差异，抑或重要性的不同，但从实际性说明的原则角度看，它们都处于同样的层面。"最终的事实都一样是实际实有；而且这些实际实有都是点滴经验，复杂且又相互依赖。"② 这里面所提到的"点滴经验"应该是怀特海对"实际实有"最直接的表述。之所以称"点滴"是因为"实际实有"生成后随即消亡，或者说它只存在于那么一瞬之间。前面我们说"事件"也是生成随即消逝，事件与事件之间通过广延涵盖进而组成了整个自然，而"实际实有"就是那么一种最小的、最基本的事件——瞬息之间的点滴经验。这种点滴经验就是

---

① ［英］A. N. 怀特海：《过程与实在》，周邦宪译，北京联合出版公司2014年版，第31页。
② ［英］A. N. 怀特海：《过程与实在》，周邦宪译，北京联合出版公司2014年版，第27页。

构成我们所存在的宇宙的最基本材料,正如著名的怀特海哲学研究专家罗伯特·梅斯勒所言:在怀氏的宇宙论中"宇宙是由微事件组成的一张大网或一个大的场"①。下面我们继续追问,如果说"实际实有"是宇宙中所有实在的理由,是终极实在,那么难道说除了生命体外的其他存在也能够进行经验吗?在怀特海的哲学中,其答案是肯定的。怀特海作为一个泛经验论者认为任何实在之物都在经验,包括人与动物、植物甚至是宇宙中的一粒微尘,这是怀氏哲学的一大特点。虽然,我们并不能说任何存在都能像人一样有意识的经验,但就经验本身而言,怀氏赋予了万物经验的能力。不过,经验本身往往隐含了一种主动的意蕴与感知的能力在其中,赋予万物以经验的能力从一定程度上是需要万物具备一定的精神性,如果完全没有精神性,那么经验本身就很难实现。为此,怀特海将笛卡尔的精神世界与物质世界合二为一共同承载于"实际实有"之上。怀特海认为,"经验中的任何事例都是偶极的(dipolar)"②,包括精神极与物质极,但不同实有的精神极存在着层次的差别,比如说人就具有较为高级、复杂的精神极,进而产生意识,使我们能够迈入经验的高级阶段。

我们再进一步追问,如果"实际实有"是点滴经验,那我们如何将这些点滴经验融汇成我们日常生活中所体验到的意识、思维、疼痛等具有持续性的经验流呢?梅斯勒认为这一追问的答案便是"在事件与事件之间不存在任何东西,在时间的点滴之间不存在时间"③。"实际实有"作为最小的一个事件在时间上是"点滴的",生成随即消亡,但它的消亡并不意味着凭空消失,而是被随后的"实际实有"所摄入,成为其他实有的一部分,这种由众多实有合成为一个实有的过程被称为"合生"。并且,由于每一个实有的存在都是将来实有生成的土壤,是即将生成的"实际实有"的一部分,因此每一个实有都具

---

① [美]罗伯特·梅斯勒:《过程——关系哲学——浅释怀特海》,贵州人民出版社2009年版,第94页。
② [英]A. N. 怀特海:《过程与实在》,周邦宪译,北京联合出版公司2014年版,第53页。
③ [美]罗伯特·梅斯勒:《过程——关系哲学——浅释怀特海》,贵州人民出版社2009年版,第95页。

有一种潜在性。正如解释性范畴三所表述的那样,"许多实有合生为一个实际物,在这种实在合生中充当一个成分,这种潜在性是一切实有(无论是实际的或非实际的)所具有的一种普遍的形而上特性;而且实有领域内的每一事项都被包括在每一合生之中。换言之,存在(being)是每一'生成'的潜能,这乃是它的本性。这便是'相关性原则'"①。从这一原则中我们似乎隐约地感觉到了一点"宿命论"的意味,即将来是由现在所决定的,它业已存在,无法更改。然而,实际上怀特海是反对"宿命论"或"因果决定论"的,因为怀特海并不认可现代科学对"效验因"的过分强调,"因果大法"并不等于全部。当然,他也并不认可基督教时期对"终极因"过分强调的合理性,而是认为我们既要考虑"终极因"也要考虑"效验因"。按照怀特海的观点,每一个"实际实有"生成的终点是"满足"的达成,"'满足'这一概念指的就是从'合生过程'中抽象而出的'作为具体的实有'的概念"②,它专属于那个实有,并不服务于某一合生,并且满足的程度也是存在差异的。单就这一点看来,我们不禁又陷入了不解,因为如果说每一"实际实有"的满足只服务于此"实际实有",那这个"实际实有"似乎只因自己而存在,无须他物,而这不正是实体的那种除了自身便不需要任何东西而存在的特性吗?实际上,怀特海的的确确通过满足赋予了"实际实有"这样的一种性质,使"实际实有"有了自己的"欲望"。但按照"相关性原则",每一"实际实有"又是即将生成的实有的一部分,其自身存在着一种潜在性,而这种潜在性将会把这个"实际实有"的所有特性转化为新实有的创造性。所以怀特海才说:"把实际实有看作变化中的不变主体,这一观念要完全抛弃。这一点对于机体哲学的形而上学学说是非常重要的。一个实际实有既是进行经验的主体,又是它的诸经验的超体。

---

① [英] A. N. 怀特海:《过程与实在》,周邦宪译,北京联合出版公司2014年版,第32—33页。
② [英] A. N. 怀特海:《过程与实在》,周邦宪译,北京联合出版公司2014年版,第130页。

它是主体—超体,两者中任何一者都不能须臾被忽视。"① 这里的主体性主要体现了每一"实际实有"的"终极因"或者说"目的因",是我们对单一实有的实在内在组织进行研究时的主要视角,而超体则从某一层面上体现了"效验因",即对即将发生的"实际实有"的贡献。在此之上,怀特海还进一步提出了"终极效验因和终极因的原则",也称"本体论原则",即"在任何具体的事例中,生成过程所符合的每一条件,都自有其理由。该理由或在于该合生的实际世界中某实际实有的特性,或在于合生过程中主体的特性……这一本体论原则意即:实际实有是唯一的理由"。因此,与休谟的怀疑论不同,怀氏哲学一方面对因果律的绝对统治地位产生了质疑,提出了对"终极因"的关注;另一方面也并没有完全消解因果律的合理性,而是融二者于"实际实有",进而解决了在实体哲学中难以解决的难题。

(二)"实际实有"的在其所在

"实际实有"之所在这一问题如果我们用最精炼的话语来回答就是:"实际实有"在实际实有当中。在我们的日常生活当中,我们说一事物在另一事物之中一般指两种关系:一是空间上的包含关系,例如我们说较小的套娃在较大的套娃之中就是这种空间上的关系;二是时间上的包含关系,例如国庆节在10月,指的就是时间上的包含即10月中的一天是国庆节。上述的这种方式似乎暗含着我们可以将时间、空间与事物三者分开来谈,这显然是怀特海所批判的。在怀特海看来,"实际实有"与时空密不可分,并不是它在时空中,而是时空在"实际实有"之中,正如第一章谈到事件时,我们说事件既有空间上的广延又有时间上的广延,"实际实有"虽然生成随即消亡,但通过摄入,若干处于不同时间点尘的"实际实有"组成了连续的"联系",时间因此得以抽象而出。所以我们才说"实际实有"是在另一"实际实有"当中,而不是说"实际实有"在某处或在某时。但我们

---

① [英] A. N. 怀特海:《过程与实在》,周邦宪译,北京联合出版公司2014年版,第42页。

说的这种"在"是何在?"在"之外又是什么呢?

  首先,任何"实际实有"都是以"共在"(together)的方式存在的。在怀氏哲学中,"一""多"和"创造性"被称为终极事物范畴,是一类终极概念,"它们包括在'物''在''实有'这些同意术语的意义之中。这三个概念穷尽了终极事物的范畴,而且成为所有更特别的范畴的先决条件"①。这里的"一"一方面指那种与众不同的、独特的每一个"一",比如说某一"实际实有",另一方面指那种统一的、整体的"一";"多"指的是那种传达了"分离的多样性"的观念,比如说很多个彼此不同的"实际实有"。怀特海认为:"终极形而上学原则便是从分离向联合进展,创造出一个有别于处于分离状态的诸实有的新实有。"② 简言之,就是特殊的"一"到分离的"多"再到整体统一的"一"的过程。促使这种由一到多再到一的过程的就是"创造性"。在解释性范畴一中,怀特海言:"实际世界是一个过程,该过程就是诸实际实有生成的过程。因此实际实有便是创造物;它们也被称为'实际事态'。"③ 随后其又言:"根据第一个解释范畴,'生成'就是通向新颖的一种创造性进展。"所以,怀特海所说的"生成过程"其实更像一种"创生过程"。又根据"过程的原理",每一个"实际实有"的"'存在'是由它的'生成'构成的"④,因此我们可以说宇宙的终极实在就是一个创生过程,而"创造性"则是"描述终极事实特征的诸共像的共像"⑤。"实际实有"的创造性同时体现了一种"新颖性",这种新颖性使得"多"所体现的分离多样性观念成为可能;也因为创造性,各分离的多贡献了自己的种种特质,

---

  ① [英]A. N. 怀特海:《过程与实在》,周邦宪译,北京联合出版公司2014年版,第30页。

  ② [英]A. N. 怀特海:《过程与实在》,周邦宪译,北京联合出版公司2014年版,第31页。

  ③ [英]A. N. 怀特海:《过程与实在》,周邦宪译,北京联合出版公司2014年版,第32页。

  ④ [英]A. N. 怀特海:《过程与实在》,周邦宪译,北京联合出版公司2014年版,第34页。

  ⑤ [英]A. N. 怀特海:《过程与实在》,周邦宪译,北京联合出版公司2014年版,第30页。

为最终的那个整体的"一"贡献了新颖性。简言之，便是"'多'成为'一'，且为'一'所增大"①，"实际实有"的这种存在方式即"共在"，这一全称术语"涵盖了各种实有'共在'于任何一个实际事态的种种不同的特殊方式"②，而"新共在的产生"则被称为"合生"。所以我们说一个"实际实有"在另一个"实际实有"之中的这个"在"即"共在"。

其次，时间与空间并不外在于"实际实有"，而是由"实际实有"抽象得出。我们以往在谈及某事物的位置时，一般指的是这一事物所占据的空间区域或时间段落，也就是第一章所提及的"简单位置"。但怀特海并不这样认为，他在《观念的冒险》中指出，空间是多维的，"空间性牵涉到由于中间事态的多样性而形成的分离，也牵涉到由于现在衍生于过去的这一内在性而形成的联系"③。从中我们不难看出，怀特海在谈及时空问题时往往把时间与空间捏合在一起来谈或者以时间和空间都抽象于"实际实有"为前提来谈。并且，正如我们在第一章所提到的，时空关系正是"实际实有"与"实际实有"之间的关系，是"一"与"多"的关系，是独特性、分离多样性以及整体统一性之间的关系。在前文中我们指出怀特海赋予了时间和空间上的广延，这里我们进一步认定，时间和空间因"实际实有"而得以广延。由于这种时空观，能量的传递以及情感的传达这种从某一具体的"实际实有"到另一"实际实有"的矢量关系得到了理论上的合理解释。因为按照牛顿的时空观以及实体的概念，我们必须找到一种中介物质，比如说"以太"来作为某种能量的传递媒介，但一方面"以太"的概念早已被如今的物理学所抛弃，另一方面有关情感的传达依旧难以解释。进一步地说，按照以往的时空观念，很难说清知识的传递何以可能。但如果时空本身是抽象于"实际实有"，或者说时

---

① [英]A. N. 怀特海：《过程与实在》，周邦宪译，北京联合出版公司2014年版，第31页。
② [英]A. N. 怀特海：《过程与实在》，周邦宪译，北京联合出版公司2014年版，第31页。
③ [英]A. N. 怀特海：《观念的冒险》，周邦宪译，北京联合出版公司2014年版，第206—207页。

空是由"事件"或"活动"所填满的话,由于"实际实有"与"实际实有"之间本来就存在的关联以及宇宙本就是一个事件场这样的观点存在,那么上述问题貌似就不那么难以解释了。还有就是,相较于牛顿的时空观,其实怀特海的时空观更加贴合如今量子力学等前沿科学的种种观点,比如说时空的相对性、时空的扭曲、有关场的观点等,这里就不过多解释了。

最后,我们日常生活中的事物更像一种"联系"或"群集"。的确,我们说一个"实际实有"共于另一个"实际实有"当中,但问题是我们所经验到的世界并不是一堆体现着分离多样性的"实际实有",而是桌子、水杯、西瓜以及各种动植物等既具有十分规律的形态且在时间上具有前后一致性的事物。对这种差异感的追问似乎就是在探讨"共在"之外又是什么?"共在"于什么?我们单单解释了共在,但依然没有办法去很好地描述宇宙。因此便需要再引入三个与"实际实有"密切关联的重要概念,即"摄入""联系"和"群集"来做进一步的阐述。

我们不断地强调宇宙是由大量"实际实有"连接在一起的大网,在怀氏的自然哲学中这种联系的建立所依靠的是事件与事件之间的延展涵盖,但由于通过延展涵盖这一概念虽然能够描绘出宇宙的网状结构,但一些细节问题难以得到明确的解释,所以在怀特海的宇宙论中,怀特海创造了"摄入"概念来取代延展涵盖。所谓摄入,或称"关联性的具体事实"[①],其实就是"实际实有"的最具体成分,任何"实际实有"都是组成它的诸摄入的合生。由于"实际实有"就是一种创生过程,那么作为"实际实有"的组成部分,摄入自然也就是一个过程,是一个摄入主体将被摄入的予料"客观化"的过程。这里所说的"客观化"指的是"一个实际实有的潜在性在另一个实际实有中得以实现的那种特殊方式"[②]。同时,并不存在处于共时空间内的相互摄入,因为"就物理关系而言,共时事件的发生相互是没有因果关

---

① [英] A. N. 怀特海:《过程与实在》,周邦宪译,北京联合出版公司2014年版,第31页。
② [英] A. N. 怀特海:《过程与实在》,周邦宪译,北京联合出版公司2014年版,第33页。

系的"①，所以摄入更加突出了一种时间上的关系，即现在的"实际实有"对先前"实际实有"的摄入。那么也就是说，"实际实有"对"实际实有"的摄入是一种单向的矢量关系。例如，太阳与地球这对天体之间由于引力的原因存在着相互吸引的关系，这种相互影响的关系就是一种摄入。但假使我们单从空间角度来看，去掉时间，即太阳与地球这两个事件是完全共时的，那么这种相互影响是不存在或者严格意义上说是无意义的，因为只有运动才使引力得以展现，而运动就需要时间，没有时间就没有运动，也就没有引力。所以，这对天体还需要拥有一种时间上的现在对过去的摄入才能够使引力真正成为可能。

"实际实有"通过相互的摄入构成了相互关联的一种统一体，即一种由"实际实有"组成的集合，也即"联系"②，在某些场合内也可称为"事件"（这一"事件"与第一章所指的"事件"并不一致）。需要注意的是，由于摄入是单向而非双向的，所以这里所谓的相互，并不是指 A 摄入 B、B 摄入 A 的那种相互，而是 A 摄入 B、B 摄入 C、C 摄入 D 的那种相互，即联系中的任何两个"实际实有"都存在直接或间接的摄入关系。由于联系的出现，宇宙当中各存在物在空间上的关联便通过摄入建立起来。虽然共时空间内的两个"实际实有"不存在摄入的关系，但诸多处于不同时间点的"实际实有"组成了联系，使得联系与联系之间便可以达成 A 摄入 B、B 也摄入 A 的那种相互摄入，即通过摄入达成彼此的关联。比如说，联系 A 的集合为 {A1，A2，A3，A4}，其中包含了四个"实际实有"，联系 B 的集合包含 {B1，B2，B3，B4}，其中也包含四个"实际实有"，时间上 1 实有晚于 2 实有晚于 3 实有晚于 4 实有，且 1 实有存在于当前。同时，A1 与 B1 共时，A2 与 B2 共时，A3 与 B3 共时，A4 与 B4 共时。虽然 A1 与 B1 之间不存在摄入关系，也即这两个实有并不存在关联，但 A1 可

---

① [英] A. N. 怀特海：《过程与实在》，周邦宪译，北京联合出版公司 2014 年版，第 97 页。

② [英] A. N. 怀特海：《过程与实在》，周邦宪译，北京联合出版公司 2014 年版，第 34 页。

以对 B2 进行摄入，B2 可以对 A3 进行摄入，即两联系相互之间进行差位摄入，又由于 A1、A2 和 B1、B2 分别属于联系 A 和联系 B，所以，联系 A 和联系 B 也就通过摄入关联在一起。总的来说，"实际实有"与"实际实有"之间的摄入使宇宙在时间上是关联的，而联系与联系之间的摄入使宇宙在空间上是关联的。

不过就算这样，"联系"似乎也并不能很好地描述宇宙，因为任何一对非共时的"实际实有"之间都存在着相互摄入的关系。进一步地讲，假设我们在宇宙中的任意时间段随便圈出一堆"实际实有"都可以组成一个联系，比如说现在的"我"和凌晨3点的鼠标也可以组成一个联系，但这个联系明显是两个不同的"物体"，彼此之间缺少系统性和同一性，或者我们可以说，联系作为描述具体存在物的概念似乎缺少了一种秩序。怀特海认为"一个在时间上有延展性的普通物质客体，是一个群集"①，而群集就是一个由若干"实际实有""有秩序地"组成的联系，比如说一个电子就是由一群电子事件有秩序地组成的群集，一个人就是由一群这个人的事件有秩序地组成的群集，对于那些不存在秩序的联系，怀特海称为"混沌"。上述的这番话似乎并不难理解，简而言之，就是具体的事物其实是一个群集、一个具有秩序的联系。然而，问题是我们如何解释"秩序"。在机体哲学中，秩序的问题往往被认为是最重要的，如果没有秩序，那么宇宙就处于无序状态，而存在着多样生命以及各种天体规律运动的宇宙显然并不那么混沌。

怀特海在《过程与实在》中的"自然的秩序"章节提到"秩序"的存在有四个根据，且这四个根据同时出现。如果我们将这四个根据进行梳理和概括，其大致内容如下：秩序存在是为了达成某一目的；这一目的涉及"实际实有"的诸满足中不同层次的强烈程度，这种不同强度的满足涉及该"实际实有"对它所存在于的那个联系的先前诸成员的客观化；那个联系的先前诸成员，即先前的那些体现分离多样性观念的不同"实际实有"由于秩序的存在，其能够被现在的那个

---

① ［英］A. N. 怀特海：《过程与实在》，周邦宪译，北京联合出版公司2014年版，第50页。

"实际实有"肯定地摄入，而不会产生排斥，并且提高这个实有满足的强烈程度；"一个主体—超体的形式组织中的'强烈度'，在它作为超体的客观功能活动中包含有'欲望'"①。简言之，一个联系由于秩序的存在，其能够持续，或者说秩序使联系具备了时间上同一性。举例来讲，赫拉克利言"人不能两次踏入同一条河流"，因为当人第二次踏入的时候，这条河由于自身的流淌已经发生了改变，并不是刚才的那条河了。可这虽然是两条不同的河流，但我们还是会把它称为 A 河或 B 河。也就是说，这两条处于不同时间点的河流前后具备一种同一性，使我们能够把它看成一个具备时间延展性的持久物质客体——也就是群集——而这就需要这一由不同"实际实有"构成的联系具备"秩序"或者更确切地讲这一联系需要具备"个体秩序"才能够成为群集。

综上所述，我们对有关"实际实有"的其所是与其所在有了一个简单的了解，但并不全面，特别是有关摄入、联系、群集以及秩序的阐释还比较表面，而围绕这些概念较为深层的内涵还有它们与知识的那种密不可分的关系我们将在后续章节逐一展开。

二 "实际实有"的具体成分——摄入及主观形式

怀特海在解释的范畴十中说道："对一个实际实有进行的第一种分析，即将它分析成它的最具体的诸成分，揭示出它是诸摄入的合生；诸摄入来源于它的生成过程中。所有进一步的分析就是对诸摄入的分析。依据摄入所进行的分析被称为'分割'。"② 所谓摄入又称"关联性的具体事实"③，它们不但是"实际实有"的组成部分，也是

---

① ［英］A. N. 怀特海：《过程与实在》，周邦宪译，北京联合出版公司 2014 年版，第 129 页。
② ［英］A. N. 怀特海：《过程与实在》，周邦宪译，北京联合出版公司 2014 年版，第 34 页。
③ ［英］A. N. 怀特海：《过程与实在》，周邦宪译，北京联合出版公司 2014 年版，第 31 页。

各实有之间彼此联系的桥梁。"实际实有"由摄入所组成且因摄入而彼此关联，这种由摄入所带来的关联性使整个宇宙成了一个相互联系的机体，这也正是怀特海以机体哲学来命名自己理论体系的原因之一。在怀特海的知识论当中，有关知识之所是、知识之所在、知识的认识与获取等诸多核心问题都必须在以"实际实有"为基础的前提下沿着摄入这一线索进行不断的摸索与研究方能得出。因此，我们说有关"摄入"的理论就是怀特海知识论的骨架一点也不为过。

在前面我们提到摄入是发生在摄入主体与被摄入的予料之间的一种活动，有点类似于我们日常用语中的影响，但当 A 对 B 进行摄入时，B 并不一定会被 A 客观化，就像学生出于某些因素并不一定会接受教师的教导一样。在构成同一主体的诸摄入的渐进合生过程中，当摄入主体认为它的予料是无效的时候，此予料所对应的那一摄入便是"否定性摄入"，反之则称为"肯定性摄入"或"感受"。大多数情况下，否定性摄入是作为感受的从属物而存在的。

表明摄入主体是如何摄入某予料的则被称为"主观形式"。同"实际实有"、摄入、联系一样，主观形式也是八个存在性范畴之一，并且由于"知识是意识对所经验客体的分辨"，而意识又是主观形式的一部分，所以主观形式这一范畴正是知识存在的范畴。

"存在着多种类型的主观形式，诸如情绪、评价、目的、好感、反感、意识等"①，在一个摄入活动中，主观形式表明了该摄入主体是如何摄入该予料的。作为一种"私性的事实"，主观形式有点类似于我们日常所指的情感、态度、价值观等精神层面的事物，但与我们以往认识所不同的是，机体哲学中主观形式的范围相当广泛且并非人所独有，只不过对于不同的存在物而言，主观形式的层级并不相同。比如说一块石头和一个人，虽然都具有主观形式，但后者显然要高级得多。这里有一个问题，本书前文说宇宙是由诸多"实际实有"所组成的大网，也就是任何一对非共时的"实际实有"都存在着摄入与被摄

---

① ［英］A. N. 怀特海：《过程与实在》，周邦宪译，北京联合出版公司2014年版，第34页。

入的关系。既然如此，主观形式又是如何使否定性摄入得以出现呢？需要明确的是，"所有的实际实有都是被肯定地摄入的"①，但这并不意味着隶属于其他存在范畴的事物也是如此，比如说永恒客体。这里所指的永恒客体，"或称对事实进行特别规定的纯潜能，或称确定性的形式"②，其主要指的是类似于形状、颜色、气味等这些在传统哲学中被称为"共相"的东西。说它们永恒，是因为永恒客体并不变化或说它们不具备时间性，也就是说它们是一种非实际的实有。简言之，怀特海认为永恒客体需要通过某些十分具体且实在的事物才能够变得实际。比如说圆这一性质需要通过圆形的事物才能变得实际，红色这一性质可能需要通过玫瑰这一事物才能变得实际等。因此，怀特海才称永恒客体为"纯潜能"。摄入如果按照所摄入的予料来划分可分为"物质性摄入"和"概念性摄入"，前者主要指的是对"实际实有"的那种摄入，后者主要指的就是对永恒客体的摄入，而主观形式主要影响的是概念性摄入的选择。虽然我们可以将摄入分为物质性摄入或概念性摄入，却并不存在纯粹的物质性摄入或概念性摄入。摄入都是混合型的，所以主观形式对物质性摄入也存在一定的间接影响。进一步讲，主观形式所直接导致的否定性摄入必然是对作为予料的永恒客体的"排除"，但同时也会影响摄入主体对"实际实有"的摄入。上述的这一观点也正是否定性摄入的价值所在。我们说一个"实际实有"就是诸摄入的合生，这里的诸摄入都有专属于自身的主观形式，并且这些主观形式之间并非相互绝缘，而是相互感受的。同时，"每一个否定摄入都有它自身的主观形式，无论其是何等的小、何等的弱。它使情绪的复杂性增加了，虽然并未使客观预料增加"③。这种情绪的增加为各不同主观形式的最终融合做出了贡献，形成了满足。简单地讲，一个"实际实有"最终的满足同所有摄入的主观形式都有关

---

① [英] A. N. 怀特海：《过程与实在》，周邦宪译，北京联合出版公司2014年版，第327页。

② [英] A. N. 怀特海：《过程与实在》，周邦宪译，北京联合出版公司2014年版，第31—32页。

③ [英] A. N. 怀特海：《过程与实在》，周邦宪译，北京联合出版公司2014年版，第68页。

联，否定性摄入的主观形式也对此有所贡献。

三 摄入的诸多主观形式之一——意识

怀特海认为所有知识都是意识对所经验客体的分辨，但何为意识呢？对此，小约翰·科布指出："在怀特海看来，重要的是这一术语不是用来确证任何其本身是现实的事物。它指向于关于某些现实发生之某些摄入的主观形式之一。……我们不应当把意识与物质性的实在并列，而这是当物质实在被假定为是由'物质'构成时经常发生的。"①（现实发生即"实际实有"）怀特海在《过程与实在》一书中的许多章节中都有对意识的阐述，如第一部分第二章第二节、第二部分第七章第二节、第三部分多章，其主要观点包括以下几部分。

（一）意识是诸多主观形式中的一种

第十三个解释性范畴明确阐述：存在多种主观形式，诸如情绪、评价、目的、内转、意识，等等。怀特海在其代表作《过程与实在》一书中，多处提到意识是一种主观形式。主观形式是每一摄入都包含的三个因素之一，另外两个因素是摄入的主体和摄入的予料。由于意识存在于主观形式之中，又由于主观形式的作用是决定予料以何种方式被摄入主体所摄入，所以意识也对主体对予料的摄入产生影响。这一方面说明意识本身存在于主体之中，且受被摄入的予料的影响，另一方面由于知识本身是意识的一种判断，所以知识的产生同时受摄入主体与予料的双重限定。

（二）意识是在合生的更高阶段产生的主观形式

古希腊哲学家赫拉克利特有句名言"人不能两次踏进同一条河

---

① ［英］A. N. 怀特海：《过程与实在》，杨富斌译，中国人民大学出版社2013年版，第547—548页。

流",万物皆流。怀特海认为,17—18世纪的许多哲学家又有了新的发现,即事物的流变可以分为两种。这两种流变中的一种是特殊存在物的构成中所固有的流变,用洛克的话来说就是"特殊存在物的组织中固有的流变",怀特海称这种流变为"合生";另一种则是从一个特殊存在物的消亡到另一个特殊存在物的生成的流变,这种流变用洛克的话来说就是"永恒的消逝",怀特海称这种流变为"转变"。

"合生"是一种过程的名称,它是生成"具体"的过程。具体意味着完全地成为现实,并且意味着某种完全的现实事态。在此过程中,多种事物构成的世界获得一种个体的统一性,使"多"中的每一项确定地属于构成新颖的"一"的成分。"事物"是指"多"中之一,在合生的每一实例中都有其适当位置,每一实例本身就是一个新颖的个别事物。合生的一个实例就叫"实际实有",也可称为"现实事态"。这样表述或许太过抽象,我们不妨举个"合生"的例子:各种各样的摄入是构成"我"的具体成分,"我"时时在摄入,如呼吸着新鲜的空气、享受着阳光浴、吃着水果、听着美妙的音乐,等等。其中的每一项都是"多种事物"之一,是构成新颖的"我"的成分,这些"多"生成了那一刻的"我"。这些摄入都是同时发生的,那一刻的"我"就是"一"。"我"就是处在生成的流变之中,每一刻的"我"都是新的,都不同于之前的"我","多生成一并由一而长",但始终有一种确定性,始终是"我"而非别人。

正如小约翰·科布所言,怀特海"使用'合生'一词意在强调这样一种观念:即使是怀特海称之为现实发生的这些现实的瞬间闪光也是过程。在生成过程中存在着现实发生,并因而存在着已完成的发生(事态)。怀特海把这种完成叫做'满足'"[1]。一旦这种现实事态获得满足,它就生成为后继发生的客体性材料。如此看来,怀特海所言的"合生",如果用生活中的眼光看,不能称为过程。因为我们一般使用"过程"一词时,对应的都是有一个从开始到结束的"时间段",而

---

[1] [英] A. N. 怀特海:《过程与实在》,杨富斌译,中国人民大学出版社2013年版,第547—548页。

"合生"就是瞬间之事,或许如此,怀特海把合生这一过程称为微观过程。

即使合生从时间上说都是同时发生的,要理解合生也需要把合生的生成分析为几个阶段,怀特海在《过程与实在》一书中对此有诸多阐述,他从发生学上对合生进行了分析,把合生分为三个阶段:反应阶段、补充阶段和满足。意识出现在补充阶段,进一步的分析放在本章的"意识源生于合生中的补充阶段——比较性感受",必须说明,不是所有的合生都能产生意识。

(三) 只有命题作为客体性材料中的一个因素才能有意识

意识是摄入的一种主观形式,更准确地说,是肯定摄入即感受的一种主观形式,① 但这种主观形式需要一定类型的客体性材料,只有在客体性材料具有一种适当的特性时才能有那种主观形式。也就是说,不是主体("实际实有")感受什么都能产生称为意识的这种主观形式。在怀特海看来,"如果离开了命题作为这种客体性材料中的一个因素,那么就根本不存在任何意识。而且,只有当产生这种客体性材料的初始材料能够把这种客体性综合相互适应的可能性传入个体自我时,这种客体性材料才能表现出这种适当特性"②。

怀特海认为,传统哲学对有意识的知觉的说明只是把注意力固定在它的纯粹概念性方面,因而在认识论上造成了困难。意识就是表明我们如何感受到肯定与否定的对比,但概念性感受是对一种未加限制的否定的感受,这种"未加限制的否定"的感受,是对确定地排除了任何特殊实现的确定的永恒客体的感受。而意识要求客体性材料包含(作为对比的一个方面)由某种确定情境所规定的有限制的否定。所以,在怀特海看来,单纯的概念并不包含意识,意识是一种整合了物理性感觉和概念性感觉的综合性感觉。

---

① [英] A. N. 怀特海:《过程与实在》,李步楼译,商务印书馆2011年版,第370页。
② [英] A. N. 怀特海:《过程与实在》,李步楼译,商务印书馆2011年版,第373页。

四 关于肯定性摄入的一些原理

肯定性摄入（又称感受）是知识得以产生的重要前提，因为如果一个摄入不是肯定的而是否定的，则意味着被摄入的予料没有在摄入主体中客观化，意识也就不可能对这一作为予料的客体进行任何分辨。因此，有关肯定性摄入的一些原理就是怀特海知识论的重要理论基础和组成部分，对这些原理的分析与阐释是我们了解怀特海知识论的必要步骤。

（一）有限的真理何以可能

真理与知识关系密切，教育中长期以来都非常注重对真理的认识，这也是教学内容的重要组成部分。不过近些年来，不同流派有关真理的认识往往分歧很大，这种分歧在我国基础教育课程改革中也有许多体现。比如说，传统的客观主义知识观一向认为只有能够反映客观事实的真理才是知识，知识与真理之间应该是画等号的，教育的任务就是对体现着真理的知识进行传授；建构主义知识观与解构主义知识观则并不认同真理的存在，特别是在解构主义知识观的语境中，真理的存在被认为是一种谬误，知识的多元性和相对性才是知识的根本。对此，怀特海的态度是，有限的真理是可能的，绝对的真理是达不到的，并且怀特海认为真理的这种有限的可能性是由于摄入的存在。

在怀特海看来，我们谈及"真"实则是在谈一种"真的关系"，一种符合的关系，这种符合关系的存在使得我们"考察它们之中的一个，便可揭示出属于另一个对象实质的某种因素"[1]；而"真理"似乎更类似于意识对所经验客体的一种正确的"分辨"，或者说类似于

---

[1] ［英］A. N. 怀特海：《观念的冒险》，周邦宪译，北京联合出版公司2014年版，第266页。

对某种真的关系的判断。举例来说,如果说桌子上的杯子是一个真的杯子,这就意味着桌子上的这一物体的诸多性质与"我"之前所认为是杯子的若干事物所具有的某些性质是相符的,通过对以往的那些杯子的认识与回忆使得"我"能够对这一物体进行解释,并将其定义为杯子。而"这是一个杯子"就相当于"我"对这种相符关系的一种判断,如果它们确实存在相符关系,则"这是一个杯子"便是一个真理,如果我们判断它们之间不存在相符关系,则"这是一个杯子"就不是一个真理。这里我们不去探讨"这是一个杯子"是否就真的是真理,我们所要探讨的是,假设它就是真理,那这种真理如何成为可能,并且这一真理是否绝对。

如果真理"这是一个杯子"成为可能,"我"首先应该能够产生"这是一个杯子"的判断,而这一点的实现则需要具备以下几个条件:第一,"我"能够认识到这一被"我"称为杯子的物体所具有的诸多性质,比如说它的颜色、硬度、形状、气味等,这些性质以彼此连续且混合于这一杯子当中的方式而被我们所察觉(当然,在这里我们需要假设"我"的感官知觉是完全可靠的,在对这个杯子的认识过程当中并没有产生幻觉或错觉,能够正确地抽象出这个杯子的诸多特性质)。第二,"我"在对这个杯子进行进一步分析时,"我"能够分别对这些混合在一起的诸多性质进行分析,即"我"能够将这些混合的诸多性质进行割裂。第三,"我"将这些已经被割裂开的诸多性质与"我"以往所认为是杯子的物体所具有的那些性质进行对比,发现存在与之相符的那些性质特点。第四,"我"能够将这些与之相符的性质特点进行融合,进而形成杯子这一概念。上述四点需要同时满足才能使真理"这是一个杯子"存在产生的可能。

下面,我们做一个假设,假设"实际实有"可以分割成诸摄入的合生。在前文我们说过,一个"实际实有"通过感受(肯定性摄入)将另一"实际实有"客观化,被客观化的那个"实际实有"所具备的诸性质得以进入作为摄入主体的"实际实有"当中。进一步地讲,组成了这个"实际实有"的诸摄入赋予了这一"实际实有"以不同的性质,并通过最后的满足来使这些性质得以统一。但如果我们在分析某一"实际实有"时,并不可以将其看成诸摄入的合生,这就意味着我们并不能通过对感受的分析来对已经统一在满足中的混合性质进行分割。举例来说,我们在对刚才事例中的那个杯子进行分析时,我们就不能将硬度、颜色、大小、形状等诸多性质从杯子的整体属性中分离出来,进而当我们想要试图建立真的关系时,就需要拿这个杯子的统一的整体性质与其他统一的整体性质进行对比,但由于在怀特海的哲学中各"实际实有"虽彼此关联,但每一个都是独特的,并不存在两个完全相同的经验,所以真的关系也就无从建立,真理自然也就没有可能。因此,怀特海才说:"有限真理是可能的,这取决于这样一个事实:一个实际实有的满足可分为种种确定的活动。这些活动便是'摄入'。"①

怀特海的这段论述还提到了一个关键的词语——"有限的",也就是说,这一事实只能令有限的真理而非绝对的真理成为可能。那么,为何是有限的呢?我们刚才说,真理类似于意识对所经验客体的一种正确的分辨或对某种真的关系的判断。进一步讲,与"真的关系"不同,真理除了两个事物之外,还需要有意识的存在,或者说还需要人对至少两个事物进行分别的摄入才能够具备"分辨"的条件。那么问题就是,当我们对某一予料进行摄入时,这一予料是否完整?是否就是事物的全部?

感受作为一种复杂的组织可分为五种因素,它们体现了感受所包含的以及所要造成的。这五种因素便是:"(i)进行感受的'主体';(ii)要被感受的'原始予料';(iii)因否定摄入而产生的'排除';(iv)被感受的'客观予料';(v)'主观形式',即该物体是如何感受该客观予料的。"② 可以说,感受中的这五个因素都是十分明确的,并且由于感受的主体因感受而达到满足;被感受的原始予料因否定性摄入的排除而转化为客观予料;"主观形式由于否定摄入、客观予料

---

① [英] A. N. 怀特海:《过程与实在》,周邦宪译,北京联合出版公司2014年版,第329页。
② [英] A. N. 怀特海:《过程与实在》,周邦宪译,北京联合出版公司2014年版,第330页。

以及主体的概念性起源而变得明确"①,使得这五个因素实则是互相被确定,进而得以推出感受的主体是 causa sui(自因)的。那么,一方面由于原始予料的存在使得我们并不能确定客观予料是否就真的能够代表事物的全部,也就是说我们很难保证被我们感受到的事物就是它的全部,而如果它并不是全部,则我们所判断为真的那种关系就存在着边界;另一方面,由于感受主体是自因的,我们在对"实际实有"的诸感受进行分析时,一个感受只有部分性质是明显的,另一些性质则很难察觉,因为那些性质需要我们求助于完整的主体,求助于最终的满足。基于上述两点,真理只可能是有限的。

在这一部分的讨论中,有一些十分关键的前设是有待推敲的,比如说人类的感官知觉是否可靠,人是如何知觉事物的,"真理"中的那个"真"就是适合意义等。同时,怀特海所论述的是"有限的真理",即虽然有限,但它还是真理,也就是怀特海是在承认知识具备"真理性"的前提下进行论述的,但我们在这部分对此前提也并没有过多提及。关于上述的几个问题,我们将在第三章和第四章进行详细的探讨。

(二)主体统一性范畴、客观同一性范畴、客观多样性范畴

怀特海在"关于感受的理论"这一章节中提到了三个从事物的终极性质中涌现出的重要范畴条件,即主体统一性范畴、客观同一性范畴以及客观多样性范畴。可以说,这三个条件体现了一种终极的形而上普遍性的意味,是怀特海知识论的重要前提。

所谓"主体统一性范畴"是指:"属于一个实际实有过程中的一个不完全阶段的众感受,虽然因该阶段的不完全而未成为整体,却因为它们主体的统一性而是相容的,因而可以合成。"② 我们可以通过将一个"实际实有""分割"成若干不同的摄入来对这个"实际实有"

---

① [英] A. N. 怀特海:《过程与实在》,周邦宪译,北京联合出版公司2014年版,第330页。

② [英] A. N. 怀特海:《过程与实在》,周邦宪译,北京联合出版公司2014年版,第333页。

进行分析，如果我们将这些摄入中的否定性摄入看成诸感受的从属，那么我们也就可以直接将这一"实际实有"看成诸感受的合生。应该说，组成一个"实际实有"的诸感受是彼此不同的，但如果是这样，那么这些感受是如何能够在最终的合生中完成统一进而使这一"实际实有"达成"满足"的呢？这便是我们下面要回答的问题。根据"主体统一性范畴"，众感受之所以在最后能够结合为一是由于主体的统一性，或者说这一范畴体现了这样一个普遍的原理："一个主体便是规定每一感受构成成分的终极目标。"[①] 怀特海认为"在主体过程的最初阶段有一个对主观目标的概念性感受：物质感受以及其他感受，都是作为步骤而产生的，这些步骤通过对原始予料的处理，达到对这一概念性目标的实现"[②]。这一概念性感受就是"主观目的"，主观目的决定了诸摄入的主观形式，进而决定了各予料的摄入方式。所以，由于主观目的的存在，即使在任何诸满足尚处于分离状态的不完全阶段，它们的主观形式却是相互制约的，进而众感受必然相容，因为它们的主观形式需要服务于主观目的，这是一种"前定的和谐"。这里埋个伏笔，表达一个主体合生过程中的这种前定的和谐除了主体统一性范畴外还有"主观和谐范畴"，这一范畴条件我们将在后面进行解释。

所谓"客观同一性范畴"指的是"一个实际实有达到满足后，它的客观予料中的任何要素，就其在该满足的作用而言，是不能复制的"[③]。也就是说，在每一合生过程中，其予料所包含的各实有均有其自身的作用和价值，且绝不存在价值的二重性，也就是说，它们是自我同一的。需要说明的是，这里所说不存在价值或作用的二重性指的是在一个合生过程中，如果这一实有分别被多个"实际实有"所摄入，那么其作用和价值就未必唯一了。

---

① ［英］A. N. 怀特海：《过程与实在》，周邦宪译，北京联合出版公司2014年版，第333页。

② ［英］A. N. 怀特海：《过程与实在》，周邦宪译，北京联合出版公司2014年版，第334页。

③ ［英］A. N. 怀特海：《过程与实在》，周邦宪译，北京联合出版公司2014年版，第336页。

所谓"客观多样性范畴"指的是"在一个实际实有的客观予料中,不存在不同要素的'结合'(coalescence),这是就那些要素在那一满足中的作用而言的"①。这一范畴所要表达的其实就是在任何一个合生过程中,其客观予料所包含的每一实有的作用并不相同,绝不存在相一致的情况发生。我们将这两个范畴放在一起论述,是因为它们引申出了一个关键的存在性范畴——"对比","或称诸实有合成于一摄入中时的诸样态,或称模式化的诸实有"②。根据上面的两个范畴可知,某"实际实有"客观予料中的任何两个实有必然是自我同一的,也必然是存在差异的。那么,客观予料中这两个不同实有的合成就必然受到这两个关联实有独特性的影响,并且它们合成之后所体现的那一对关联物也是独特的。通过我们在前文中对"永恒客体"的介绍,这里所提到的独特性大体上指的就是某"永恒客体"。因此,怀特海给出了一个"对比"的定义,即"一个具有其个体确定性、且出自明确永恒客体的复杂实有……一个对比不能脱离两个相对照的关联物"③。不同于"实际实有"和永恒客体这两种终极性较强的范畴,"对比"似乎是一种派生性质的范畴。虽然对比也指"从永恒客体的被实现了的共在性(togetherness)中产生的联合统一体的那种特殊性"④,且这里的特殊性大体上也是一种永恒客体,可谓与永恒客体范畴有着十分密切的关系,但相对于永恒客体,其条件显然更加苛刻,其所要体现的意义也有所区别。诸如红色与蓝色之间的对比、低音与高音之间的对比、逻辑性与艺术性之间的对比都是对比。除此之外,还存在"多重对比",并且一个多重对比可以分解为数个双重对比,但它并不能仅仅被看成众多双重对比的松散集合,应该说它是"对比的对比"或

---

① [英] A. N. 怀特海:《过程与实在》,周邦宪译,北京联合出版公司2014年版,第336页。
② [英] A. N. 怀特海:《过程与实在》,周邦宪译,北京联合出版公司2014年版,第32页。
③ [英] A. N. 怀特海:《过程与实在》,周邦宪译,北京联合出版公司2014年版,第340—341页。
④ [英] A. N. 怀特海:《过程与实在》,周邦宪译,北京联合出版公司2014年版,第342页。

"对比的对比的对比"以此类推,也就是说"多重对比"是一个对比。

(三) 简单物质性感受

"简单物质性感受"或称"因果"感受是这样的一种感受,"对于它来说原始予料是又一个单独的实际实有,而该客观予料则是被后一实际实有所采纳的又一感受"①,它是一种相对基本的感受,是怀特海宇宙论的基础。我们前面有言,作为一个感受的予料,存在原始予料与客观予料,在物质性感受中,原始予料就是那个被感受的"实际实有",但由于否定性摄入的存在,作为原始予料的那个"实际实有"只能被部分地感受(虽然对于"实际实有"的摄入都是肯定的,但由于对永恒客体的摄入有可能出现否定,且不存在纯粹的物质性或概念性摄入,所以对一个"实际实有"的摄入并不完全),又根据"实际实有"可以分割成若干感受(否定性摄入此时是作为感受的附属品而存在)的合生,我们便可以说这一"实际实有"只有部分的感受被感受到了,而在这些被感受到的感受当中的某一个感受便是简单物质性感受的客观予料。可以看出,简单物质性感受的客观予料是最基本的一个感受,甚至都不是一个完整的"实际实有"。怀特海认为一个简单物质性感受其实就是一种因果活动,在这一活动中作为原始予料的那个"实际实有"是"原因",这一简单物质性感受则是"结果";同时,这一简单物质性感受的主体由于受到了这一感受的规定,所以这一作为感受主体的"实际实有"也可称为"结果"。不难发现,其实怀特海的这种说法是包含了两种因果关系在其中的,即原始予料与简单物质性感受的因果关系,以及简单物质性感受与感受主体的因果关系,可由于感受主体即诸感受的合生,所以这两个因果关系也就合二为一了。并且,怀氏认为"所有复杂的因果活动都可化为由那样一些基本成分构成的复合体"②,也就是说,简单物质性感受是

---

① [英] A. N. 怀特海:《过程与实在》,周邦宪译,北京联合出版公司2014年版,第352页。
② [英] A. N. 怀特海:《过程与实在》,周邦宪译,北京联合出版公司2014年版,第352页。

所有因果活动的最基本成分,且我们对任何因果活动的分析都可拆分为对这些基本成分的分析。

一个简单物质性感受可分别描述为"重现""繁殖"以及"共形"。所谓"重现"就是指一种主观形式的重现。由于简单物质性感受是一种对感受的感受,那么被感受的那一感受的主观形式则被这一简单物质性感受的主观形式所"重现"。前文提到,主观形式决定了主体是如何摄入予料的,那么这种主观形式的重现似乎体现了作为原因的原始予料将自己的感受传递到了作为简单物质性感受的主体的合生当中,这一感受的传递使得那一新生成的"实际实有"将这一被传递了的感受当成自己的感受来"繁殖"。同时由于"主体统一性原则",一个感受并不能与其主体分离,所以一种感受的传递与繁衍使得客观上作为原始予料的那个原因的"实际实有"存在于作为结果的那个"实际实有"之中。我们知道,任何"实际实有"都是点滴经验,它只存在于瞬间,所以这种从原因到结果的过程需要一种时间上的累加。或者反过来讲,时间的累积特性便是从这一因果活动中抽象而出的,并且也正因如此,因果的不可逆使得时间具备了不可逆转的特性。不难发现,一个简单物质性感受存在着一种双重性,"它既是原因的感受,又再现为结果的主体……体现了自然的生殖特性,也体现了过去的客观不朽性"[①]。正因如此,由于简单物质性感受的聚集,当前的杯子与前一刻的杯子得以"共形",时间又可被看成这种共形行为的体现。

通过对简单物质性感受的论述可知,怀特海一方面提出了他的因果关系理论,并指出"因果关系便是一种感受的转移,而不是整个满足的转移"[②];同时,他也进一步地阐释了他的时空理论,特别是为时间是如何从"实际实有"当中抽象出来的这一观点提供了更富理论性与逻辑性的支撑。同时,怀特海还把简单物质性感受比作一种无意识

---

① [英] A. N. 怀特海:《过程与实在》,周邦宪译,北京联合出版公司2014年版,第354页。
② [英] A. N. 怀特海:《过程与实在》,周邦宪译,北京联合出版公司2014年版,第355页。

的原始知觉活动,即把作为原始予料的那个"实际实有"当作被知觉物,作为客观予料的感受当作"视域",简单物质性感受的主体作为知觉者,一个"实际实有"以视域的名义被知觉,同时知觉者通过视域来知觉其他"实际实有"。当然,这种知觉论上的应用并不完全适用于人类,因为人类具有较为高级的意识,知觉活动显然更加复杂,但其隐含的一些观点和思维方式完全可以看成怀特海知觉论的雏形,对接下来我们将要面对的知觉论和知识论的诸多问题有着不可估量的价值。

(四) 概念性感受

除因果感受外,还存在另一种初级感受,即概念性感受。所谓概念性感受就是"去感受具有作为一个'客体'这一基本形而上特点的永恒客体,也就是说,感受其作为过程中的一个被实现了的决定因素的能力 (capacity)"①。简而言之,概念性感受就是予料为永恒客体的一种感受。前文提到,永恒客体不同"实际实有"般实际,它只是作为一种纯粹的潜能而存在。虽然由于否定性摄入,主体在进行因果感受时作为感受予料的"实际实有"的一部分重要性可能被消除,但不管怎样这一"实际实有"定会以某种方式被主体肯定地摄入。然而,永恒客体并不存在这一现象,否定性摄入可以将这一纯粹的潜能完全地排除掉。这一点也是"实际实有"与永恒客体最根本的区别。虽然对永恒客体的摄入可能被排除,可这并不意味着概念性感受在重要性上弱于因果感受。因为,任何"实际物若脱离了由选定的永恒客体造成的它的独特的确定性,便没有属于它的任何特点"②。根据永恒客体所造成的确定性,一物为一物而非其他。所以,在任何的一个合生过程中,都既包含因果感受也包含概念性感受,这两种"初级"感受是任何其他复杂综合性感受的基础。同时,这两种感受作为两个不

---

① [英] A. N. 怀特海:《过程与实在》,周邦宪译,北京联合出版公司2014年版,第357页。
② [英] A. N. 怀特海:《过程与实在》,周邦宪译,北京联合出版公司2014年版,第357页。

同的起源催生出了一个"实际实有"的物质极和精神极，并且由于不论是因果感受还是概念性感受都是合生所必不可少的，所以任意的一个"实际实有"也就必然是偶极的，虽然在不同的"实际实有"中这两极在相对重要性上也许不同，但它必然同时包括物质极和精神极。人的意识就包括在精神极当中，而作为初级感受的概念性感受也就自然成了意识的一个基本要素。

作为一种感受，概念性感受必然具有其主观形式，怀特海认为"概念性感受的主观形式具有'评价'的特点"[①]。同因果感受一样，概念性感受产生于摄入主体尚未完全的阶段，此时的诸感受尚处于分离状态，在后续阶段这些分离的感受则融合在一起成为一种以"对比"的形式存在的新予料。不过虽然在这一融合的阶段，否定性摄入已然不复存在，但依然存在着一种"限定"的因素来规定被感受的永恒客体是如何与其他永恒客体以及衍生自其他感受的"实际实有"进行融合的。这一"限定"的任务由相应概念性感受的主观形式来承担。这里需要注意的是，根据上文所述的第一范畴条件，这一主观形式与同样被摄入的其他予料的主观形式存在着相互影响而非独立的关系，并且由于一种融合的新予料的产生，这些主观形式也将融合成为一种整体的主观形式来决定摄入主体对这一"对比"的摄入方式，这一整体的主观形式受主体的主观目的影响。每一感受的主观形式都有着自己的强烈程度，这种强烈程度决定了被感受到的予料将要表现出来的重要性。作为整体的感受的强烈程度就是要调节被感受到的各种予料的相对重要性，而对某一永恒客体的重要性的评价将依赖于被这一整体的感受所包含的属于相关概念性感受的那个主观形式。当然，这种依赖并不是绝对的依赖，由于第一范畴条件，任何感受的主观形式都是相互影响的。概念性感受的主观形式在对其予料进行评价时，可能出现"向上的评价"，即增强相关永恒客体的重要性，也可能出现"向下的评价"，即减弱相关永恒客体的重要性。也就是说，概念

---

① ［英］A. N. 怀特海：《过程与实在》，周邦宪译，北京联合出版公司2014年版，第358页。

性感受的主观形式作为一种评价便既是一种质的评价（决定永恒客体将如何被利用），也是强烈度的评价（决定该利用将要表现的重要性高低）。上述内容也就解释了前文所提到的第七范畴条件"主观和谐范畴"的大概含义。基于此，怀特海总结出了评价的三个特点："(ⅰ)根据主体统一性范畴以及主观和谐范畴，评价依赖它发源阶段的其他感受。(ⅱ)评价决定永恒客体以什么状态进入被物质性地感受到的那个整合了的联系。(ⅲ)评价或则向上评价或则向下评价，以便决定由整体感受的主观形式赋予永恒客体的深层价值"[①]。

综上所述，通过对因果感受和概念性感受的分析，上文所提到的一个感受的组成部分被复杂化了。一个复杂的感受实际上是可以分割为若干因果感受和概念性感受的集合；整体感受的予料，实际上是由若干"实际实有"和永恒客体融合而成的某种"对比"（当文章中出现"某非永恒客体与某非永恒客体的对比"这样的描述时，实际上指的是衍生自这两种非永恒客体的永恒客体之间的对比，这里的非永恒客体是该对比的关联物）；整体感受的主观形式其实也是由诸多因果感受和概念性感受的主观形式相互影响、融合而来，并且这些在主观目的主导下的主观形式所包含的各初级感受的主观形式也有着自己的作用，特别是概念性感受的主观形式，它起到了评价的作用。

五　作为知识表述主要方式的命题及命题性感受

虽然，我们并不能把知识简单地等同于命题或真命题，但我们必须承认，命题是知识的一种主要表达方式。比如说，我们在表述有关地球形状的知识时会涉及"地球是一个椭圆形的球体"这一命题，在表述有关海洋颜色的知识时会涉及"海洋是蓝色的"这一命题，等等。同时，我们在学习知识，特别是在对来自书本、媒体等间接知识

---

① [英] A. N. 怀特海：《过程与实在》，周邦宪译，北京联合出版公司2014年版，第359页。

进行学习时，知识大多也会以命题的形式呈现，即便对于那些来自实践的直接知识来说，命题也是我们储备知识的一种重要形式。在机体哲学中，命题是一种存在性范畴，是"处于潜在规定中的事实，或称对事实进行特别规定的不纯潜能，或称原则"①，当我们对一个命题进行肯定性摄入时，这一摄入便是一种命题性感受。我们在前文也表明，意识的产生需要命题性感受，也就是说，不论知识是否是以命题的形式呈现，它都必然要涉及命题且涉及对命题的肯定性摄入。因此，在本节中我们将对命题、命题性感受、意识这三个概念以及它们之间存在的复杂关系进行分析。

（一）命题性感受

所谓命题性感受就是其客观予料是一个命题的感受。我们可以发现，因果感受的客观予料是一个不完整的"实际实有"，即组成这一"实际实有"的某一感受，物质性感受则是若干因果感受的融合；概念性感受的原始予料与客观予料都是同一个永恒客体。但命题性感受与上两种不同，它的客观予料既不是"实际实有"也不是永恒客体，而是命题。这便引出了两个问题：命题性感受与两个初级感受之间存在怎样的关系？我们又应该如何理解命题这一不纯的潜能？

首先，由于客观予料是由原始予料经过否定性摄入以及一定的融合而来，且任何复合性感受都源于简单物质性感受和概念性感受的融合，所以一个命题性感受也定是由因果感受和概念性感受融合而来，而命题性感受的予料也就自然与因果感受和概念性感受的予料有关，也就是与"实际实有"和永恒客体有关。再进一步说，因为命题性感受的予料是一个命题，那么命题也就与"实际实有"和永恒客体有关。怀特海指出："一个物质性感受与一个概念性感受的整合衍生出一个复合感受，一个命题就是作为形成该复合感受的予料而进入经验的。"② 也就

---

① ［英］A. N. 怀特海：《过程与实在》，周邦宪译，北京联合出版公司2014年版，第32页。
② ［英］A. N. 怀特海：《过程与实在》，周邦宪译，北京联合出版公司2014年版，第379页。

说，命题是由作为物质性感受予料的"实际实有"与作为概念性感受予料的永恒客体整合衍生得出的。或言，命题将"实际实有"和永恒客体联系起来了。永恒客体作为一种纯潜能，它是非实际的，"一个永恒客体在其本身是不会在诸实际和诸时期间进行任何选择的"[①]。例如，红色不会选择苹果，它本身是脱离任何确定的"实际实有"的，它只是一种颜色，只不过这种颜色可以"进入"任何的实际之中，比如桌椅、植物等。可问题是，作为永恒客体的红色虽然是非实际的，但苹果确是实际的，我们也确确实实地经验到了那个红色的苹果。这样看来，要解释这一被红色所规定的特殊的"实际实有"，我们似乎需要一种能连接实际与非实际的实有，这一实有就是"命题"，也就是怀特海所谓的"处于潜在规定中的事实，或称对事实进行特别规定的不纯潜能，或称原则"。

其次，不同于永恒客体，命题作为一种复合的实有，其逻辑主语中包含有确定的"实际实有"。由于这层关系，"实际实有"便为命题提供了一个决定其真假的理由。反观永恒客体，由于永恒客体本身是脱离"实际实有"而存在的，根据本体论原则，没有了"实际实有"这"唯一的理由"，永恒客体也就没有了确定其真假的理由，也就不分真假。但反过来讲，如果命题脱离了"实际实有"，那么它也就没有了确定真假的理由，甚至其根本无法解释其自身。也就是说，命题的确定性需要"实际实有"的支撑，如果没有"实际实有"，那么命题就如同永恒客体一样不确定。比如说，"它是红的"这一命题中的"它"背后如果并没有一个指代物，那么这一命题本身就是不确定的。也许正是因为这一点，怀特海才把命题称为"不纯"。

再次，命题作为一种复合实有，其中既涉及"实际实有"也涉及永恒客体，这里的"实际实有"就是一个命题的"逻辑主语"，它来自物质性感受，这里的永恒客体则作为这一命题的"谓词"，它来自概念性感受。在命题性感受中，永恒客体的那种潜在性的"绝对的普

---

① ［英］A. N. 怀特海：《过程与实在》，周邦宪译，北京联合出版公司2014年版，第379页。

遍性"被消除了，取而代之的是潜在性的局限性，局限于可能成为逻辑主语的那一套"实际实有"或联系当中。怀特海将这一永恒客体称为命题的"谓词模式"，"那一套逻辑主语或则作为在这一谓词模式中的这些逻辑主语被选出，或作为这一模式中的这些逻辑主语中的任意一个或任意一些而被集体地选出"①。比如说，我们在桌子上看见一个红色的苹果，我们说"它是红色的"，这便是作为逻辑主语被选出；又比如说，我们在一堆红色的苹果中随便指着一个苹果说"它是红色的"，这便是作为这些逻辑主语中的任意一个或任意一些而被集体地选出。因此，命题中逻辑主语的地位实际上是被降低了，永恒客体成了确定的一方，而作为逻辑主语的"实际实有"却成了被选择的一方。也就是说，本不能进行选择的永恒客体通过命题选择了"实际实有"。这种因命题导致的"倒置"使得"每一个逻辑主语都变成了众实际中的一个纯粹的'它'，连同它的被指定的与谓词的假设关系"②。简言之，"实际实有"除了表现那里确实有一个谓词"依附"的存在物外，其他作用已经与之相脱离。也就是说，由于作为逻辑主语的那些"实际实有"已经不再是它们之所是，所以一个命题也就不可能是它所是的那个命题。③ 从谓词的视角出发，对于永恒客体来说，它本"有可能实现绝对意义上的任意实际实有；但是在命题中，它的这种可能性只局限于这些逻辑主语"④。虽然这是对永恒客体潜在性的一种限制，但命题依然是永恒客体的潜在性的体现，"这表现为以某种确定的方式与逻辑主语发生限制性关系"⑤。也许正因如此，怀特海把命题称作"潜能"。

---

① [英] A. N. 怀特海：《过程与实在》，周邦宪译，北京联合出版公司2014年版，第381页。
② [英] A. N. 怀特海：《过程与实在》，周邦宪译，北京联合出版公司2014年版，第382页。
③ [英] A. N. 怀特海：《过程与实在》，周邦宪译，北京联合出版公司2014年版，第384页。
④ [英] A. N. 怀特海：《过程与实在》，周邦宪译，北京联合出版公司2014年版，第386页。
⑤ [英] A. N. 怀特海：《过程与实在》，周邦宪译，北京联合出版公司2014年版，第381页。

最后，命题作为命题性感受的予料必然存在着摄入主体，比如说人。对于人来说，无论是日常语言交流、知识的习得还是我们对知识的描述都离不开命题。而命题的种种性质则向我们表明，其根本无法对"实际实有"进行充分的描述，这不但造成了语言的局限，同时也再一次证明了绝对真理是难以达到的。并且，正是由于"单个命题的有限表达所必须的程序和方法"①致使"不可穷尽性"②成为知识的本质特性，有关这一点，我们将在第四章进行详细的解释。

（二）命题与意识

对于人类来说，"意识出现在诸主观形式中"③，也就是说，我们对意识进行分析就是要对主观形式进行分析，而由于主观形式是摄入的一个要素，所以我们欲分析意识则首先应从摄入开始。通过我们对两种初级肯定性摄入的分析可知，不论是因果感受还是概念性感受，它们的主观形式都是相对简单的，不足以催生出意识这一较为高级的存在。意识的产生貌似还需要一些更为高级的感受，比如说命题性感受。怀特海认为："一切形式的意识都出自命题性感受与其他感受的诸整合方式，这些感受或是物质性感受，或是概念性感受。意识便属于这样一些感受的主观形式。"④下面我们要回答的问题就是：命题性感受与其他感受是如何融合的？意识的存在为何需要命题性摄入？

首先，由于在前面，我们在论及物质性感受和概念性感受时大多是分开来谈的，所以这里我们要进一步厘清物质性感受和概念性感受之间的关系。所谓的物质性感受指其予料包括但不限于"实际实有"

---

① ［英］A. N. 怀特海：《自然的概念》，张桂权译，中国城市出版社2002年版，第12页。
② ［英］A. N. 怀特海：《自然的概念》，张桂权译，中国城市出版社2002年版，第14页。
③ ［英］A. N. 怀特海：《观念的冒险》，周邦宪译，北京联合出版公司2014年版，第232页。
④ ［英］A. N. 怀特海：《过程与实在》，周邦宪译，北京联合出版公司2014年版，第379页。

的感受，在大多数情况下其予料为联系或群集，是一种由因果感受组合而成的感受。但依前文所言，并不存在绝对的物质性感受或绝对的概念性感受，也就是说，我们不可能在感受某联系的同时不进行对有关永恒客体的感受，哪怕这种感受十分微弱。所以，物质性感受与概念性感受之间似乎存在着一种"伴生"关系。怀特海在范畴义务中对这种关系进行了更为准确的描述，怀氏认为"每一物质性感受都会衍生出纯概念性感受，该概念性感受的予料就是那样的永恒客体，它规定被物质性地感受到的实际实有或联系（nexus）的确定性"①，这一原理便是"概念性评价范畴"。

其次，促使意识产生的主观形式需要该主观形式所在的那一感受的予料为一个联系与一个命题二者之间的对比。根据"概念性评价范畴"，主体在对一个联系进行感受时必然衍生出概念性感受，但作为这一衍生出的概念性感受的予料的永恒客体与作为命题性感受的予料的永恒客体并不一定相同。这种情况的发生主要源于两个因素：第一，我们在对某一联系进行物质性感受时并不存在否定性摄入，也就是说这一联系是被完整地摄入了，但在我们对衍生自这一联系的永恒客体进行摄入时存在着否定性摄入，即作为衍生自物质性摄入的概念性摄入的予料的永恒客体并不一定"完整"，就好比我们无法完整地描述出一个杯子的所有属性一样。第二，在命题中，逻辑主语是不确定的，这种不确定可能导致这个逻辑主语实际上根本不是或只有部分是作为物质性摄入予料的那个联系。当作为衍生自这一物质性感受的概念性感受的予料的永恒客体与作为命题性感受的予料的永恒客体以对比的方式被主体所感受时，意识便进入了这一感受的主观形式。此一联系中的"实际实有"就是命题的逻辑主语。需要注意的是，不论命题的主语在实际上是不是或是否完全是作为物质性感受的那个联系，都不妨碍其成为命题的逻辑主语。

---

① ［英］A. N. 怀特海：《过程与实在》，周邦宪译，北京联合出版公司2014年版，第38页。

最后，命题使意识成为可能。怀特海在《观念的冒险》中指出"意识是强调的极致"[①]，它强调了对众多作为予料的实际事态选择。但问题是，虽然一方面每个"实际实有"在实际上都是独特的；可另一方面，永恒客体本身并不实际，它是可以脱离"实际实有"的，这使得它的潜在性可在任意"实际实有"中实现。也就是说，单就这两个存在性范畴而言，"实际实有"的独特性在某种意义上也是一种普遍且任意的独特性。这么一来，我们的意识就根本无法对若干"实际实有"进行选择，意识也就没有了存在的可能。然而，在日常经验中找不到脱离了"实际实有"的永恒客体，我们的意识完全能够分辨出不同实有的独特性，这似乎又与前面的论述相矛盾。因此，意识貌似需要通过某种存在来对永恒客体的那种潜在性的可能性进行限定，这便是命题存在的理由。命题作为永恒客体潜在性的体现通过命题性摄入将永恒客体潜在性的可能性局限于特定的"实际实有"当中，进而在精神上赋予了这个"实际实有"以独特性，虽然这种独特性未必能够真正代表这一实有，但不管怎样，意识凭借命题性摄入使其能够在众多与众不同的实际事态中进行选择。

（三）知觉感受与想象性感受

存在这样的一种情况，此时，一个命题性感受就存在两种可能：要么它是一个"知觉感受"，要么它是一个"想象性感受"。之所以会如此划分是因为：首先，一个命题性感受需要一个其予料必然包括逻辑主语的物质性感受，这种物质性感受被怀特海称为"说明性感受"。其次，一个命题性感受需要一个能够衍生出概念性感受的物质性感受来提供永恒客体作为谓词，这种物质性感受被怀特海称为"物质性识别"或"物质性记忆"。再次，这两种物质性感受未必相同。比如说"这个杯子是红色的"这一命题，这里存在着作为逻辑主语的杯子和作为谓词的红色，前者是我们通过物质性感受所感受到的，后

[①] ［英］A. N. 怀特海：《观念的冒险》，周邦宪译，北京联合出版公司2014年版，第197页。

者是我们通过衍生自物质性感受的概念性感受所感受到的。如果那个概念性感受确实衍生自我们对那个杯子的物质性感受，那么这两种物质性感受便是相同的，此时我们把对这一命题的感受称为知觉感受。但还存在另一种情况，那个概念性感受并没有或并不完全衍生自我们对那个杯子的物质性感受。比如说，由于灯光很暗，我们根本看不清杯子的颜色，但我们能看见在它旁边有一个跟它配套的红色的水壶，所以得出命题"这个杯子是红色的"。此时，我们称这种命题性感受为想象性感受。

有关知觉感受的观点将在"真命题"章节进行详细的论述，并在第三章怀特海知觉论当中也有提及，所以这里我们重点说一下想象性感受。当一个命题性感受为想象性感受时表明说明性感受和物质性识别之间存在着相互歧异的现象，但我们不能忽略的是，这种相互歧异的关系存在着程度上的划分，可以十分不同，也可能近乎完全相同。比如说在刚才的例子中，作为说明性感受予料的那个杯子和作为物质性识别予料的那个水壶根本就是两个完全不同的器皿，差距比较大；但如果我们把那个水壶换成一个形状、大小都几乎一样的红色杯子的话，那么这种差别就非常微小了。不过，不论是上述哪一种程度上的差别，哪怕这种差别微小到几近为无，但差别依旧存在，就此而言便存在着自由想象的痕迹。总的来说，"作为一个想象性感受的客观予料的那种命题，它有一个谓词，该谓词衍生自（有逆转或无逆转）这样一个联系，该联系在某些方面不同于那个提供逻辑主语的联系。于是，该命题被感受为一个与其逻辑主语有关的想象概念"[①]。

（四）真命题

一个命题是否为真，主要针对的是作为知觉感受予料的那种命题而言。在一个命题中，作为谓词的永恒客体显然是确定的，但作为逻辑主语的"实际实有"并不确定。这种不确定性使得虽然在知觉感受

---

① ［英］A. N. 怀特海：《过程与实在》，周邦宪译，北京联合出版公司2014年版，第389页。

中说明性感受和物质性识别是相同的，但知觉感受还是可以依据不同的条件分为三种不同的类别，且在这三种类别中只有一种才会使命题为真。

第一种类别，在这样的一种情况："当一个摄入主体对它实际世界中各种实际实有进行各种类似的物质性感受时，它便从中完整地获得一个同样的概念性感受。然后它便将这些简单的物质性感受与衍生的概念性感受结合在一起。在这一过程中，摄入主体会将这一概念性感受的予料嬗变成某一联系的一个独特性（该联系将那些被摄入的实际实有包容在自己成员之中），或嬗变成该联系某部分的一个特性"①。对这种情况的描述，被怀特海称为"嬗变的范畴"。当一个感受发生嬗变，那么它的予料便是某一联系与永恒客体形成的对比。但问题是，这一嬗变了的独特性并不一定能够代表这一联系。在这种情况下，即便说明性感受和物质性识别完全相同，即便这个被感受到的命题提供了一个确确实实来自该实在联系的谓词，但该命题也依然未必是真的。比如，命题"苏格拉底是聪明的"就不是一个真命题，因为苏格拉底作为一个由众多"苏格拉底事件"组成的享有群集秩序的"联系"，在苏格拉底三十岁的那一刻，我们也许可以得出"苏格拉底是聪明的"这一命题，但这只能代表那一刻的作为"实际实有"的苏格拉底，并不能代表作为联系的苏格拉底，因为在苏格拉底刚出生的时候，他显然并不聪明，当我们把那一刻的苏格拉底所具备的独特性嬗变为作为群集的"苏格拉底"的独特性的时候，显然并不妥当。也就是说，"在这种情况下，命题便认定，它的逻辑主语能在物质上享有一个具有谓词定义的联系；而那个谓词则可能只是被这些逻辑主语在概念上享有了。因此，命题所提出的作为联系中的一个物质事实的那种东西，事实上只是一桩精神事实。除非它被理解为它之所是，否则便会发生错误"②。

---

① ［英］A. N. 怀特海：《过程与实在》，周邦宪译，北京联合出版公司2014年版，第39页。
② ［英］A. N. 怀特海：《过程与实在》，周邦宪译，北京联合出版公司2014年版，第388页。

第二种类别，存在这样的一种情况："概念性感受会以那样的予料而第二次发生，那些予料与构成精神极第一阶段予料的那些永恒客体，半是同一，半是相异。该相异性是由主观目的所决定的相关相异性"①，这种情况被怀特海称为"概念逆转范畴"。也就是说，当处于这样的情况时，某概念性感受会将又一个永恒客体作为自己的予料包括在内。此时，命题的谓词在自己的内部既具有作为某些真正能促使联系确定的要素的永恒客体，同时也具有作为其他要素而存在的不同于该联系中相关要素的永恒客体，当这些关联要素被引入摄入主体的合生之中时，"谓词于是被摄入主体的主观性歪曲而失真"②，这样的一个命题也不是真命题。比如说，在一个十分炎热的天气里"我"很渴，并且由于"我"喝了一口开水导致不但没有解渴而且被烫到的前提下，"我"又喝了一杯36°C的温水，然后得出的命题"这杯水是冰的而且是解渴的"就不是一个真命题。因为，作为谓词的"冰的"和"解渴的"虽然作为解渴的这一半确实衍生自这杯水，但冰的这一半是被"我"的主观所歪曲的，并不准确，此时的谓词被怀特海称为"非真正的"。

第三种类别，上述两种知觉感受由于嬗变和逆转情况的出现，使得其所包含的命题不为真，那么，反过来讲，如果不存在这两种情况的知觉感受所包含的命题就必然是真命题。首先，如果该命题的谓词就是明确该联系的那个永恒客体，那么这样的知觉感受被称为"直接的"，反之则称为"间接的"；其次，如果联系的最初物质性感受在任何阶段都不包含逆转，则该知觉感受被称为"真正的"，反之则称为"非真正的"；最后，如果一个命题性感受既是"知觉的"也是"直接的"，还是"真正的"，那么这一命题性感受所包含的命题就是一个真命题。简言之，一个"真正的直接知觉感受"所包含的命题便是真命题。

---

① ［英］A. N. 怀特海：《过程与实在》，周邦宪译，北京联合出版公司2014年版，第38—39页。

② ［英］A. N. 怀特海：《过程与实在》，周邦宪译，北京联合出版公司2014年版，第388—389页。

但是，虽然我们明确了如何的一个命题才是真命题，可对于人类来说，以直接物质性感受为基础的直接知觉往往并不保险，导致这一问题的主要原因很大程度上是我们知觉能力的局限。有关人类知觉的相关论述我们将在后续章节进一步展开。

六　意识源生于合生中的补充阶段——比较性感受

意识的产生必然需要命题性感受的存在，但它同时也需要物质性感受和概念性感受的参与。也就是说，意识作为一种经验的更高阶段需要一种融合命题性感受、物质性感受与概念性感受三者的更为复杂的感受，即比较性感受。所谓的比较性感受"是那些尚未被考察过的整合的结果：它们的予料就是诸种属的对比（generic contrasts）"①。比较性感受主要分为两种："理智感受"和"物质目的"，相较于理智感受，物质目的要更加原始，虽然十分重要，但与怀特海的知识论并没有很密切的联系，所以我们下面将主要对理智感受进行分析。

（一）理智感受与意识的源生

"在一个理智感受中，予料就是一个由实际实有组成的联系和一个带有该联系诸逻辑主语成员的命题之间的种属对比。"② 在这个对比中，由于前者代表了确定这一联系的一切永恒客体而后者仅仅代表了命题中作为谓词的永恒客体，所以前者的外延要大于后者，前者为属，后者为种。为了更好地理解这一概念，我们假定一种情况：存在一联系和一主体；这一联系包含"实际实有"A；这一主体对这一联系进行了物质性感受且也存在以这一联系为逻辑主语的命题性感受。那么在这种情况下，"实际实有"A对于主体而言就存在着两种不同

---

① ［英］A. N. 怀特海：《过程与实在》，周邦宪译，北京联合出版公司2014年版，第393页。

② ［英］A. N. 怀特海：《过程与实在》，周邦宪译，北京联合出版公司2014年版，第394页。

的作用,即"有关的被客观化了的实际实有贡献给物质性感受中被客观化了的联系的东西,另一方则是同一实际实有在命题的谓词模式中,在命题实现的可能过程中,发挥指派给自己的作用的那种潜在性"①。同一"实际实有"对属和种分别贡献了它的独特性,并且这两种不同的独特性将以对比的形式被主体所感受。这种一体两面的现象被怀特海称为"双向位态",统一上述这种双向位态的对比则被称为"肯定—否定对比"。当一个感受是以这种"肯定—否定对比"为予料时,这一感受就被称为"理智感受"。下面,我们将从理智感受的予料和主观形式这两方面来讨论。

"肯定—否定对比"作为理智感受的予料,它的要求比较严格。一方面,要存在对物质性感受中被客观化了的事实的肯定;另一方面,要有在命题性感受中对该肯定的否定。需要说明的是,由于一个命题性感受要么是逻辑主语的不确定性导致了想象性感受或假命题的存在进而否定了事实,要么是否定性摄入的存在导致我们不能完全感受到衍生自物质性摄入的所有永恒客体进而否定了事实,所以一个命题性感受必然存在对客观化了的事实的否定。不过,虽然这是一个既包含肯定也包含否定的对比,但不可否认的是这一对比将一个联系同一个命题关联在一起,而这就正是意识源起的关键。比如说,我们可以在无意识的情况下匆匆行走,虽然在此过程中我们可以看见落叶、听见风声、嗅到芳香,但我们依然可以处于无意识的状态,直到我们将落叶与"它是落叶"这一命题联系在一起,意识才会出现;又比如说我们完全可以在无意识的情况下去读一本说明书,虽然我们的的确确进行了命题性感受,但由于我们没有将说明书上指代的零件与命题建立关系,所以我们依然没有意识。还有一种情况也比较常见,就是我们闭上眼睛或者在梦中也可以有意识。在这种情况下,我们进行的命题性感受多为想象性感受,而非知觉感受,无论是与理智感受直接相关的物质性感受,或是与命题性感受相关的说明性感受都来自相对

---

① [英] A. N. 怀特海:《过程与实在》,周邦宪译,北京联合出版公司2014年版,第394页。

遥远的过去，自这些物质性感受衍生出的概念性感受也是如此。但是，上述这些事实并不妨碍它们确实存在，所以也就不妨碍以"肯定—否定对比"作为予料的理智感受的出现，意识也就得以产生。

既然理智感受促使了意识的出现，并且我们已然知道意识是存在于感受的主观形式当中，那么就能得出意识存在于理智感受的主观形式当中。但根据"主观和谐范畴"，意识所存在的那个主观形式本身并不独立，且它只是受主观目的所影响的主体中主观形式的一部分，也就表明了意识的非常住性，且其也并非经验的全部。为了解释这个观点，我们不妨引用怀特海在《过程与实在》中对意识的一段经典论述："意识是闪烁不定的；甚至在它最明亮的时候，也还既存在着一个明亮的聚光区，又存在着一大片经验的半明半暗地区，后者讲述的是处于朦胧理解中的强烈经验。简单的清晰意识决不如完全经验那样复杂。我们经验的这一特点也表明，意识是经验之冠，只是偶尔才可到达，它并非是经验的必然基础。"① 这段论述正是怀特海对我们日常经验的一个概括，即我们日常的大多经验很可能是无意识的，经验并不是意识的充分条件。因此，由于知识本身存在与意识的那种密不可分的关系，故我们无意识的日常经验并不能够带给我们任何知识。

意识源自理智感受的主观形式，这一观点无疑有着巨大的价值，之所以如此说，是因为如果我们不能明确意识产生于何处就很难弄明白知识产生于何处，毕竟对于知识来说意识是绝对不可或缺的，它是知识形成的基础。但理智感受十分复杂，它所要揭示的观点远远不止如此，有关意识的探讨也才刚刚开始。理智感受还可进一步分类，即"意识知觉"与"直觉判断"，这两种不同的感受是分析理智感受与意识的关键，这也是我们下面两个小部分将要重点讨论的话题。

（二）理智感受之一——意识知觉

意识知觉是理智感受的一种，当理智感受所包含的那个命题作为

---

① ［英］A. N. 怀特海：《过程与实在》，周邦宪译，北京联合出版公司2014年版，第395页。

知觉感受的予料时，这种理智感受就是意识知觉。也就是说，意识知觉出自物质性感受与由物质性感受所衍生出的知觉感受的结合。通过在"真命题"部分的论述可知，由于"嬗变的范畴"和"概念逆转范畴"，一个知觉感受可以是真正的或非真正的，也可以是直接的或间接的，这种由于嬗变和逆转所带来的知觉感受的不同，会影响意识知觉。

如果一个知觉感受是间接的，即存在嬗变的因素在其中，那么逆转因素则成为唯一的变量，这一知觉感受要么是真正的间接知觉感受，要么是非真正的间接知觉感受。当知觉感受是真正的间接知觉感受时，意识知觉就是一个物质性感受和一个以此物质性感受的予料为逻辑主语且以一个已经发生嬗变的概念性感受的予料为谓词的知觉感受的融合。概念性感受发生了嬗变，导致作为谓词的永恒客体只是在概念上被那一逻辑主语所享有，而非实际的享有，但感受主体误把这种概念上的享有当成了实际上的享有。也就是说，在这种情况下，"在联系中被采纳的概念变成为联系中的物质性感受"①，除非那一联系被理解为它之所是，否则这一知觉感受所包含的命题就是一个假命题。此时，意识知觉的正确性是亟待商榷的，甚至我们可以说此时的意识知觉极可能是错误的。当知觉感受是非真正的间接知觉感受时则意味着嬗变与逆转同时存在，那么此时由于概念逆转的原因，这个知觉感受所包含的命题的逻辑主语与谓词就已经丧失或即将丧失它们的直接关联。这种直接关联性的丧失令这一感受有了一丝想象的意味，虽然它的说明性感受和物质性识别是相同的物质性感受，但这种想象的意味确实存在，只不过这一"想象被限制在一个终极事实上"②。此时的意识知觉，也就是那个将物质性感受和非真正的知觉感受结合在一起的那个理智感受，它所包含的命题的谓词与作为其逻辑主语的那个联系，或者说是那一作为物质性感受的予料的联系的独特性，只

---

① ［英］A. N. 怀特海：《过程与实在》，周邦宪译，北京联合出版公司2014年版，第401页。
② ［英］A. N. 怀特海：《过程与实在》，周邦宪译，北京联合出版公司2014年版，第389页。

有部分一致。"这种情况实际上就是意识对一个想象到的命题所进行的知觉，它与该联系有关，但与事实不一致。这一情况事实上更类似于理智感受的第二个种类，即直觉判断"①，也就是那种用想象性感受代替知觉感受的那种比较性感受。也就是说，如果一个知觉感受是非真正的，即存在逆转的因素在其中，那么不论它是直接的抑或间接的，意识知觉都如上述情况所言，此时的意识是一种想象。

通过上面的论述不难得出，如果知觉感受是间接的或者是非真正的，那么包含这一知觉感受的意识知觉就不是正确的。也就是说，如果一个知觉感受是直接的真正知觉感受，那么此时的意识知觉毫无疑问是正确的。这里需要说明的是，意识知觉的正确性以意识知觉存在为前提，所以不论意识知觉正确与否，意识都存在着。我们这里对意识知觉正确性的探讨更准确地说应该是有关意识知觉所包含的命题的正误的探讨。现在，我们已经有了意识正确性的标准，下面要讨论的就是我们到底应该如何对意识知觉的正确性进行判断。怀特海认为确保一个意识知觉正确性的保证有三点：一是对"强烈度和生动性"的检验，这一点源自休谟的观点；二是意识对包含在过程中的各种感受的阐发；三是看将来是否与衍生自这一假设的期望一致。前两点主要针对的是嬗变因素的存在，而第三点则主要针对逆转的因素。第一点中的"强烈度和生动性"指的是当"作为事实的联系，与衍生与它自己、局限于它自己、表现于它自己的那一潜在性形成对照……主观形式于是就表现出，它对其潜在性业已实现了的联系真正之所是，有了生动而直接的认识"②。第二点所要表达的主要就是意识能够对各种感受进行描述，且如果各种描述不存在不相容的情况且与命题相符，则这一知觉感受就有了正确的可能。可见，对上述两点的满足基本可以识别出嬗变现象的出现。至于第三点，由于概念性逆转的产生受主观目的所影响，往往是一个主观方面产生的谬误，所以我们很难快速

---

① [英] A.N. 怀特海：《过程与实在》，周邦宪译，北京联合出版公司 2014 年版，第 399 页。

② [英] A.N. 怀特海：《过程与实在》，周邦宪译，北京联合出版公司 2014 年版，第 398 页。

地对其进行判断，其正确性似乎只能被一种类似于人的持久客体，在其生命中对未来的事态进行进一步的检验和证实方能验证。

（三）直觉判断

"直觉判断就是那样一种比较性感受，它的予料是由包含在说明性感受中的联系和包含在想象感受中的命题二者之间的种属对比构成的。"① 一个直觉判断的主观形式可能包含以下三种情况：肯定的、否定的和未定的，以此为依据，我们把这种比较性感受分为三个不同的类别：那些"肯定形式的"感受；那些"否定形式的"感受；那些"形式未定"的感受。为了方便分析，我们先罗列出一个直觉判断的生成步骤："（i）'物质性记忆'和'说明性感受'；（ii）衍生自'物质性记忆'的'谓词感受'；（iii）'想象性感受'，由'谓词感受'与'说明性感受'的整合引起；（iv）'直觉判断'，由'想象性感受'与'说明性感受'的整合引起。"② 这里的谓词感受指的就是衍生自物质性记忆的那种概念性感受，只不过这一概念性感受的予料成了命题的谓词。

首先，当想象性感受与说明性感受所形成的种属对比作为一个直觉判断的予料能够把命题的谓词表现为如同其在客观化联系中被说明的那样时，此直觉判断就是一个肯定的直觉判断。例如，我们指着一个红色的杯子并得出命题"它是红色的"，当"它"指杯子这一联系，红色来自物质性记忆所衍生出的谓词感受，且红色这一谓词则并不源于我们对这一红色的杯子的说明性感受，而是衍生自曾经对一个其他红色茶具的物质性感受时，那么由于由说明性感受所衍生出的概念性感受的予料同样为红色，则红色这一谓词便与其在客观化了的红色杯子中被说明的一样，或言之，红色这一谓词同红色的杯子这一联系所衍生出的永恒客体是相容的。此时，直觉判断的主观形式就包含

---

① ［英］A. N. 怀特海：《过程与实在》，周邦宪译，北京联合出版公司2014年版，第400页。
② ［英］A. N. 怀特海：《过程与实在》，周邦宪译，北京联合出版公司2014年版，第402页。

肯定。在这种情况中，虽然说明性感受与物质性记忆并不相同，但从物质性记忆中产生的谓词与作为衍生自说明性感受的概念性感受的予料的永恒客体是相容的。显而易见的是，这种肯定直觉判断非常类似于一个意识知觉，只不过前者包含的是一个想象感受，后者包含的是一个知觉感受。怀特海对这种相似性是如此概括的："一个意识知觉是肯定直觉判断的一种非常简化的类型；而一个直接肯定直觉判断则是意识知觉的一种非常成熟的情况。"① 我们似乎可以这样理解，因为直觉判断是 A 与 B 的对比，如果 A = B 且我们要将这两个相同的东西进行对比的话，就产生了意识知觉这种最简单的直觉判断形式。

其次，当想象性感受与说明性感受所形成的种属对比作为一个直觉判断的予料不能够将命题的谓词表现为如同其在客观化联系中被说明的那样时，这一直觉判断就是一个否定直觉判断。比如说，当某人指着一个红色的杯子并提出命题"它是绿色的"，这里作为谓词的绿色也许出自我们曾经对一个绿色的杯子的物质性感受所衍生的概念性感受，那么由于我们通过对这一红色杯子的物质性感受所衍生出的概念性感受的那一永恒客体是红色而不是绿色，则想象性感受所包含的谓词与作为说明性感受的予料的那个联系并不相容。此时，直觉判断的主观形式就包含否定，对感受主体通过主观形式对这一杯子做出了"它不是绿色的"的判断，进而否定了先前所提出的命题。怀特海认为，肯定直觉判断与否定直觉判断连同意识知觉就是洛克所谓的"知识"，即"人心对任何观念间的联络和契合，或矛盾和相违而生的一种知觉"②。这里我们不难看出，单就知识是什么的问题，怀特海是部分赞同洛克的，他们对知识的界定更类似于一种对实有与实有之间或观念与观念之间关系的判断或分辨，而不是把知识当作某类特殊的观念，这一结论非常重要。

再次，当谓词被表现为与在客观化联系中得到说明的那些永恒客体全然或部分地无关联时，这一直觉判断就是一"未定判断"。举例

---

① ［英］A. N. 怀特海：《过程与实在》，周邦宪译，北京联合出版公司 2014 年版，第 403 页。
② ［英］洛克：《人类理解论》，关文运译，商务印书馆 1983 年版，第 515 页。

来说，假如我们指着一个红色的杯子并得出命题"它是大的"，此时作为谓词的"大"与衍生自对这一杯子的物质性感受的永恒客体"红色"既不相容也不不相容，二者本身根本没有关联。在这种情况下，直觉判断的主观形式就既不包含肯定也不包含否定，这一直觉判断就是未定判断。未定判断相对于上述两种判断要特殊一些，相对于直觉判断的生成过程，在未定的生成步骤中，（ii）中的"谓词感受"变为"概念性想象"；（iii）中的"想象性感受"变为"命题性想象"，它是由"说明性感受"与"概念性想象"的整合而引起；（iv）中的"直觉判断"变为"未定判断"，它是由"说明性感受"与"命题想象"的整合而引起。之所以有这样的转变也许是因为在未定判断中"想象"起到了更加重要的作用。虽然，这一判断并不包含肯定或否定的因素在其中，但这一判断往往是更加通常的一种情况，也往往有着更加巨大的价值。怀特海认为："一个未定判断并非一个对盖然性的判断，而是一个对相容性的判断。该判断告诉我们什么可能是关于逻辑主语的形式组织的额外信息，即既不为我们的直接知觉所包括又不为其所排除的信息。这是对关系到我们自身的事实的判断。未定判断是科学进步不可或缺的武器。"①

最后，通过上述论述我们可以发现，不论是三种直觉判断的哪一种，其主观形式中都包含了一种对"真"的关心，但反过来也就存在着一种同直觉判断的予料完全相同，但其情感模式包含了一种对"真"的不关心的感受，这种感受被怀特海称为"归因感受"或"意识想象"。"这种对真的漠不关心也将表现为有意于排除那个真正进行客观化的模式，该模式表现在相关物质性感受的客观予料中；而对真的关心则只是拒绝排除这一模式。"② 其实，这种意识想象在我们的日常生活中也非常常见，比如说空想或做白日梦等都属于意识想象。由于意识想象与本书所要论述的知识论内容不具备相关性，这里就不赘述了。

---

① ［英］A. N. 怀特海：《过程与实在》，周邦宪译，北京联合出版公司2014年版，第405页。

② ［英］A. N. 怀特海：《过程与实在》，周邦宪译，北京联合出版公司2014年版，第406页。

第三章

怀特海知识论的知觉论基础

应该说，在任何的知识论当中有关知觉的理论都是必须论述清楚的，或单章论述，或在理论前设中表述明白。这主要是因为在日常生活中感官知觉貌似是知识获取的唯一途径，哪怕如理性主义者那样把知识的起源归于天赋观念，他们也要对知觉经验的不可靠进行足够充分的论证并对我们日常生活中的一些知觉现象进行合理的解释。我们通过前面的论述已然认识到机体哲学在本体论上的与众不同，那么就不难料到以这样的一种本体论为基础的知觉理论与以往的知觉理论也必然存在着巨大的差异，进而使我们对知识的一些理解发生改变。

一 知觉的"补充"阶段——直接表象知觉

在机体哲学中，主要有三种不同的知觉方式：直接表象知觉、因果效验知觉以及符号指称知觉[①]。由于我们可以把符号指称知觉看成前两种知觉方式的整合，所以也可认为人类只存在直接表象与因果效验这两种知觉方式。其中，直接表象知觉我们并不陌生，它与我们日常所说的感官知觉十分相似。客观主义知识观中的感官知觉往往是可

---

① 在怀特海的著作中，直接表象、因果效验与符号指称本就是知觉方式，无须在这三个术语后再加上"知觉"二字，但本书为了方便大家理解，所以有时在这三个术语后加了"知觉"二字以强调其作为知觉方式的意义。

靠的，我们能够以此来习得知识；但在建构主义知识观当中，由于我们无法通过感官知觉来认识任何的实在事物，仅仅只能知觉到一些附在实体表面的"幻象"，因此感官知觉变得不那么可靠，进而也就无法凭借它来获取任何知识。相较于上述两种知识观，怀特海对直接表象知觉有着完全不同的理解。

（一）直接表象知觉及其所知觉的广延连续统

怀特海所谓的"直接表象"（presentational immediacy）有些类似于我们所指的"感官知觉"。通过这种知觉方式，我们"可以清楚而分明地意识到世界的'广延'关系。这些关系包括空间的'广延性'和时间的'广延性'"①。既然直接表象与感官知觉相似，那么在此我们不妨通过分析一个简单的知觉事件来对有关直接表象的具体内涵进行阐释。

假使我们通过双眼看见了一个杯子，运用物理学和生理学的原理可知，我们能够看见一个杯子的原因是由于杯子反射了太阳的光线并射入了双眼，之后光线又会刺激视觉神经细胞并将所成的影像传递给大脑，最终大脑对这一影像加以分析并呈现在意识之中。在经过对这一知觉过程的分析后可以得到三个重要的结论：一是我们所直接看到的杯子并不是直接当前的杯子，而是直接过去的杯子；二是我们所直接看到的是由杯子反射的光线而不是那个杯子本身；三是根据怀特海的理论，"实际实有"作为构成世界的终极实在其本身是点滴经验并不连续，但我们所看到的杯子实际上是连续的。

关于第一个问题，很容易得出一个观点，就是通过直接表象所知觉到的世界并不是当前的实际世界。导致这一结论有两个原因：其一是因为不论光的速度有多快，在它从那个杯子传递到我们眼睛的过程中时间已然流逝了，我们所看到的只能是这个杯子的直接过去。其二是因为我们前边也强调过共时事件的发生相互之间并不存在因果关

---

① ［英］A. N. 怀特海：《过程与实在》，周邦宪译，北京联合出版公司2014年版，第97页。

系，所以与知觉主体共时的那个杯子，严格意义上说是不可能被我们的感官知觉所知觉到的。怀特海将我们通过直接表象所知觉到的那种东西称为由诸广延关系组成的一个连续统（continuum），我们知觉到的也正是这个连续统，只不过我们把这一连续统当成了当前的世界。回到那个杯子，如果通过直接表象所感知到的那个杯子是实际杯子的直接过去，那么这个被感知到的杯子也就成了当前杯子的予料，处于直接当前的杯子则是这一予料的摄入主体。这一结论说明，我们对通过直接表象所知觉到的世界的分析实际上是对予料的分析，是对一种潜在性的分析，而非对实在的主体的分析。

有关第二个问题的讨论在建构主义知识观中也有提及，就是由于我们的感官知觉根本不可能直接感受到任何的物质实体，所以我们也就无法真正地认识实体，有关实体的真理性知识也就并不存在，知识只能是主观建构的。怀特海的观点与建构主义知识观存在一小部分的相同，同样不认为感官知觉可以直接认识当前的"实际实有"。就像由第一个问题所得出的结论一样，我们通过直接表象所知觉的实际上是一个连续统，是当前实际世界的予料。但怀特海除了强调感官知觉即直接表象的作用之外也强调非感官知觉的作用，这一点我们后面将会进一步讨论。回到第二个问题，我们所看到的确实不是当前的那个实在的杯子，我们看到的只是一个"像"，这个"像"规定了那个杯子。并且，我们看到的那个杯子的"像"所存在的过去要比光线所传达的过去还要过去，因为这个"像"是由我们的眼睛所提供的，但我们的视觉神经细胞所传达的刺激信号和光线一样，再快也需要一定的时间才能到达我们的大脑，也就是说，"那些感觉材料是由我们自己身体的先前诸状态所提供的，感觉材料在当前空间的分布也是由它们决定"[①]。我们在第二章曾有论述，任何一个物质性摄入都会衍生出相关的概念性摄入，这一概念性摄入的予料正是规定作为那个物质性摄入的予料的"实际实有"的永恒客体。因此，那个被我们充当实际杯

---

① [英] A. N. 怀特海：《过程与实在》，周邦宪译，北京联合出版公司2014年版，第98页。

子的那个"像"实际上是由永恒客体所提供的，例如那一杯子的颜色、大小等。这一永恒客体被怀特海称为"感觉材料"，有关"感觉材料"与那个杯子的关系其实就是永恒客体与其衍生自的"实际实有"之间的关系。由于永恒客体的种种特性，感觉材料为人类的知觉提供了近似的精确性和事物性质上的确定，虽然它模糊了一些关键的问题，但直接表象经验的的确确是生动的。

通过对前两个问题的分析又衍生出一个问题：既然我们通过直接表象所知觉到的是一个存在于直接过去的作为予料的连续统，且这一连续统被感觉材料所规定，那感觉材料是如何将这一连续统和当前世界的"实际实有"联系在一起的呢？答案就是通过概念的嬗变。应该这样说，我们通过直接表象所知觉到的那一连续统实际上是衍生于对处于直接过去的"实际实有"的物质性摄入，规定这一连续统的感觉材料实际上就是衍生自这一物质性摄入的概念性摄入的予料，但那个处于当前的实际的杯子实际上是一个特殊化的联系，即一个群集。因此，当我们把连续统当成直接当前的实际的时候，根据"嬗变的范畴"，实际上就是把那一概念性感受的予料嬗变为某一联系的特性。这一嬗变之所以能够发生就是作为感觉材料的永恒客体既可以进入那个"实际实有"同时也与联系相容。因此我们可以说，以直接表象的方式对连续统或那些"像"的摄入是一种"不纯的"摄入，虽然它更加接近物质性摄入，但也包含一定的概念性摄入在里面。其中，"次级的'纯'物质性摄入便是那样的构成成分，它们提供关于物质世界的某种确切信息；而次级的'纯'精神性摄入则是那样的一些成分，由于它们，关于'第二属性'的理论被引入了关于知觉的理论"①。

综上所述，虽然直接表象知觉是一种相对低等级的知觉，其本身也有可能存在错误，"但一定不要把它误解成，我们并未直接知觉到我们业已直接知觉到的东西。我们通过感官，知觉到了一个广延形

---

① [英] A. N. 怀特海：《过程与实在》，周邦宪译，北京联合出版公司2014年版，第100—101页。

体——这个形体对我们表现为某种几何视域，表现为与当前世界的某些普遍的几何关系——我们的这一直接知觉仍然是一个最终的事实"①。怀特海之所以能够得出这样的一个结论，主要是因为广延连续统表现了一个衍生自实际世界并与当前实际世界有关的事实，所以它本身是实在的。② 虽然这里的连续统以一种非实在永恒客体的形式呈现给我们，但当永恒客体能够与"实际实有"或联系这类实际的实有相融合，那么我们就可以说它们是实在的或是实际的。

（二）直接表象知觉之可能的两个前提假设

直接表象之所以可能，需要有两个形而上学的假设。第一个假设为："作为由固定的、实际的、业已生成的诸实有组成的一个共同体（community），这个实际世界规定着、限制着那一潜在的、超越自身的创造性。"③ 第二个假设是："与所有的立足点相关的诸实在潜在性，作为对一个广延连续统的不同的限定，它们是协调的。"④

如果说直接表象知觉所呈现给我们的并不是"当前的实际世界"，而是存在于直接过去的实际世界，且还是通过广延连续统来呈现的，那么这一被呈现的实际世界与当前实际世界到底存在怎样的关系？我们在介绍"实际实有"时曾指出，"实际实有"的潜在性会转化为未来新实有的创造性。相对于直接表象所呈现的那个实际世界来说，当前的实际世界便是"未来"的新实有。如果直接表象知觉可能，那么这一创造性必然受到限制，如若不然，未来就变得不再确定，新实有的生成也就没有了根据。在第一个假设中，怀特海所指的那一固定的、实际的、业已生成的诸实有组成的共同体实则指的就是存在于直

---

① ［英］A. N. 怀特海：《过程与实在》，周邦宪译，北京联合出版公司2014年版，第101页。
② ［英］A. N. 怀特海：《过程与实在》，周邦宪译，北京联合出版公司2014年版，第105页。
③ ［英］A. N. 怀特海：《过程与实在》，周邦宪译，北京联合出版公司2014年版，第103页。
④ ［英］A. N. 怀特海：《过程与实在》，周邦宪译，北京联合出版公司2014年版，第104页。

接过去的实际世界。因为它存在于过去，所以那些"实际实有"是固定不变的、业已生成的。同时，由于"实际实有"的特性，这个由"实际实有"组成的世界也是实际的。怀特海认为，这一存在于过去的实际世界对自身创造性存在着限制作用。这里指的是那样一种限制，"它被施加给永恒客体（仅就它们性质的普遍性而言）所提供的普遍潜在性"①。永恒客体作为一种纯潜能，它的潜在性是普遍的，正如红色在原则上可以衍生自任意"实际实有"一样，并且对于人来说一个新实有的创造性的体现必然通过永恒客体。由于永恒客体潜在性的普遍性，从严格意义上讲，一个永恒客体所能带来的创造性也应该是普遍的，因此我们对创造性的限制也就是对永恒客体的那种普遍性的潜在性的限制。怀特海认为，这种对永恒客体的限制，便是把永恒客体限制于某个"实际实有"之中，这一"实际实有"便是那些业已生成的、固定的、存在于直接过去的"实际实有"。当我们对这一"普遍的"潜在性加以限制，便得到了一种"实在的"潜在性，这种潜在性被实际世界提供的予料所规定。也就是说，源自永恒客体的那种普遍的潜在性是绝对的，而实在的潜在性则是相对于某一"实际实有"的。例如，假如我们通过直接表象也即我们的感官知觉看到了一个红色的杯子，可以肯定的是这个我们看见的红色杯子并不存在于当前，而是存在于直接过去，那么如果红色作为一个永恒客体无法被限制于这个杯子的话，或许存在于当前实际世界的这个杯子就不是红色的。因此，怀特海的这一假设所要表达的根本观点就是：已经存在的过去的实际世界会对当前的实际世界的创造性生成加以限制，"每一'存在'（being）都是生成（becoming）的一种潜能"②。

怀特海认为，我们可以以任何一个"实际实有"为立足点来定义某个实际世界。按照传统物理学观点，任意两个共时的"实际实有"可以定义同一个实际世界。但由于在怀氏的时空观中时间是相对的，

---

① ［英］A. N. 怀特海：《过程与实在》，周邦宪译，北京联合出版公司2014年版，第103页。
② ［英］A. N. 怀特海：《过程与实在》，周邦宪译，北京联合出版公司2014年版，第103页。

因此"任何两个实际实有都不能定义同一实际世界"①。严格意义上的"共时"实际指的应该是一种绝对的"相邻"关系。虽然,怀特海认为对于人类的直觉来说,"古典的"时间观念和"相对的"时间观念之间的差别非常小,但一方面由于怀特海的整个理论体系是建立在相对论之上的,所以为了理论的前后一致性,尽管差距极小且解释起来相对复杂,但怀特海在他的知觉论中依然要采取相对的时间观念。另一方面,古典的时间观念与现今的很多科学原理已然存在着矛盾,所以怀特海采用相对的时间观念也更具合理性。

第二个假设实际上是在说:广延连续统所衍生自的那个实际世界的诸"实际实有"的若干潜在性,它们之间是协调的。通过第一个假设,我们把永恒客体的那种普遍的潜在性限定在了某个"实际实有"之中进而成为一种实在的潜在性,但由于这种潜在性是相对于某"实际实有"的,同时因为任何两个"实际实有"都不能定义同一个实际世界,所以从严格意义上讲直接表象所呈现出的那个广延连续统并非来自同一个实际世界,而是来自处于不同时间点的多个实际世界的结合。在这种情况下,来自不同实际世界的"实际实有"的潜在性就必须协调,进而融入广延连续统当中。简言之,第二个假设的目的就是在强调这样的一个事实,即"连续统表现了贯穿在世界整个过程中的所有可能的立足点的统一"②。

(三) 由感官知觉引起的、导致"实体"概念生成的"不分化持续之谬误"

所谓"不分化持续之谬误"其实就是对感官知觉的一种误判,即把感官知觉所经验到的广延连续统当成实际世界,当成实体,因此使得实际世界的终极存在具备了一种持续且不分化的特性。正因为具有不分化和持续特点的实体存在,才产生了用本质性质来描述实体的概

---

① [英] A. N. 怀特海:《过程与实在》,周邦宪译,北京联合出版公司2014年版,第103页。
② [英] A. N. 怀特海:《过程与实在》,周邦宪译,北京联合出版公司2014年版,第104页。

念，而这一错误则导致知识基础的实体化。

对事物的一切认识都离不开感官知觉，在我们通过直接表象对当前世界进行感知的过程中，我们的确能够体会到各种广延连续的特点，这些广延连续的特点包括时间的广延、空间的广延以及颜色、形状等诸多广延关系。我们直接的知觉对象呈现一种静止且在时间上不分化的特点，且我们并不能将我们知觉到的物体分为若干个"实际实有"的整合，它只是它。但这些毕竟只是我们的常识，在很多时候我们需要超越我们的常识来寻求进一步的知识。然而，"每当科学和哲学越出了直接知觉的直接判断而冒险推断时，我们的猜测性解释应该总是利用一个 vera vausa（真实因）——令人满意的解释便总是符合这样的条件：应提出其基本属性具有不分化持续性的实体；实体的活动应被解释成对它们非本质性质和关系的偶尔修正"①。比如说一个杯子，作为实体它是持续且不分化的，它可以放置在任何空间位置，具有各种性质等。之所以产生这种认识，是因为我们把我们通过直接表象知觉所知觉到的广延连续统当成了具体的、实在的实体。怀特海认为，广延连续统是可分割但又未被分割的，如果一个连续统被"实际实有"所分割，那么它就不再是一个连续统，而是以原子的形式存在。"因此感知世界时应看到它的广延分割的潜在性，而不应以实际的原子形式的分割来感知它。"② 怀特海引入广延连续统就是为了避免实体的产生，因为怀特海认为实际世界是原子化的，是由若干"实际实有"组成的一个复合体，它在时间上是可分的。但广延连续统并不是实际世界，它只是作为一个连接过去实际世界与当前实际世界的桥梁，我们并不能把它当成实际世界本身，否则就容易产生不分化持续的实体概念。

但是，上述的讨论并不能得出具有不分化持续性质的实体概念是错误的。因为就算我们知觉到的不是实体本身，可我们依然能够推论

---

① ［英］A. N. 怀特海：《过程与实在》，周邦宪译，北京联合出版公司 2014 年版，第 121 页。

② ［英］A. N. 怀特海：《过程与实在》，周邦宪译，北京联合出版公司 2014 年版，第 98 页。

出实体的存在。以杯子为例，正如我们现在所了解的，颜色并不固定于杯子上，它之所以体现着诸如红色、绿色等色彩是由于光线的反射。这样的话，我们所看到的便不再是杯子本身的广延，而仅仅是颜色的广延，可由于颜色是经过光线的反射而进入双眼，所以必须存在一个可供光线反射的反射面——杯子本身。也就是说，我们可以从颜色的广延来推演出杯子的广延，进一步讲就是通过对感官知觉进行推理进而在逻辑上得出实体的存在，尽管我们并不能直接知觉实体。但这个推论在严格意义上说是存在谬误的。按照这一理论，我们人类可以通过感官知觉感知到颜色的广延与持续，进而推论出一个广延且持续的实体。就好比说，我们通过感官知觉得出结论"这是一个红色的杯子"，这里的杯子指的并不是一团杯子形状的红色或某一刻的杯子，而是在时间上持续不可分的且在或长或短的时间段内能够保持自我同一的实体杯子。然而，这一推论的成立需要有一个前提，那就是杯子本身必须静止，因为一旦杯子如河流一样流淌，我们就可以把这个杯子分为"前一秒的杯子"和"后一秒的杯子"，那么它自身就并非自我同一，也就无法持续，也就可分。但问题是，我们现今的物理学已经证明，杯子本身是由若干分子组成，这些分子相互分离且在不断运动。进一步说，杯子本身并不是静止的，而是不断运动的，并且杯子的很多性质都是来自粒子有节奏的震动与运动。因此，我们在上面所指的那种实体的杯子与现实不符，甚至可以说并不存在。我们对实体的推论至多算是一种方便我们进行思考的抽象，并非实际存在。不过也许正是因为这个原因，科学一向对探寻组成世界的最小粒子十分痴迷，因为在逻辑上只有最小的那个粒子才能算是真正的实体，然而光的波粒二象性又让这一想法走进了一个死胡同。

  我们对实体不分化持续性的坚持实际上体现的是这样一种观点，即认为一个实体的"特点表现为它的本质性质，而且在其偶性关系和偶性性质的变化中仍在数值上保持为一"[①]。这样的一种观点使我们的

---

  ① ［英］A. N. 怀特海：《过程与实在》，周邦宪译，北京联合出版公司2014年版，第123页。

宇宙成为一个披着不断变幻外衣的实体宇宙,所以我们的知识也就永远都只能着眼于表层的幻想,去探求幻象的变化且对实际世界采取一种绝不触碰的态度,进而使人类失去了追求真理的可能性。反过来,怀特海认为我们通过直接表象知觉所感知到的并不是实际世界,而是一个广延连续统,在构成具体事物的群集中"每一实际实有的分离的个体都汇入了那一广延充实空间的统一体中"[①]。并且,"一个实际实有从不变化;它是任何可以作为性质或关系而归因于它的东西的产物"[②]。怀特海所要呈现的是"一个多元宇宙,其中'变化'的意思是,同属于某一明确类型群集的诸实际实有之间的相互差异"[③]。在这样的一个多元宇宙中,每一变化、每一关系都可以归结到"实际实有",不变且多元的"实际实有"为万物的生成和有机关系的建立提供了具有说服力的实在的理由。因此,纵然我们通过直接表象知觉所感知到的只是一个广延连续统,但知识的获取不再仅仅围绕那些披在实体身上的幻象,而是去洞悉连续统背后的那些"实际实有"的生成,是对过去、现在乃至将来的实际世界的探索,是一次探寻原因、探寻真理的冒险。

二 知觉的"反应"阶段——因果效验知觉

由于从本部分开始,实际事态与事件这两个概念出现的频率要大大增加,因此在展开本部分内容之前,我们有必要先厘清实际事态与"实际实有"、事件与联系之间的关系。

经过我们在"不分化持续之谬误"部分的论述,我们知道机体哲学中的"实际实有"不同于实体,实体是具有不分化持续性的,而

---

① [英]A. N. 怀特海:《过程与实在》,周邦宪译,北京联合出版公司2014年版,第120页。
② [英]A. N. 怀特海:《过程与实在》,周邦宪译,北京联合出版公司2014年版,第123页。
③ [英]A. N. 怀特海:《过程与实在》,周邦宪译,北京联合出版公司2014年版,第123页。

"实际实有"本身则是不变不动的。为了能够更好地强调"实际实有"的这一特性，并且这一术语又能够使"实际实有"这一概念更加符合我们的思想习惯，怀特海在一些时候将用"实际事态"来代替"实际实有"。

"事件"具有更加普遍的意义。"一个事件是由某种明确形式、某种广延的量相互联系在一起的实际事态组成的一个联系：它或则是一个形式完备的联系，或则是一个客观化的联系……举例来说，一个分子是由诸实际事态组成的一条历史路径；而如此的一条路径便是一个'事件'。"①

（一）因果效验知觉具有矢量特性

我们在前面分析了与感官知觉相似的直接表象知觉，论证了它的可能性与其知觉对象的实在性。尽管怀特海给予了直接表象知觉一个可靠的地位，但直接表象知觉自身的局限性也不能忽视，即"这一特殊的功能方式根本上是把知觉材料表现为此地的、此刻的、直接的和分离的"②，"感觉对象本身并不提供材料来解释它们自己，因为它们严格而单纯地处于当前的及直接的状态"③。简言之，感官知觉只是整体知觉的一部分，它虽然精微，但并非全面。怀特海认为"更原始类型的经验与感官接受有关，而不是与感官知觉有关"④。存在一种更为基础的非感官知觉经验，这类知觉方式强调的是一种矢量的传递与接受，这样的一种知觉就是"因果效验"知觉。

为了更好地说明何为因果效验，下面我们将用一个具体的例子来进行阐释。存在实际事态 A、B、C 和 D，这四个实际事态都属于事件

---

① ［英］A. N. 怀特海：《过程与实在》，周邦宪译，北京联合出版公司 2014 年版，第 125 页。
② ［英］A. N. 怀特海：《观念的冒险》，周邦宪译，北京联合出版公司 2014 年版，第 197 页。
③ ［英］A. N. 怀特海：《观念的冒险》，周邦宪译，北京联合出版公司 2014 年版，第 198 页。
④ ［英］A. N. 怀特海：《过程与实在》，周邦宪译，北京联合出版公司 2014 年版，第 171 页。

W 且事态 D 存在于当前，另外三个事态处于直接过去。事态 A、B、C 自身经验到了衍生自"实际实有"V 的感觉材料 S1、S2，这两个感觉材料是以对比的形式统一在一起的。当前事态 D 在摄入事态 A、B、C 时，也将感觉材料 S1 和 S2 作为它自己的感觉材料来感受了。在这一过程中，事态 A、B、C 对感觉材料的概念性摄入衍生自它们对 V 的物质性摄入，事态 D 对事态 A、B、C 的摄入同样属于物质性摄入。通过我们在第二章第三部分所提到的主观形式的"重现"可知，有一种情感（主观形式）从 A、B、C 传递到了 D。如果 D 存在自我分析的能力，它便会明白它感受的是它自己的感觉材料，因为那是从 A、B、C 传送到它的。于是，对于 A、B、C 的（无意识的）直接知觉便是因果效验：A、B、C 作为 M 组织中要素的因果效验。如此说来，D 对作为因果效验的 A、B、C 的经验就是一种因果效验知觉，这一知觉由因果感受所导致的主观形式的重现所引起。于是 D 的经验便要被看成量化的情感，这情感是来自 A、B、C 的感觉材料的贡献，而且 D 与之成比例地相符。①

简言之，所谓 D 的经验便是一种从 A、B、C 中发放出来的出自特定感觉材料的强烈度。从 A、B、C 中涌出了有方向性的量的感受，它来自感受的一些特定形式。"该经验有一种矢量的特性，一般量的强烈度以及传送该强烈度的特定形式的感受。"② 这里的"一般量的情感强烈度"的传递是一次由过去到当前确定事态的矢量传递，是一种来自过去的明确传播。我们对直接过去的"这一直接知觉以接受的方式表现一个'实际实有'的组织，该知觉有这样的特性：它的主体仅做反应，且在其较高的阶段缺乏原创性"③。之所以这样讲，是因为这种具有矢量性的情感传播从感受主体的角度来看更类似于一种被动的接受，主体本身在这一知觉经验中并不体现它的原创性。但如果我

---

① ［英］A. N. 怀特海：《过程与实在》，周邦宪译，北京联合出版公司 2014 年版，第 174 页。
② ［英］A. N. 怀特海：《过程与实在》，周邦宪译，北京联合出版公司 2014 年版，第 174 页。
③ ［英］A. N. 怀特海：《过程与实在》，周邦宪译，北京联合出版公司 2014 年版，第 175—176 页。

们换一个角度,"以因果关系的语言来说,它描述了实际世界中可行的直接动因关系。以认识论(洛克建构的)的语言来说,它描述了关于具体存在物的观念是如何被吸收进知觉者的主观性之中,且又成为其经验外部世界的过程中的予料的"①。

(二) 因果效验知觉是原初的、基础的知觉

怀特海认为"当前对知觉的解释是现代形而上学最不易攻破的难点。这些解释都发源于导致实体——性质范畴梦魇的同一误解"②。对实体—属性观念的坚持,使得我们在审视知觉时往往把感官知觉作为最基础的知觉。但是这种情况下的认识论并不足以解释日常经验,特别是因果经验。比如说,当我们看见一个杯子,便会拿它装水,当我们看见一个椅子,便知道坐在上面。按照实体哲学的时空观,时间是"纯粹接续的"。所谓纯粹接续是指,"从固定的过去与派生的当前两者之间不可逆转的关系中抽象出的概念。纯粹接续的概念类似于颜色的概念。不存在单纯的颜色,而总是只有红、蓝这样的具体颜色;同样,不存在纯粹的接续,而总存在着某种具体的关联基础,根据它,时间一个接一个地相续"③。所以,在这样的一种时空观下,我们将我们所经验的那个广延连续统进行了原子式的分割,这种分割一方面带来了实体的不分化持续,另一方面它导致了对于因果律的困惑。因为,假如时间是纯粹接续的,那么"经验之流的前件与后件之间缺乏必然的连结过渡"④,简言之,就是将我们的经验变成了时空中一个一个的点,这些点之间缺乏必要的关联。这种混淆了广延连续统的潜在性和实际世界的原子性的错误,再加上我们对直接表象知觉的过度依

---

① [英] A. N. 怀特海:《过程与实在》,周邦宪译,北京联合出版公司2014年版,第176页。
② [英] A. N. 怀特海:《过程与实在》,周邦宪译,北京联合出版公司2014年版,第176页。
③ Alfred North Whitehead, *Symbolism: Its Meaning and Effect*, New York: Fordham University Press, 1995, p.35.
④ 但昭明:《怀特海的"因果效验"及其存在论底蕴》,《自然辩证法研究》2008年第11期。

赖，使得我们对因果律的解释要么像休谟那样把它归为心理习惯，要么像康德那样诉诸先天的权威，不管两者中的哪一个都没能为因果律提供一个合适的理论基础。回到怀特海，机体哲学中的时间与空间并非独立于实体，而是抽象于"实际实有"，是"实际实有"的广延使时空得以广延。同时，感官知觉所经验的并非实际世界，而是广延连续统。因此，我们还缺乏一种能够知觉实际世界的知觉，一种更加基础的知觉。

怀特海认为知觉的根本事实是"将具有某些经验的人体的某一业已客观化了的先行部分包括在予料之中"①。举例来说，我们看见一个杯子实际上是我们的眼睛看见了这个杯子，并且由于视觉神经细胞所产生的"像"需要一定的时间才能传递到我们的大脑加以分析，所以"看"这一行为实际上发生在直接过去，那个由看所产生的"像"是被眼睛所客观化的。同理，我们听见一个声音、我们触摸到一个物体、我们嗅到一种气味也是如此，这些感官知觉的实现需要我们将眼睛、皮肤、耳朵以及鼻子等器官囊入我们的知觉予料当中。也就是说，如果直接表象知觉能够存在，那么就需要存在一种对过去的知觉，对身体之"用"的知觉，也就是所谓的因果效验知觉。这一对我们先前身体各知觉器官的感知是一切知觉的绝对基础。

通过对上面例子的分析，我们似乎对因果效验有了一个更加贴近日常的直观认识，但同时这种理解似乎和我们第一部分所讲的内容有些疏远，情感的因素似乎被我们去掉了。其实，这一事例仅仅是一种生理上的抽象，正如我们并不会由于电脑安装了摄像头便认为电脑存在着视觉知觉一样，这种简单的生理学事例，仅仅是方便我们得出因果效验经验的突破口。正如第一部分所讲，因果效验经验是一种情感的矢量传递。我们看见了一个杯子的同时随即会产生一种对于这个杯子的情感感受，听见了一个声音后会产生或刺耳或舒缓的印象，碰触到一块布料时也一样会产生或舒适柔软或粗糙扎人的感觉，主宰这些

---

① ［英］A. N. 怀特海：《过程与实在》，周邦宪译，北京联合出版公司2014年版，第177页。

的正是情感。因为我们将我们先前的身体器官纳入予料之中,使得我们的知觉同时包括了我们对某一事物的知觉和对我们身体的知觉。由于因果效验的矢量特性,本应属于来自事物的主观形式在知觉主体当中得以重现。因此,怀特海认为"直接知觉的原始特性便是继承。被继承的东西便是带有其起源证据的感受调子(felling - tone),换言之,就是矢量感受调子"①。这些"感受调子"便是一种广义的情感,当我们拥有意识,达到了较高的知觉层次之后便能够将这些混合在一起的复杂感受调子进行区分,产生了视觉、嗅觉、味觉等的感觉材料,这些感觉材料最后通过知觉者嬗变成为某一具有情感感受(或称"调性")的当前联系被我们所摄入。

(三) 基于因果效验知觉的两个衍生观点

因果效验知觉作为一种"内部感受"的知觉是常常被我们所忽视的,而直接表象形式的知觉这种"外部感受"的知觉又被我们赋予了过多的期待,这内与外的区分界限就是身体。在机体哲学中,"动物身体仅仅是它的支配性实际事态(也就是最终的知觉者)的普遍环境中的那个组织得更高级的直接部分。但是,从身体外到身体内的过渡标志了从低级实际事态到高级实际事态的过程"②。

怀特海的这一论述体现了两个十分重要的观点:一是身体并非脱离而是内在于自然。这一观点进一步论证了怀特海表象自然与原因自然的观点。在第一章中我们论述了,怀特海反对表象自然与实在自然的这种自然二分观点,主张表象自然与原因自然这两者都存在实在性。通过对广延连续统的实在性探讨我们明确了表象自然与实际自然一样具备实在性,同时身体在自然之内的观点也进一步论证了这一事实。结合实际事态都是偶极的这一观点,身体在自然之内表明了我们不是站在自然之外来审视自然,也不是站在心灵世界来俯瞰自然,而

---

① [英] A. N. 怀特海:《过程与实在》,周邦宪译,北京联合出版公司2014年版,第179页。
② [英] A. N. 怀特海:《过程与实在》,周邦宪译,北京联合出版公司2014年版,第180页。

是站在自然之中来感受自然。如此说来，认识上所存在的人与自然、精神与物质的隔阂就被彻底地打破了。

二是怀特海认为对于人类来说，直接知觉对象实际上是我们过去的自己，我们对其他知觉对象的认识都是通过前者来实现的，只不过在这一过程中作为知觉者的那个实际事态跃升到了更高的级别。这种跃升源于知觉主体对原始知觉材料的一种修正。例如，我们触摸一块绒布，对于知觉者来说，这块绒布本身是非常模糊的，清晰的是我们的触觉。体现着这一触觉的诸永恒客体其实与规定这一绒布的诸永恒客体存在着一定的差别，造成这一差别的原因是一部分原始的永恒客体被否定性地摄入了，另一部分概念性摄入发生了逆转，还有一部分则被重点关注进而提高了满足的强烈度。显然，这些修正明显需要以更为复杂、高级的精神极为基础，石头、水草等较为低等级的实际事态无法达成，而人类的直接表象知觉在一定程度上为这种修正提供了条件。也正是由于这点，表象的直接性带给了我们更为鲜活、更为精细的知觉经验，反观因果效验知觉则显得更加模糊与深沉。但不可否认的是，这种模糊与深沉的经验为表象的直接性提供了背景，没有了因果效验知觉，直接表象知觉便失去了存在的根基与土壤。也就是说，直接表象知觉相对高级与精微，因果效验知觉相对基础与原始，但这并不代表这两种不同的知觉是相互独立的存在。究其根本，它们其实是相互作用、彼此协调且绝不可分开来谈的，关于这两种知觉方式的相互作用就正是所谓的"符号指称"。

三 怀特海知觉理论对传统主观主义原则的批判与超越

在很多哲人的知觉理论中都蕴含着一种名为"主观主义原则"的重要思想，诸如笛卡尔、休谟、洛克、康德等哲学家对主观主义原则都有着不小的贡献，特别是休谟，可以说主观主义原则始于笛卡尔成于休谟。怀特海认为："休谟的关于'感觉印象'的学说（《人性论》

第一卷第一章第二节）是双重的。我将要把他的第一部分学说称之为'主观主义原则'，而把另一部分称之为'感觉主义原则'……通常这两部分被合称为'感觉主义学说'。"① 这里面的"主观主义原则就是：经验活动中的予料可纯粹用共相来进行充分的分析。感觉主义原则则是：经验活动中的原始活动仅仅是对予料的主观感受，不存在任何接受的主观形式。这是关于纯粹感觉的学说"②。这里，主观主义原则可以视为感觉主义原则的前提或基础。可以说，上述的两个原则对不论是客观主义知识观还是建构主义知识观都有着不小的影响。客观主义知识观将主观主义原则发展到了极致，即认为通过感官知觉所得到的共相就是事物的一个完美摹本，进而把知识当成对外界事物的一种直接表征；建构主义知识观由于没有否认实体的存在，所以虽然它不再认为予料可以纯粹通过共相来进行充分的分析，但它认为仅仅通过共相来描述实体这一原则本身是可行的，至于是否能够充分描述并不重要，重要的是这一描述是否能够满足某种实际需要。这样，在教育中客观主义知识观容易导致对知识客观性的过分追求，容易令教育跌入机械主义的陷阱，而建构主义知识观则容易弱化知识的客观性价值，使教育滑向相对主义的泥潭。

怀特海认为无论是主观主义原则还是以此为基础的感觉主义原则都存在着巨大的问题，是一种知觉论上的误区。对此，怀氏一方面对这两种原则进行了批判，指出其问题之所在；另一方面提出了改进了的主观主义原则，修正并超越了源自笛卡尔等人的传统主观主义原则，进而为其知识论奠定了良好的知觉基础。

（一）怀特海对主观主义原则的批判

由于主观主义原则与感觉主义原则之间的关系，怀特海对感觉主义学说批判的重点就在于对主观主义原则的否定，因为如果主观主义

---

① ［英］A. N. 怀特海：《过程与实在》，周邦宪译，北京联合出版公司2014年版，第234页。
② ［英］A. N. 怀特海：《过程与实在》，周邦宪译，北京联合出版公司2014年版，第235页。

原则站不住脚,那么感觉主义原则也就必然成为一种谬误。怀特海对主观主义原则的批判主要针对的是它的前提,即"(i)承认'实体—属性'概念表达了终极的本体论原则;(ii)承认亚里士多德对第一实体的定义,认为它永远是主词,而绝不是谓词;(iii)假定经验的主体就是第一实体。第一个前提表明:终极的形而上事实总是要被表现为内在于某一实体的某一属性。第二个前提将属性和第一实体分成两个互不相容的类别。这两个前提加在一起便构成了传统上区分共相和殊相的基础"①。

怀特海认为哲学总是立足于两条原则:第一条原则是"它的概括必须基于在实际经验中作为出发点的那些基本要素"②,作为对第一条原则的补充,第二条原则便是"一切认识都是以知觉为基础的"③。人们通过对知觉进行分析发现了颜色、声音、气味等普遍的性质,由于"不分化持续之谬误",我们基于感官知觉所得到的那些性质推导出了其背后所必须有的那一实体,并认为这些普遍的性质制约了那些特殊的实体。就好比说,因为红色,这一杯子为红色的杯子。因此,人们知觉的目的或者说我们感官知觉的目的就是在制约特殊实体的活动中找到那些普遍的性质。那么,一种传统的经典表述出现了——"那个杯子是红色的"。这一表述一方面使得世界可被设想成众多受制于普遍性质的实体的集合,另一方面这一表述成了形而上学概括的起点。后来,笛卡尔通过怀疑一切的方法得出了"我思故我在"的观点,虽然他依然坚持"实体—属性"的范畴,但他却并不同意"那个杯子是红色的"这一表述可以作为形而上学的起点。按照笛卡尔的观点,我们的感官知觉并不可靠,唯有"我思"这件事是确定的。所以,笛卡尔认为形而上学的起点应该为"我把这个杯子当作红色来知觉"。这样,主体对经验的享有成为一个纯粹主观的事实。可如果真

---

① [英] A. N. 怀特海:《过程与实在》,周邦宪译,北京联合出版公司2014年版,第235页。
② [英] A. N. 怀特海:《过程与实在》,周邦宪译,北京联合出版公司2014年版,第236页。
③ [英] A. N. 怀特海:《过程与实在》,周邦宪译,北京联合出版公司2014年版,第236页。

是如此，我们便需要对思想或者说是心灵加以限制，正如限制实体那样，这也便是休谟索要寻找的。分析"我把这个杯子当作红色的来知觉"这个论述，其中只存在一个普遍性质——"红色"，因此对于休谟来说"红色性"作为一种制约心灵的感觉便是形而上学概括的一种基本事实。然而，这里出现了两个问题：一是我们的心灵根本不是红色的；二是杯子本身的"客观实在性"被抛弃了。

回到主观主义原则的前提上来，怀特海虽然承认实有存在两个互不相容的类别，但它们并不是殊相与共相或实体与属性，而是"实际实有"与永恒客体。按照殊相与共相的性质，一个共相可以对很多的殊相进行描述；而一个殊相则被共相所描述且它自己并不能描述其他任何殊相。怀特海完全不认同这种观点，他认为："一个实际实有不能被共相所描述，即便是不充分地描述也不行；因为其他的实际实有确实要进入对任何一个实际实有的描述中。"① 或者说，永恒客体虽然具有普遍的潜在性，但它的实在性需要依托"实际实有"；每一个"实际实有"虽然彼此不同，但它存在于其他"实际实有"当中。因此，殊相并不是如我们所认为的那么特殊，共相也并非那样普遍。既然共相本身并非能对殊相进行描述，那么休谟那种单单"依据一个共相及其在进行摄入的心灵中的实现来分析感觉"②的想法就站不住脚了。按照怀特海的观点，"作为红色的这个杯子"只是有关经验中的一个予料。而且，依照摄入理论，由于否定性摄入的存在这一予料仅仅是某种物质性感受的客观而非原始予料，它属于合生阶段后期的派生类型。"作为红色的这个杯子"这一概念便是一个派生的抽象概念，我们确实需要通过这一概念来描述我们的经验感受，但正如在前边所提到的，"实际实有才是唯一的理由"，所以并不能将那样的一种抽象的论述当作具体的实在来作为形而上学的基点，否则就犯了第一章所提到的那种"具体性误置"的谬误。

---

① ［英］A. N. 怀特海：《过程与实在》，周邦宪译，北京联合出版公司2014年版，第78页。
② ［英］A. N. 怀特海：《过程与实在》，周邦宪译，北京联合出版公司2014年版，第238页。

（二）改进了的主观主义原则

虽然怀特海对笛卡尔、休谟等学者所坚守的主观主义原则持否定态度，但怀特海自己的哲学本身也是主观主义的，只不过这种主观主义原则是一种改进过的主观主义。

首先，不同于其他哲学思想，机体哲学本身是一种泛经验论哲学。笛卡尔的心物二元对立观点认为世界分为两个部分，一部分是无经验的物质世界，另一部分是能够经验的心灵世界或称精神世界。这两个世界彼此之间泾渭分明且不可逾越。唯心主义发展了这一学说的一部分，认为根本不存在物质世界，所有的一切被称为物质的东西都不过是经验，除了心灵之外也许就只有上帝才是真正存在的事物，其他的都只不过是经验而已。显而易见的是，就算这种观点在理论上说得通，但它显然不符合日常生活实际。机械唯物主义发展了这一学说的另一部分，即把心灵归于物质，强调世界上仅存在不能经验的物质，这就相当于让我们否认我们最为熟知的、最为强烈的心灵是真实有效的。休谟的怀疑论并不能说是绝对的唯心主义或唯物主义，他并不否定物质实体的存在，只是认为我们无法凭借我们的感官知觉来对实体进行经验，进而认为共相才是形而上学概括的基础，也就是对主观主义原则的肯定。不论是上述哪种观点，似乎都是在这样的一个基石上进行论述，即只有人类才能够经验。怀特海认为，所谓的"经验"就是"一个实际实有受制于其他实际实有的方式"①。也就是说，经验并不是人类所特有的权利，而是属于一切"实际实有"。

其次，怀特海并不认可脱离了主观经验的空洞实际观。按照主观主义原则，即便存在着实体，但是对于我们而言"除了主体的经验之外，什么也不存在，一片虚无，茫茫的虚无"②。这种观点似乎是对纯粹唯心主义的一种妥协，或是对机械唯物主义的一次谄媚。实体是存

---

① ［英］A. N. 怀特海：《过程与实在》，周邦宪译，北京联合出版公司 2014 年版，第 247 页。
② ［英］A. N. 怀特海：《过程与实在》，周邦宪译，北京联合出版公司 2014 年版，第 248 页。

在且实际的,但这种实际是空洞的。或者说,在主观主义原则的背景下,第二性质背后的那种质的东西变得空洞无趣了。怀特海认为:"第二性的质的这种丧失是对自然界的极大限制。因为它对感知者的价值被归结为它作为单纯刺激的动因的作用。引申出来的心理刺激也主要不是与自然界的因素相关……我与近代认识论的争执在于它因感性知觉提供关于自然界的材料而仅仅强调感性知觉。"① 对此,机体哲学的观点是改革性的,它一方面不认为感官知觉所提供的就是我们据以对其做解释的实际世界,感官知觉提供的只是广延连续统,虽然实际但其本身也只是一种潜在性,而非实际世界;另一方面,怀特海提出了因果效验知觉,即便它只是一种原始且模糊的知觉方式,却能够通过它直接感知世界,击碎了人与自然间的壁垒。怀特海始终强调:"我们应当把精神作用看作是属于构成自然界的因素。"② 除此之外,由于所有的"实际实有"都处于经验当中,所以也不能够去说那些自然当中的事物是空洞的,因为它们正在彼此经验着。

最后,怀特海消解了"实体—属性"范畴,建立了以"实际实有"为核心的"过程—关系"范畴体系。有关这一点的说明参见本书第二章以及本章第一部分的内容。

"机体哲学所采用的经改革过的主观主义原则只是相关性原则的另一种说法。该原则表明:存在(being)是每一'生成'的潜能,这乃是它的本性。因此一切事物都将被设想为实际事态的条件……主观主义原则便是:整个宇宙包含着通过对主体经验的分析而揭示出的要素。"③ 这样,机体哲学的那种主观主义原则所要表达的观点也就显而易见了。一是我们对整个宇宙中所包含的所有事物的分析都应该从它的主体经验出发;二是凡不能作为主体经验中的一个要素而被发现的东西都不能被接受进哲学的体系。进一步讲,一方面,怀特海所谓

---

① [英] A. N. 怀特海:《思维方式》,刘放桐译,商务印书馆2010年版,第124页。
② [英] A. N. 怀特海:《思维方式》,刘放桐译,商务印书馆2010年版,第143—144页。
③ [英] A. N. 怀特海:《过程与实在》,周邦宪译,北京联合出版公司2014年版,第247页。

改进了的主观主义原则不但强调作为认识主体的主体经验,也强调作为认识客体的那一事物的主体经验,也就是扩大"主"的范围;另一方面,怀特海将因果效验经验纳入经验当中,使得我们有能力对"实际实有"进行直接的经验。因此,在改进了的主观主义原则下,怀特海的知识论强调我们不但要顾及认识主体对事物的直接经验,也要考察事物本身的经验过程,考察事物生成过程中的一切因素,进而消解知识论对"实体—属性"的错误信仰;强调我们不但要明确主观经验对知识的影响,也要明确因果效验经验带来的对事物的直接知觉,进而为知识的客观性提供了存在的可能。

四 对因果关系的知觉

长久以来,有关因果与知觉之间的联系一直困扰着我们。人们对因果关系的知觉何以可能?如若可能,这一知觉活动又该如何逻辑地阐释?对此,怀特海也有着详细的论述,比如说我们在第二章所介绍的初级物质性感受或称因果感受就是怀特海对因果律的看法之一,但这一解释是相对普遍的,对于人类这一特殊的、高级的机体来说,对因果关系的知觉显然要更加复杂。

(一) 误解发生于对经验构成的歪曲

怀特海认为,所有因果关系与知觉之间的联系所造成的难题主要是我们颠倒了经验的真正构成而产生的误解。[①] 在休谟以及后来康德的理论中,这种颠倒是很明显的,"照他们的看法,表象直接性就是知觉的基本事实,对因果关系的领悟都会以某一方式出自这一基本事实"[②]。我们在前面也谈到,哲学家们一直以来没有发现因果效验知觉

---

① [英] A. N. 怀特海:《过程与实在》,周邦宪译,北京联合出版公司2014年版,第257页。
② [英] A. N. 怀特海:《过程与实在》,周邦宪译,北京联合出版公司2014年版,第257页。

的存在，而对直接表象知觉则抱有过分的期待。由于这种忽视，以往的很多学者习惯通过用直接表象知觉来解释本该通过因果效验知觉来解释的因果关系。但按照怀特海的观点，因果效验知觉要比直接表象知觉更加基础，并且我们必须记住："意识中的清晰性并不能证明发生过程的原始性，相反的学说更接近真实。"①

按照休谟的观点，对于我们来说那些通过因果关系所产生的行为不过是由于相互联系的诸表象经验的重复。也就是说，所谓的行为就是我们主观上对表象直接性的一种反应，造成这一反应的原因就是那个直接表象，或者是对那个直接表象的记忆。② 但即便按照这一观点，因果关系与知觉的联系貌似依然解释不清。比如说，一个人在缓慢地行走的过程中忽然出现了一只猫，结果这个人吓得跳了起来。按照生理学的解释，人的这一过程可被描述为：视觉细胞受到某种刺激后，这种刺激通过神经传递到大脑，再由大脑反馈到我们的声带进而使声带发生震动。但这一解释的问题在于，在这一过程中并不存在任何表象直接性的知觉，除非这个人能够灵魂出窍并在显微镜的辅助下观看这一过程。但按照休谟的理论，因果关系需要凭借表象的直接性来进行经验，所以这一生理学上的描述虽然符合我们的科学常识但却并不正确，它只是罗列了若干毫不相关的事件而已。这种观点很容易使我们走向不可知论。我们现在来重新审视一下这一事例，知觉对象的呈现顺序是：猫、起跳的感觉、空中视野。这三者之中的猫是明显早于后两者的，但后两者在时间上由于过于相近所以往往无法区分。休谟认为，由于眼睛看见猫的这个"看"被省略了，所以直接产生了"由猫到起跳"的先后顺序，并因此使人得出了相应的因果关系。但按照怀特海的理论，起跳的直接原因并非猫，而是我们眼睛的经验。对此，那个被猫吓到的人并不会有任何的怀疑，对这一因果关系的确定使得当事人能够推导出猫的先前性。机体哲学并不否认"因为猫的

---

① ［英］A. N. 怀特海：《过程与实在》，周邦宪译，北京联合出版公司2014年版，第258页。
② ［英］A. N. 怀特海：《过程与实在》，周邦宪译，北京联合出版公司2014年版，第259页。

出现导致人的起跳",但这是一个间接的关系,而不是直接的关系。就好比说,A 导致 B,B 导致 C,所以 A 导致 C,可如果没有 B,这一推导是解释不通的。休谟的问题就在这里,按照休谟的观点,作为 C 的效验的 B 被排除了,因为我们对眼睛的经验并不属于直接表象知觉,所以它不包括在因果关系的解释当中。简而言之,就是经验结构发生了歪曲,关键的因果效验经验被省略了。也许是休谟发现了这其中的不严谨,所以休谟还提出了另一种观点,即这个人实际感觉到的是凡是遇见一个物体的突然出现就会跳跃的习惯。可问题是,这种说法虽然单独看来有着一定的说服力,可对习惯的知觉并不属于直接表象知觉,因此这种提法是与他之前的原则相违背的。

与休谟不同,怀特海并没有把因果关系归结为直接表象知觉,而是归结为因果效验知觉。在机体哲学中"之所以会出现因果关系这一概念,是因为人类生活在因果效验方式的经验之中"①。

(二) 对因果关系的知觉是直接表象的基础

"关于因果关系,哲学上之所以有一些难题,其中一个理由便是:休谟(后来还有康德)认为因果联系(causal nexus)就其基本性质而言,是来自被预设为前提的诸直接表象的接续。"② 其实,这一观点如果颠倒过来,可能就更加符合我们的经验了,也就是说,表象直接性知觉需要以对因果关系的知觉为基础才能为知觉对象提供信息。前一种观点的问题在于,虽然我们可以把对因果关系的知觉凌驾于直接表象知觉之上,但在作为因的直接表象与作为果的直接表象之间并不存在效验因,这样,两个直接表象之间的因果关系只能诉诸主观上的猜测或习惯。但后一种说法则是把因果效验作为知觉的基础,直接表象经验要凌驾于它之上。但是,机体哲学的这一观点需要回答两个问题:一是如果没有直接表象知觉,因果效验知觉能否存在;二是直接

---

① [英] A. N. 怀特海:《过程与实在》,周邦宪译,北京联合出版公司 2014 年版,第 260 页。

② [英] A. N. 怀特海:《过程与实在》,周邦宪译,北京联合出版公司 2014 年版,第 264 页。

表象知觉究竟扮演了一个怎样的角色。

　　有关第一个问题，我们不妨回到日常经验中来进行解释。假使将我们置于一个黑暗的房间中便会感到恐惧，把我们放在一个绝对无声的环境下便会感到不安。上述的这两种情况并不存在视觉或听觉的直接表象知觉，但我们也还是产生了或恐惧或不安的情感变动。虽然我们知道导致这些情感的就是黑暗和无声，但按照休谟的观点，这种情感的变动则是难以解释的，因为在这一因果关系中并不存在直接表象知觉。这两个事例清楚地呈现了这样一个观点：对由感官知觉所带来的感觉材料的限制或省略并不妨碍我们对因果关系的知觉。但有一点我们不能否认，因果效验知觉虽然能够使我们感受到因果关系，但那种知觉永远是模糊且解释不清的。正如在对因果效验进行讨论时所认为的，因果效验体现的是一种情感的矢量传递，它由过去传导到现在并由现在指向未来，它有着明确的方向，但其传导的主观形式并不精确，也很难用言语进行准确的表述。不过，我们在第二章对因果感受进行讨论时也指出，因果感受或称初级物质性感受是一切因果关系产生的原因，并且由于在机体哲学中"感受"是贯穿整个实际世界的，因此因果关系自然也就充斥于整个宇宙，进而因果效验知觉也是普遍的，甚至是一块石头它也具备这一知觉形式。但反过来，表象的直接性知觉就相对高级，只存在于精神极较为复杂的机体之中。所以即便不存在直接表象知觉，因果效验知觉也可以存在。

　　虽然对因果关系的知觉并不依靠直接表象，但不能说在这一知觉过程中表象的直接性不存在任何意义。正如前面所讲，我们确确实实可以不依赖直接表象知觉来感受因果关系，可问题是我们虽能知觉到，但由于这种知觉的模糊性使得这种关系未必能够令我们意识到，更难以表达出来。也就是说，除了朦胧地感受到那层因果的关系之外，还需要为知觉对象提供明确的信息，这一任务则是由直接表象知觉来承担。比如说，在一片黑暗中一盏灯突然被点亮了，我们随即眨了一下眼，我们说"因为灯亮，所以眨眼"，通过因果效验知觉确实能够解释是眼睛的经验作为灯亮与眨眼之间的因果效验，但"亮"这个精确的信息则需要表象直接性的知觉来提供。如若不然，我们对世界的知觉就容易变得越发朦胧，对因果关系的认知将仅仅停留在知觉这一层面上而上升不到认识，这使我们无法得出任何命题，与此相关的知识也就永远无法产生。简言之，表象的直接性提高了那些业已存在于予料当中的、模糊的、包括因果关系在内的诸关系的价值。①

五 直接表象和因果效验两种知觉方式的相互作用——符号指称

虽然在前文中已经介绍了直接表象知觉与因果效验知觉，但"说到人的经验，所谓'知觉'几乎总是指'以符号指称这一混合方式所进行的知觉'"②。怀特海在《过程与实在》中以此种方式定义了符号指称，即所谓的符号指称指的就是直接表象与因果效验知觉的相互作用。在《宗教的形成符号的意义及效果》中怀特海以另一种方式对符号指称进行了描述，即"当人心经验中的某些成分，鉴于其他成分而引起了意识、情感及习惯，这时人心便是以符号在进行活动。前一组成分是'符号'，后一组则构成了这些符号的'意义'。造成从符号向意义过渡的那一机体功能活动将被称之为'符号指称'"③。如此看来，我们对符号指称的研究主要围绕的就是这四个关键词：直接表象、因果效验、符号以及意义。

（一）符号指称的共同基础

怀特海认为："要解释符号指称，第一个原则就是：这个指称需要一个'共同基础'。这个'共同基础'是必要的，意思是说，在经

---

① [英] A. N. 怀特海：《过程与实在》，周邦宪译，北京联合出版公司2014年版，第256页。
② [英] A. N. 怀特海：《过程与实在》，周邦宪译，北京联合出版公司2014年版，第251页。
③ [英] A. N. 怀特海：《宗教的形成符号的意义及效果》，周邦宪译，贵州人民出版社2007年版，第66页。

验中必须要有这样一些构成成分，这些构成成分是以任何一种纯粹的知觉方式都可以被直接辨认为是同一的"①。怀特海所提的这一原则其实并不难理解，因为不论是直接表象知觉还是因果效验知觉，它们都是一种物质性摄入，只不过前者更加复杂一些，如果二者能够进行融合交互，必然需要一个共同的基础，就好比两个人如果想进行沟通交流则必须先有一个共同的话题。

既然我们所要寻找的是两种摄入的共同基础，我们不妨暂时以对摄入的分析方式来对这直接表象知觉与因果效验知觉进行分析。一个摄入可以分成三个部分：被摄入的予料、主观形式以及摄入主体。很明显的是，摄入主体与主观形式并不符合"被直接辨认为同一的"这一条件，前者本身就是辨认的一方，所以无法被辨认，而后者单凭我们的日常经验就知道它们并不同一。因此，两种摄入的共同基础只能是被摄入的予料。但是，通过本章第一部分与第二部分的介绍，我们同样十分清楚地知道虽然两种知觉方式都是对处于过去的实际世界的摄入，但作为直接表象的予料的那一实际世界与作为因果效验预料的那一实际世界并不是同一个实际世界，它们在时间上尽管离得非常近，可它们也确实存在着前后关系，前者所处的时间点要先于后者。不过，这两个予料却包括同一个组成部分，即"被表象位置"。这里所说的被表象位置指的是"以直接表象的方式被知觉到的那个共时联系，还有它的那些被感觉材料所界定的区域"②。这里需要说明一下，"共时联系"与之前所讲的那种联系不同，后者是通过"实际实有"之间的摄入而形成的，"实际实有"之间存在因果上的关系；而前者则是由共时"实际实有"之间的广延关系而形成的，共时"实际实有"之间不存在因果关系，只存在广延关系。被表象位置并不是广延连续统，广延连续统是直接表象知觉所知觉到的那种实在，而被表象位置更加类似于处于广延连续统当中用来指代某具体事物的东西。比

---

① ［英］A. N. 怀特海：《过程与实在》，周邦宪译，北京联合出版公司2014年版，第250页。

② ［英］A. N. 怀特海：《过程与实在》，周邦宪译，北京联合出版公司2014年版，第188页。

第三章　怀特海知识论的知觉论基础

如说，我们看见一块石头，实际上看到的只是那么一片灰色的位置，它与我们存在几何上的关系，也具有时间上的延展，但它并不是石头本身。用怀特海的话来说，"被表象位置具有时间密度的第四维，它被'空间化'为知觉者的似是而非的当前"①。

"被表象位置是符号指称的共同基础，因为它是以表象直接性的知觉方式被直接而明白地知觉到，且以因果效验的知觉方式被模糊而间接地知觉到。"② 应该说，我们可以十分清楚明白地洞悉到被表象位置与直接表象知觉的那层关系，可它与因果效验知觉的关系显得有些朦胧。还是以杯子为例，我们说我们看见了一个杯子，其实是在说我们用我们的眼睛看见了一个杯子，这其中包括了我们对眼睛的"用"，也就是因果效验知觉。因为光的传播需要时间，故眼睛所处的那个实际世界在时间上是要晚于作为直接表象的予料的那个实际世界的。可即便如此，被表象位置依然是因果效验知觉的一个予料，只不过这个予料是间接的。这里为了分析的方便我们暂且把因果效验知觉看作一系列简单的因果感受的集合。在第二章第三节提到，对于因果感受"来说原始予料是又一个单独的实际实有，而该客观予料则是被后一实际实有所采纳的又一感受"，被表象位置就是那个先于原始预料的、被采纳的感受的客观予料。也就是说，"这一位置作为从属物进入了因果效验的知觉方式，模糊地表现了它进入广延相互联系总体系的过程，该过程是包含在实在的潜在性之中的"③，这里所指的那一进入过程实则就是指因果感受中的作为予料的那一感受。这样，我们便厘清了被表象位置与因果效验感受的那样一层间接且模糊的关系。

被表象位置与两种知觉方式的关系是明确的，在直接表象知觉中它清晰且明确，在因果效验知觉中它深沉且模糊。但这并不意味着被表象位置与因果效验知觉之间的那层关系会被直接表象知觉所淹没。

---

① ［英］A. N. 怀特海：《过程与实在》，周邦宪译，北京联合出版公司2014年版，第251—252页。
② ［英］A. N. 怀特海：《过程与实在》，周邦宪译，北京联合出版公司2014年版，第252页。
③ ［英］A. N. 怀特海：《过程与实在》，周邦宪译，北京联合出版公司2014年版，第251页。

这是因为虽然在几何关系上因果效验知觉的确是模糊的，可它也存在着一些例外的、直接表象无法呈现的方面。"首先，潜在的广延体系被区分成过去和将来，这是因果效验方式，而不是表象直接性的方式，造成的。数学度量（它派生于后者）与这种区分是无关的，而根据前者表现出的物理学理论却与之紧密相关。此外，知觉者的动物身体是这样一个地区，正是因果效验方式在区分各地区的过程中为它获得了某种准确性——虽不如表象直接性知觉方式那样的分明，但却足以进行重要的分辨。"[①] 有关第一点的理解，本章第二部分已经有了一定的介绍，下面仅对上述第二点做一下解释。我们知道，因果效验是对直接过去的实际世界的知觉，其直接知觉对象就是存在于那一实际世界的我们的身体，是对身体之用的一种内部知觉。我们看、听、嗅，因果效验知觉界定了那些我们看到的、听到的以及嗅到的区域，并且显而易见，这些区域虽然很模糊，但不可否认的是，它们与被表象直接性方式直觉到的更清晰的那些区域是一致的，这一点使我们能够分辨出是我们在看、在听、在嗅，且这一分辨对我们的知觉来说极为重要。并且正因如此，动物身体不但是那一共同基础，它更是潜在于整个符号指称中的重要的核心基础，是基础中的基础。进一步讲，"就身体而言，这两种方式获得了最大的符号指称，且将它们的与诸相同区域有关的感受集中在一块。任何关于这世上有形体几何关系的论述，最终都是指作为参照起源的某些确定的人体"[②]。

（二）符号指称的第二个基础

"符号指称的第二个'基础'便是由那两种知觉方式中的一个永恒客体成分的同一性所造成的二者之间的联系。"[③] 我们在第一小部分

[①] ［英］A. N. 怀特海：《过程与实在》，周邦宪译，北京联合出版公司2014年版，第252—253页。

[②] ［英］A. N. 怀特海：《过程与实在》，周邦宪译，北京联合出版公司2014年版，第253页。

[③] ［英］A. N. 怀特海：《过程与实在》，周邦宪译，北京联合出版公司2014年版，第253页。

中所谈及的共同基础实则指的是一种贯穿直接知觉方式的广延地区的同一性，而这第二个基础则是在谈永恒客体的同一性。简单地说，符号指称需要通过直接表象知觉所摄入的永恒客体与通过因果效验知觉所摄入的永恒客体一致。比如说，存在实际事态 A 和 B，A 处于直接过去，B 处于当前，且 A、B 都属于事件 M，M 是一个人；还存在事件 C，C 是一块石头。此时 B 对 C 存在两种知觉，一种是因果效验知觉，即 B 通过对 A 的摄入而间接摄入了 C，C 因此被 M 当成了自己的予料而被客观化，A 成了事件 M 组织中要素（由对 C 的客观化而得到）的效验。还有一种为直接表象知觉，它是以第一种知觉为基础的对 C 进行的摄入，此时的 C 被当作处于当前的事件。尽管方式不同，第一个所谓的共同基础保证了这两种知觉都包含了对 C 的摄入，但这并不足以达成符号指称，除此之外，为了保证这一共同基础符还需要使这两种物质性摄入所衍生出的概念性摄入的予料具备同一性，如若不然，尽管两种摄入的予料都为 C，但由于永恒客体的不同就会导致我们在主观上容易将两种知觉的予料当成两个不同的事件，比如说当我们醉酒的时候。概括起来，这个例子所要表达的就是"视域效验所给予的视觉感觉材料，以及在同样的视觉材料演示下的、以表象直接性的方式知觉到的石头的地区"① 必须是同一的。因此，我们也可以把这第二个基础看作第一个基础的补充，也就是说，要通过第二个基础所提供的永恒客体的同一性来保证那个共同的基础在我们的意识中是有效的。

上述讨论除了阐述了符号指称的第二个基础，同时还指出了以下原则：（1）因果效验知觉相对原始，它发生在一个实际事态合生过程中的早期阶段，是直接表象知觉的基础；（2）"表象直接性是从被因果效验植入的复杂予料中产生出来的"②，直接表象知觉发生在合生过程中的后续整合性阶段。

---

① ［英］A. N. 怀特海：《过程与实在》，周邦宪译，北京联合出版公司 2014 年版，第 254 页。

② ［英］A. N. 怀特海：《过程与实在》，周邦宪译，北京联合出版公司 2014 年版，第 256 页。

（三）符号指称的整合

说到这里，我们未免在这一问题上有些模糊：既然因果效验知觉是直接表象知觉的基础，这就意味着在任意的直接表象知觉中都存在着其与因果效验知觉的整合，倘若如此，那么符号指称的那种整合又有什么存在的价值呢？我们在对因果效验知觉进行探讨的时候曾表明，因果效验知觉并不依赖意识，同时由于我们可以很容易地忽略掉我们感官知觉所呈献给我们的各种信息，所以直接表象知觉本身也并不依赖意识。但，如果我们知觉一块石头并得出"它是灰色的"这一命题，这一过程就必须有意识的介入。因此，就意识判断而言，符号指称便是："将直接方式的知觉对象的证据作为对效验方式的模糊知觉对象进行定位和区分的证据来接受。"① 也就是说，符号指称是将因果效验与直接表象两种知觉整合进意识并加以分析的知觉方式。拿命题来说，在绝大多数的情况下，形容词表达的是来自直接表象知觉方式的信息，而名词或代词则是以一种朦胧的方式向我们传达了知觉对象的存在。在第二章第四部分中曾经谈到过，一切形式的意识都出自命题性感受与其他感受的诸整合方式，意识就出自这些感受的主观形式。也就是说，符号指称知觉必然涉及命题性摄入。甚至可以说，符号指称的那种整合正是命题性感受的那种整合。之所以这样讲除了符号指称与意识的这层关系外还有两点理由：首先，一个命题性感受需要同时包括一个说明性感受和一个物质性记忆。其中的说明性感受为命题提供了逻辑主语，这一点与因果效验知觉所提供的对知觉对象的那种模糊的知觉作用是一致的；而物质性记忆所提供的就是衍生于它的那个概念性感受的予料的永恒客体，这一点与直接表象知觉所提供的清晰、生动的那个"像"也具有一定的一致性。其次，符号指称是一种知觉感受。我们说命题性感受可根据说明性感受和物质性记忆的予料的异同分为知觉感受和想象性感受，而符号指称知觉的那一共

---

① ［英］A. N. 怀特海：《过程与实在》，周邦宪译，北京联合出版公司2014年版，第266页。

同基础就是要求那一作为原始预料的"实际实有"具备同一性。而想象性感受由于其源自的两种物质性感受的予料并不相同,甚至可能存在比较巨大的差异,所以并不满足符号指称的原则要求。所以,符号指称是命题性感受且是一种知觉感受。

(四) 符号指称的原理

直接表象知觉与因果效验知觉这两种不同的知觉方式之间,虽然前者的知觉对象是广延连续统,后者的知觉对象是包括身体在内的过去的实际世界,但凭借着某些共同的基础,它们被符号指称统一在一起。不难看出,符号指称并不是一种直接意义上的知觉方式,它不同于直接表象与因果效验所提供的那种直接经验,它是将二者进行整合之后的一种混合的知觉方式,且这种方式常常支配着我们整个的知觉系统。通俗地讲,若两类不同的知觉对象之间存在着某种共同的基础,且"对一类知觉对象中的某一成员的知觉,唤起了它在另一类知觉对象中的相关成员,并迅速使得该相关成员成为由感受、情感及诸派生作用(这些都属于这一对相关成员中的任意一个,并被二者间的这一相互关系所增强)所组成的融汇体,这时,这两类知觉对象间便存在着'符号指称'。符号指称所始自的那一类知觉对象称为'符号类别',而符号指称所终于的那一类知觉对象则称之为'意义类别'"[①]。

对直接表象和因果效验这两种知觉的介绍,清楚明白地说明了一个观点,即因果效验知觉是包括直接表象在内的一切知觉的基础。如果将这一观点稍加引申,不难得出另一重要的推论,也就是因果效验知觉除了体现着我们对某知觉器官之"用",以此为直接表象提供基础外,它还传递了一些别的信息,比如说我们的记忆。因为因果效验知觉实际上就是对过去的实际世界的知觉,这一实际世界包括我们的身体,同时由于在机体哲学中精神与物质是不分离的,因此也就必然

---

① [英] A. N. 怀特海:《过程与实在》,周邦宪译,北京联合出版公司2014年版,第267—268页。

包括我们的精神,即那个"我"。举例来说,当我们知觉一棵草时我们同样知觉到了一股春意,这是一种典型的符号指称,青草是符号,春意盎然则是意义。在这一知觉活动中,直接表象知觉提供了青草的"像",它准确、清晰,这一点毫无疑问,但因果效验知觉所提供的信息就要复杂很多。一方面,因果效验知觉作为直接表象知觉的基础,它提供了直接表象所要证实的那个东西,为被表象位置提供了背后的那个联系;另一方面,因果效验知觉还提供了一个源自我们记忆中的一种春的矢量情感,这一情感与源自青草的那类情感存在着一定的相符关系且一同被知觉主体所融合,进而使知觉主体产生了春的意义。简言之,符号指称从表象的直接性那里得到了对因果效验经验的准确定位,从因果效验经验那里得到了虽然模糊却厚重复杂的情感信息,最后它将这两种纯粹的知觉方式融入意识之中,完成了符号和意义的融合。在符号指称中,存在着同一知觉方式的两种不同知觉对象的因果效验,一类是对符号类别的知觉,而另一类则是对意义类别的知觉,前者来自我们正在经验的那一事物,后者则来自记忆,后者在某种意义上讲正是对过去的继承。在直接表象的辅助下,这两类来自同一知觉方式的不同类别的知觉对象之间产生了符号指称。如果我们将上述观点普遍化,即可得出:虽然我们一直在强调符号指称中直接表象知觉与因果效验知觉相互作用下所产生的符号指称,但实际上同一知觉方式的不同类别的知觉对象只要存在某种共同的基础,那么它们之间也可以产生符号指称,只不过这种符号指称并不具备很强的说明性,比如说我们记忆中的青草与春的那种气息之间也可以产生符号指称,虽然它们都来自因果效验知觉。

  通过我们对符号指称的进一步分析,我们不难发现符号指称并不一定总是正确或合理的,也存在错误或无理的情况。比如说,我们知觉到一棵青草同时生成了春意,那么青草因春意而变得越发鲜活,春的气息也因青草而变得更加清晰,那么此时的符号指称显然是合理的;但如果我们生成的是冬的意义,此时的符号指称就是不合理的或错的,因为冬的意义与作为符号的青草并不相符。再比如当我们听到"树木"这一词语,心中却形成了青草的意义,此时的符号指称也是

第三章 怀特海知识论的知觉论基础

不合理的。概括来讲,"如果与经验中的某一确定要素有关的感受是出自两个来源,一是这一继承,另一个是以两种纯粹知觉方式中的任一种所进行的直接知觉,且来自这两个来源的感受又是通过合成而相互增强的,此时的符号指称便是对的。但如果它们不相符而相互抑制,该符号指称便是错的"[①]。符号指称的这种可对可错的性质,使得我们有时需要对符号指称进行检验。怀特海认为,这种检验必须依靠实效。由于直接表象知觉所提供的信息大多是精确且生动的,而因果效验知觉所提供的信息则多是模糊的、不清楚的,因此在没有错觉的情况下,这种实效的检验多是对意义的检验。比如说,虽然由于某些原因使我们在青草和冬意之间建立起了符号指称,但很快我们就会因意识到四周的温度是温暖的而不是寒冷的、地面上的积水是液态的而不是固态的等这些情况而意识到此一符号指称是不合理的。所以说"实践是检验真理的唯一标准"这句话本身存在着一定的理论依据。然而,虽然实效性非常近似于真实性,但把实效性直接等同于真实其实是在对实效性进行夸大,虽然这一夸大并不明显。因为显而易见的是,除非我们能够对实效性的具体场合进行充分到近乎苛刻的规定,否则实效性本身并不可检验。

作为怀特海知识论的重要组成部分,知觉理论颠覆了以感官知觉为绝对知觉方式的传统知觉理论,提出了能够知觉实在的广延连续统的直接表象知觉、能够对实际世界进行直接感知的因果效验知觉、能够体现直接表象与因果效验两种知觉方式相互作用的符号指称知觉三种知觉方式。以此,怀特海赋予了感官知觉认识实在对象的能力,进而为通过直接表象来获取知识提供了可能;赋予了因果效验知觉感知实在自然的能力,进而为知识的客观性与对因果律的感知奠定了基础;改进了传统的主观主义原则并提出改进了的主观主义原则,进而为知识对主观性与客观性的包容提供了理论上的依据。至此,有关怀特海知识论中的非知识观内容已经论述完成,第四章将融合前三章有

---

① [英] A. N. 怀特海:《过程与实在》,周邦宪译,北京联合出版公司2014年版,第268页。

关事件论、摄入论、知觉论的内容，并结合怀特海对知识的一些论述来对怀特海知识论的核心内容，即怀特海的知识观进行具体的阐释与梳理，以此为第五章与第六章有关怀特海知识论对我国基础教育课程改革的启示部分做铺垫。

第四章

怀特海的知识观——怀特海知识论的核心观点阐释

通过前几章的论述，已经把与知识密切相关的一些重要概念、理论进行了详细的介绍。然而，正如金岳霖先生在其著作《知识论》中曾提到的那样，知识论是以知识为对象的理论陈述，① 它的对象是知识而非其他。作为一篇以怀特海知识论与我国基础教育课程改革为主题的书籍，我们必须将目标聚焦于教育，必须对与教育紧密相连的知识观问题进行足够深刻的阐述。因此，本章将融合怀特海有关本体、时空、自然、摄入、命题、感官、知觉等理论，就怀特海对科学知识的批判、何为知识、知识具有哪些性质、知识何以可能、真是什么等怀氏知识论的核心问题展开进一步的探讨，以此揭示出怀特海知识观与那种把客观性、普遍性、价值中立性看作知识标准的客观主义知识观（科学知识型），以及把文化性、境域性和价值偏好看作知识标准的主观主义知识观（后现代知识性或文化知识型）所不同的独到见解。

一 知识是意识对所经验的客体的分辨

在《观念的冒险》中，怀特海明确指出"所有的知识都是意识对

---

① 金岳霖：《知识论》，中国人民大学出版社2010年版，第1页。

所经验的客体的分辨。但是这一意识的分辨,即知识,不过是主体与客体交互作用时主观形式中的一个额外因素而已"①。确切地说,怀特海的这段话是其对知识的最直接表述,也是我们理解怀氏知识论的关键之所在。因此,在本部分中我们将从对这段论述的分析开始,从而理解知识的内涵,明确知识的类别与性质,感受怀特海知识论的核心要旨。

(一) 从不同于实体哲学的主体与客体开始

怀特海有关知识的那段论述完整说来应该是所有知识都是主体通过其意识对所经验的客体的分辨,这一表述与其他理论流派有关知识的概念界定存在一个共同点,即都是通过"主体"与"客体"的关系或它们之间的作用方式来定义知识。可见,如欲弄清怀特海有关知识的论述,理解主体与客体的内涵、明确它们的所指理应是我们解释知识概念的首要工序。然而,长久以来,由于受实体哲学统治性地位的影响,在对知识性质的讨论中我们对主体与客体本身的探讨常常是省略的,它们似乎已经成为哲学领域毫无争辩的两个范畴,所以人们在知识论研究中往往首先讨论它们二者之间的关系,极少对它们二者本身及其背后的东西进行必要的审思。譬如,建构主义知识论的理论先驱皮亚杰在其著作《发生认识论原理》中曾说:"认识既不是起因于一个有自我意识的主体,也不是起因于业已形成的(从主体的角度来看)、会把自己烙印在主体之上的客体;认识起因于主客体之间的相互作用,这种作用发生在主体和客体之间的中途,因而同时既包含着主体又包含着客体。"② 可见,尽管皮亚杰认为他的发生认识论是从心理分析出发,关心概念与运演在心理上的发展,可无论怎样都不能抛开主体与客体,也就抛不开对主体与客体的认识,抛不开哲学。皮亚杰认为,他虽然否定了客体决定论,但他并不是一个唯心主义

---

① [英] A. N. 怀特海:《观念的冒险》,周邦宪译,北京联合出版公司2014年版,第193页。

② [瑞士] 皮亚杰:《发生认识论原理》,王宪钿等译,商务印书馆1981年版,第21页。

第四章 怀特海的知识观——怀特海知识论的核心观点阐释

者,因为他坚持客体是不依赖主体而存在的。① 显而易见,皮亚杰对主体与客体的描述所基于的是实体哲学,在此基础之上将实体分为主体与客体这两种不同的存在范畴。众所周知,实体哲学受到后现代哲学当然也包括建设性后现代哲学的批判,如对"实体—属性"的坚持导致了自然的二分等。对实体哲学来说,怀特海认为其还存在方法论上的局限:证据片面,排除了终极因;对归纳法的理性根据没有做出解释,对生命机体没有做出解释。② 怀特海是从本体论出发解决认识论和知识论问题,他对主体与客体赋予了新的意义,从而影响了其知识论的走向。因此,尽管光从对知识的描述上,我们能够感受到皮亚杰与怀特海存在着一些相似之处,他们都既不赞同传统经验主义的那种客体决定论,也不认为康德的那种先验认识论是毫无问题的,他们都把知识的产生归因于主体与客体之间的相互作用,但由于本体论的不同而导致的对主体与客体的不同见解使得他们二者的知识论大不一样。

1. 主体是人,是兼具因果效验知觉和感官知觉的摄入的主体

我们已经知道所有的知识都是意识对所经验客体的分辨,而意识是一种主观形式,更具体地说,是摄入的一种主观形式,摄入的主体是"实际实有",在知识论研究中这一摄入的主体是作为"实际实有"的人(严格意义上说,是"人"的群集)。

在第二章有关"实际实有"的是其所是的探讨中曾指出,在机体哲学中我们要抛弃在变化中不变的主体概念。严格意义上讲,"实际实有"既是经验的主体也是诸经验的超体,也就是"主体—超体",其中任何一者的作用与价值都不能被忽略,只不过为了方便,怀特海在其理论体系中依然沿用了主体一词,但任何他所谓的主体实际上指的都是"主体—超体"。"主体—超体"中的主体性通过满足来赋予,体现了主体的"目的因",而超体性则是通过"实际实有"作为将要生成的新实有的予料来赋予的,它体现了一种"效验因"。当然,知

---

① 张桂春:《激进建构主义教学思想研究》,辽宁师范大学出版社 2002 年版,第22页。
② 杨丽、温恒福:《怀特海对17世纪实体哲学的批判》,《北方论丛》2011年第5期。

识存在于主体中，这个主体指的就是人，没有人就没有知识，但问题是我们如何看待人这一主体。在实体哲学中，作为主体的人由两部分组成：一是那个"我"，即我们的思想，也就是精神实体；二是"我的身体"，即人的肉体，也就是物质实体。一方面，不论这两个成分中的哪一方都是持续不分化的，是高度自我同一的，且这种自我同一性貌似没什么道理可讲，是不证自明的；而另一方面，它们是分离且不统一的，彼此之间有着某种不可逾越的鸿沟。显然，在基于实体哲学的知识论语境中，主体指的就是作为精神实体的那个"我"，并且毫无疑问的是，知识就存在于这个精神实体当中。倘若如此便产生了两个问题：首先，我们很难处理休谟所提出的困境，那就是虽然我们知道因果律必须存在，但我们难以清楚明白地回答我们是如何知觉到因果、因果律又何以可能的问题；其次，由于精神与肉体之间的鸿沟，所以主体与客体必然高度分离，甚至说我们要努力将它们进行区分才能获取知识，而这则必将导致要么把知识当成一种类似于物质的实体，要么将知识纯粹主观化，似乎很难出现第三个选择。在机体哲学中，主体具备了超体的性质，这种效验因的体现使因果效验知觉成为可能，也就是主体具有因果效验知觉，进而当我们面对有关因果律的问题时就不再手足无措，并且因果效验知觉也为理论体系的形成提供了很好的解释，这一点我们将在本章有关知识体系的部分中进行详细阐述。同时，怀特海并不赞同精神与肉体是截然分开的，而是认为任何"实际实有"都存在着精神极与物质极，它们分别促使了概念性摄入和物质性摄入，并且这两种不同的摄入将会进行融合并一同促使一个"实际实有"达成满足。因此，相较于实体哲学所引发的主体与客体的分离，机体哲学的观点显然更有利于知识达成主观性与客观性的兼顾，而非在主客之间选边站。

2. 客体

怀特海在《观念的冒险中》对"客体"有过这样的描述："经验的过程便是将实有接收进复合事实（即过程本身）之中的过程；而实有的存在是先于该过程的。这些被当作因素而接收进经验过程中的先

第四章 怀特海的知识观——怀特海知识论的核心观点阐释

在的实有,被称为那一经验事态的'客体'。"① 从中我们可以得出经验中充当客体的两个条件:一是客体必须是先在的;二是它必须是凭借它的先在而被经验到,它必须是已知的。这里的已知并不表明这一客体已经被知道它是什么,而是表明它必须已经被知觉到或经验到。怀特海在《过程与实在》中很少使用"客体"这一词语,似乎是因为它总是体现了一种被动的意蕴,并且由于怀氏对实体这一概念是持否定态度的,所以客体这一概念范畴的内涵必然需要转变。但同主体一样,客体这一概念在理论的描述上有着一定的存在必要,我们又不好完全抛弃它,因此怀特海在其宇宙论中创造了"予料"这一概念来作为客体的实际所指。在下面的探讨中凡是提到客体,如若未加说明,那么实际上所指的就是予料,它是相对于摄入主体说的。在有关摄入的理论中曾经提到,作为客体的予料实际上就是那些被主体所摄入的处于直接过去的"实际实有",它是先在的;同时,由于它是一个摄入的予料,所以它也必然是被摄入的。上述的两个条件与实体哲学语境下充当客体的两个条件实际上并没有什么差异,但予料不同于客体的是,它代表的是"实际实有"而非实体。通过对摄入的分析,作为予料的那些"实际实有"相对于主体来说实际上是已经被客观化了的,换句话讲,它实际上已经处于主体之内,为主体贡献了自身的潜在性进而赋予主体以创造性,只不过我们在对作为主体的"实际实有"进行分析时把它分割成了若干摄入,进而也就存在着对予料的分析。经过上述分析,我们不难得出一个观点,即主客体之间的相互作用实际上就是指"实际实有"自身,且这一"实际实有"又将在未来的新实有中充当客体。进一步地讲,虽然客体是先在的、永恒的、不变不动的,但它却承载了宇宙得以发展的那种创造力,② 同时,主客二元对立的现象其实并不存在,它们二者实际上是统一的而不是分离的。

---

① [英] A. N. 怀特海:《观念的冒险》,周邦宪译,北京联合出版公司2014年版,第195页。
② [英] A. N. 怀特海:《观念的冒险》,周邦宪译,北京联合出版公司2014年版,第196页。

概括起来,"'客体'一语便意味着这样一个实有,它是一种将成为感受中构成成分的潜在性;而'主体'一语则指感受过程构成并包括这一过程的实有……予料就是被感受的潜能;也就是说,它们是客体"①。

综上所述,在"所有的知识都是主体的意识对所经验客体的分辨"的表述中,主体指的是人,是兼具因果效验知觉和感官知觉的摄入的主体;客体,怀特海称为予料,它能在主体中引起某种特殊活动,这种方式的活动被称为知觉或普遍意义上的摄入。从怀特海对知识的表述中可知,知识既不来自主体也不来自客体,而是源自主体与客体之间的相互作用,且这种相互作用就是"实际实有"。因此,我们现在可以明确一个重要的原则:有关知识的一切探讨最终都将归结于对"实际实有"的探讨,这将是怀特海知识观的最大前提,同时它也进一步验证了"本体论原则"所体现的观点,即"实际实有是唯一的理由"。

(二) 知识是对事物特征、性质与要素的辨识

我们业已分析了知识概念中的主体与客体,但有一个十分关键的问题还亟待解释,那就是主体对客体的分辨所要辨识的东西究竟是什么?在《自然知识原理探究》中,怀特海认为"知识的那种分辨就是对事物诸特征、性质、要素的辨识"②。以此为依据,我们可以把知识的那种分辨分为两类:一是对客体特征与性质的分辨,也就是对衍生自某实际物的永恒客体的分辨;二是对客体组成要素的分辨,即对构成此事态的诸摄入的一种分辨。以一块石头为例,它的颜色、硬度、形状、大小等就属于这一事物的特征与性质;至于有关这块石头为什么是灰色的而非红色的、它为什么是坚硬的而非柔软的、为什么成块状的而非液态的等问题的知识,则需要我们对这块石头是如何形

---

① [英] A. N. 怀特海:《过程与实在》,周邦宪译,北京联合出版公司2014年版,第136页。

② Alfred North Whitehead, *An Enquiry Concerning the Principle of Natural Knowledge*, New York: Dover Publications, Inc., 1982, p.74.

成的、它由什么所组成等问题进行进一步的探究，而这种探究的结果就是有关这块石头的组成要素的一种分辨，即对此事态究竟是哪些摄入的合生的回答。

这种分类方式其实正是对"实际实有"的两种不同描述的体现：一种是对在其他"实际实有"生成过程中其客观化的潜在性的描述；另一种则是对构成它自身的生成过程的描述。在实体哲学中，我们仅仅能够对第一种，也就是事物的特征与性质加以分辨，因受困于感官知觉的限制，我们无法对实体本身的诸要素加以分辨。因此，在包括客观主义、建构主义等以实体哲学为基础的知识观中，知识似乎仅仅能够描绘洛克所谓的那种"名义本质"，而真正有关于实体本身的"实在本质"的知识我们似乎根本无法获得，永恒客体因此成为知识的全部内容。与那种存在于幻象之下孤绝、未知而又神秘的实体不同，我们可以对"实际实有"这一合生过程进行分割，进而通过对组成它的诸摄入的分析来探寻事物的实在内在组织。

对于人类来讲，感官知觉的确是受限的，仅仅凭借感官知觉，我们的认知似乎根本无法抵达永恒客体背后具体的实际事态。但怀特海的知觉理论不但只包括感官知觉所提供的那种表象的直接性，它还囊括了因果效验知觉。怀特海通过对本体论和知觉论的双重颠覆，扩大了知识所要分辨内容的边界。

（三）直接表象知识与因果效验知识

按照知觉方式的不同，我们可以把知识分为直接表象知识与因果效验知识。首先要说明的一点是，严格意义上讲这种分类方法其实并不准确，因为因果效验知觉作为一切知觉的基础是不能被我们随意排除的，进而任何知识的产生都需要因果效验知觉的作用。但是，知识的存在必须有赖于人类的意识，而意识则提供了一种关注，这种关注使得我们能够在主观上强化某种知觉形式的作用或排除某种知觉形式的干扰。所以，直接表象知识与因果效验知识的产生主要归因于意识的主观作用。

怀特海在《过程与实在》有关知觉的论述中，曾举过一个简单的例子来说明两种不同知觉方式在经验中的作用。他指出："所有的科学观察，诸如度量，对相对空间位置的测定，对颜色、声音、味道、气味、冷热感、触感等等感觉材料的测定，都是以表象直接性的方式进行的；而且要特别小心地保持这一方式的纯粹性，也就是说，要排除对因果效验进行符号指称……另一方面，对整个科学理论的阐明，依据的仅仅是关联性的体系，这一体系，就人们对它的观察而言，包括用纯粹因果效验方式获得的知觉对象（percepta）。"① 从这个事例中我们能够得出，直接表象知识主要指的是那种直接观察性的知识，源自直接表象知觉的种种性质，这种知识较为鲜活、生动，但因果性并不明显；因果效验知识则主要指的是那种极具理论性、体系性、逻辑性的知识，其中蕴含了较为明晰的因果关系，但相较于直接表象知识，它是相对模糊且抽象的。比如说，我们有关石头的硬度、颜色、触感的知识就属于直接表象知识，它们主要来自对石头的直接表象知觉，虽然在这一知觉过程中包含了对石头的因果效验知觉，但这一知觉在我们的意识中被排除了。而如果我们对这块石头进行科学上的分析，所得出的知识就是一种因果效验知识，它解释了石头何以如此坚硬，它的颜色何以是灰色的，它是如何形成的，它又有什么样的作用，等等。从中我们不难看出，直接表象知识似乎是有关衍生于某"实际实有"的永恒客体的知识，而因果效验知识似乎是关于某一"实际实有"所囊括的诸关系的知识。用机体哲学的话语体系来说，直接表象知识是一种有关"实际实有"的"抽象本质"的知识，因果效验知识则是有关"实际实有"的"实在本质"的知识。

怀特海认可洛克关于本质的概念的界定，"所谓本质可以当作是任何事物底存在看，而且物之所以为物，亦就全凭于它"②。但怀特海并不完全赞同洛克把本质划分为代表事物实在内在组织的"实在本质"和那种体现了一种抽象观念的"名义本质"。按照洛克的观点，事物的实在内在组织是那些可感性质所依赖的组织，且它是不可知

---

① ［英］A. N. 怀特海：《过程与实在》，周邦宪译，北京联合出版公司2014年版，第252页。
② ［英］洛克：《人类理解论》，关文运译，商务印书馆1983年版，第399页。

第四章 怀特海的知识观——怀特海知识论的核心观点阐释

的。这样,实在的本质就被知识排除在外了,因此洛克把类似于机体哲学中永恒客体的"简单观念"当作一切知识的材料。① 也就是说,洛克认为知识所主要探寻的是那些抽象的名义本质,用机体哲学的话说就是那些具备了客观不朽性的永恒客体。但机体哲学不这样认为,怀特海指出:"一个实在组织,这一概念意指,永恒客体把由诸实际实有组成的多重体作为构建有关实际实有的成分而引入,因而发挥了作用。因此,该组织是'实在的',因为它将它在实在世界中的地位指派给了实际实有。换言之,该实际实有,凭借着它之所是,也就有了它之所在。"② 这一论述正是本书第二章第一部分主要内容的一个概括,怀特海借此否定了实体只需要自身而不需要他者便可存在的存在物。基于"实际实有",怀特海将本质分为实在本质与抽象本质。怀氏认为:"'机体学说'要求一种'实在本质',其意便是对形成有关实际实有的那些实际实有的关系及相互关系进行全面的分析;它也要求一种'抽象本质',其中特别化了的实际实有被如此联合中的非特别化的实有的概念所取代;这是关于一个非特别化实际实有的概念……是一个复杂的永恒客体。"③ 我们在介绍因果效验知觉与直接表象知觉时曾经提到,因果效验知觉作为一种物质性感受,是一种对存在于直接过去的"实际实有"的直接知觉,由于因果感受的存在,因果律成为可能;而直接表象知觉是对广延连续统的直接知觉,是一种对永恒客体的知觉。因此,我们说,直接表象知识是意识对直接表象知觉关注的结果,是有关"实际实有"抽象本质的知识,它主要体现为那些对事物的"观测性"知识,它生动但肤浅;因果效验知识是意识对因果效验知觉关注的结果,是有关"实际实有"实在本质的知识,它主要体现为系统、逻辑、成体系的知识,代表了人们对事物的具体认识。

---

① [英]洛克:《人类理解论》,关文运译,商务印书馆1983年版,第84页。
② [英]A. N. 怀特海:《过程与实在》,周邦宪译,北京联合出版公司2014年版,第94—95页。
③ [英]A. N. 怀特海:《过程与实在》,周邦宪译,北京联合出版公司2014年版,第95页。

(四) 知识的诸性质

通过第一部分的探讨并结合前面怀特海有关知识的那段论述，我们可以得出一个重要的观点：知识存在于从属于"人"这一群集的"实际实有"的主观形式之中，并且它只是主观形式当中的一个额外因素。将这一观点进行进一步的推导，还可以产生两个有关知识的重要推论：（1）知识就是人的主观形式中的衍生部分，因此知识具备主观形式所具备的部分特性；（2）知识在主观形式中并不占据主导位置，它只是作为一个额外的因素而存在。由于知识从属于主观形式，即二者属于种属关系，所以知识的一般性质就来自我们对主观形式的诸性质的分析。因此，我们将以上述两个推论为基础并结合主观形式的种种特性，对机体哲学中知识的诸性质进行详细的分析。

第一，知识的被制约性。主观形式同摄入主体与被摄入的予料同为摄入的组成部分，它是表明一个摄入主体是如何摄入某种予料的，是八个存在范畴之一。在第二章中我们曾指出，一个"实际实有"是诸摄入的合生，其中每一摄入都有着从属于自身的主观形式，并且根据"主体统一性范畴"，诸主观形式在主观目的的制约下相互影响，进而融合成一种混合且复杂的主观形式并最终达到满足。可以肯定的是，尚处于分离状态下的诸摄入的主观形式中并不包含知识。之所以这样讲是因为知识的产生有赖于意识的贡献，而意识属于"实际实有"生成的后期诸阶段的主观形式。[①] 也就是说，知识产生于一种被主观目的所决定的、融合的主观形式。这样，我们便能得出有关知识的第一个性质：知识为主观目的所制约。我们知道，主观目的是主体对主观目标的一种概念性感受，并且主观目的体现着摄入主体的一种终极欲望——满足的达成。本书在介绍满足这一概念时曾指出，满足只服务于某个"实际实有"，它是其从属于的"实际实有"自身欲望的体现。因此，我们可以得出一个推论，任何知识都将受到主体欲望

[①] [英] A. N. 怀特海：《过程与实在》，周邦宪译，北京联合出版公司2014年版，第241页。

第四章 怀特海的知识观——怀特海知识论的核心观点阐释

的制约。除此之外,知识还受被摄入的予料制约,因为主观形式本身是决定主体是如何摄入予料的,不同的予料便会产生相应的主观形式。

第二,知识的主观性与客观性。知识既有主观性,也有客观性,且二者相统一。知识的主观性是指所有知识都是主体意识的产物,或者说是人的意识的产物,是人在持续不断的摄入中生成的,是人与客体交互作用时主观形式中的一个额外因素,"都是个体参与的",或者说"包含着个人系数"的,[①] 譬如个人的理智、经验、情感、理解、判断等。但在此必须明确两点:一是不要把知识的主观性等同于知识的不确定性、可变性,甚或相对性;二是知识具有主观性,并不能推出知识的客观性不存在。这里所言的知识的客观性,是指知识具备客观反映事物性质与要素的能力。为此,机体哲学为知识的客观性提供了坚实的理论基础。首先,从本体论上怀特海否定了实体这一概念,提出了蕴含着事件思维的"实际实有"。如果世界是由实体所构成的,我们与它并不存在直接的关联,那个实体完全可以脱离我们而直接存在,那么就必然无法知觉到隐藏在光线、声音、气味之下的那个持续不分化的实体。但如果这个世界是由"实际实有"所构成的,那么我们就必然参与了它的生成,世界也同样参与了我们的生成。也就是说,怀特海打破了主体与作为知识对象的客体事物之间的隔阂,进而使主体获取能够准确反映事物性质、要素的知识成为可能。其次,从知觉论上,怀特海一方面认为虽然直接表象知觉所知觉到的不是实际世界,而是一个广延连续统,但他同样认为广延连续统是具备实在性的;另一方面,因果效验知觉的提出使人对实在自然界的直接认识成为可能。基于上述两点,怀特海提出了一种"改进了的主观主义原则",此原则一方面强调了知识的主观性,另一方面也为知识的客观性奠定了基础。还有一点需要说明的是,如果知识失去了客观性,那么知识的检验显然就不那么重要了,这一观点是很多解构性后现代学

---

① 石中英:《波兰尼的知识理论及其教育意义》,《华东师范大学学报》(教育科学版)2001年第2期。

者所秉承的，正如著名的后现代学者多尔曾言："知识是我们创造的——互动地、对话地、会话地创造的，永远存在于我们的文化和语言中。"① 我们应该放弃对知识客观确定性和普遍性的追求，而应该转而去追求情境之中的特定事件，② 一千个人的心中就有一千个哈姆雷特，因此我们应把重点放在知识的协调与商榷上，而非放在知识的检验上。但怀特海作为建设性后现代哲学的代表，其本身并没有忽略现代科学所带来的那种对知识检验的关注，它所批判的是我们不能仅仅关注知识的真假。在《教育的目的》中，怀特海开篇就明确地指出我们要防止一种"呆滞的思想"（inert ideas），即"那些仅仅被大脑所接收却没有经过实践或验证，或与其他东西融会贯通的观念（ideas）"③。从中我们不难发现，怀特海把没有经过验证的观念视为呆滞的思想而非某种无价值的知识，可见怀特海对知识验证的重视，以及对知识客观性的认可。由于知识能够客观地反映事物的性质与要素，因此，知识便是可传播的。但知识的这种可传播性并不是说知识可以从一个人的头脑中取出来再放入另一个人的头脑中去，而是传播者将被传播者"拉入"到其与被认识事物间的关系中，形成两两相互摄入的"三角关系"，以此来达成知识的"共享"。

第三，知识的不可穷尽性。虽然我们业已证明了知识的客观性是可能的，同时对知识的主观性也有一定的了解，但有一个问题仍需回答，那就是主观性给知识的影响是什么？我们说一千个人有一千个哈姆雷特，由于知识存在客观性，因此那一千个人有关哈姆雷特的不同知识有一些肯定并不是知识，而是一些认识主体所坚定的"信念"或"观点"。这些非知识的产生或是概念的嬗变，或是概念的逆转，或是不合适的想象等，致使主体得出的命题不为真。剩下的人所抱有的虽然是知识但并不一样，则是由于否定性摄入的存在。简单说来，因为否定性摄入的存在，一些作为予料的永恒客体被主体排除了，这种排除的原因有很多，比如说反感、厌恶等情绪都会导致否定性摄入的出

---

① ［美］多尔：《后现代课程观》，王红宇译，教育科学出版社2000年版，第194页。
② ［美］多尔：《后现代课程观》，王红宇译，教育科学出版社2000年版，第185页。
③ Alfred North Whitehead, *The Aims of Education*, London: Ernest Benn, 1950, p. 1.

第四章 怀特海的知识观——怀特海知识论的核心观点阐释

现,因此一些有关哈姆雷特的知识并没有被人所认识到,甚至那些性质根本没有在我们的意识中显露出来,而关于哈姆雷特的知识有很多,所以由于不同的人否定性摄入的预料不同,所以在其主观形式中生成的知识也就自然不同。从另一个角度来讲,由于否定性摄入的存在,每一个人心中有关哈姆雷特的知识都是不全面的,没有人能够充分地认识到哈姆雷特的全部性质,绝对全面的真似乎无法达到。也就是说,站在个人的视角,有关自然的知识总是参差不齐的,知晓却并不全面,怀特海将知识的这种特性称为知识的不可穷尽性。除此之外,还有三个原因导致了知识的不可穷尽性:首先,按照机体哲学的观点,如果我们要完整地分析某一"实际实有",就意味着我们需要对组成它的所有摄入进行分析,但任何非共时的"实际实有"都存在着摄入关系,所以就导致了我们需要分析的摄入数量非常庞大,可以说是力不能及的,这样便只能不断地扩大分析范围,但要穷尽所有仍并不现实。其次就是语言对知识的影响,怀特海认为"要用语言来表达终极的普遍观念是极端困难的"①,作为一种符号它只能模糊地表达某一确切的命题,这似乎意味着绝对的真理就算能够被我们领悟,我们也无法将其描述出来。最后,归纳法的局限也是导致此性质的一个原因。

第四,知识的过程性。正如马克思所言:"正像一切自然物必须形成一样,人也有自己的形成过程即历史……历史是人的真正的自然史。"② 也就是说,人本身并不如实体那样不变不动,而是动态发展且运动变化的,那么存在于人意识中的知识当然也应该是一个不断发展的过程。怀特海认为:"知识是一种进行探求(exploration)的过程。它与真理具有某种关联。"③ 通过前文我们对知识的客观性以及知识的不可穷尽性的探讨,我们已然能够得出,由于种种限制,在怀特海的知识论中虽然知识具备一定的客观性可它并不等同于真理,这也就是

---

① [英] A. N. 怀特海:《观念的冒险》,周邦宪译,北京联合出版公司2014年版,第30页。
② [德] 马克思:《1844年经济学哲学手稿》,人民出版社2000年版,第107页。
③ [英] A. N. 怀特海、霍桂桓:《论不朽》,《社会科学论坛》2010年第17期。

怀氏所指的那种与真理的关联性。也正是这一关联，赋予了知识达成真理的一种理论上的可行性。怀特海认为"一个真命题当然比一个虚假的命题更可能是有趣的"①，人本身便存在着一种对真的追求欲望。同时，由于知识是受主观目的制约的，所以主观目的加之于知识一种探求的欲望，而知识本身则成为不断趋近于真理的一个过程。怀特海把知识比作过程实际上是赋予了知识一种可能性，这种可能性一方面否定了知识仅仅是主体对外界事物的一种表征，另一方面通过知识与真理的这层关联，进一步强调了知识具备一定的客观性与真理性，只不过在大部分情况下，这种真理性需要加以适当的限制和说明，以避免诸如概念的嬗变等现象的产生。

第五，知识的矢量性与工具性。知识是意识对所经验客体的分辨，这句话似乎在表明知识本身是一种分辨的"动作"，但实则指的是这一动作的"依据"，只不过知识这一依据只能通过分辨这一动作体现。不难发现，知识似乎具有一种矢量的指向性，它以其诞生的那一刻为起点指向借其用来分辨某一客体的那一时刻。我们在探讨因果效验知觉时曾提到过，继承是直接知觉的原始特性，被继承的东西其实就是带有其起源证据的主观形式、一种矢量主观形式。比如说，我们看见一个杯子，通过意识的分辨我们得出"这是一个杯子"。在此过程中，我们毫无疑问地运用了有关杯子的一些知识，而这些知识存在于我们的记忆中，它是通过因果效验知觉为我们所用。通俗来讲，知识的那种矢量性为知识的某种工具性提供了可能，它从过去指向现在，由现在憧憬未来，虽然在习得知识的那一刻它可能只是一种单纯的信息，但其矢量性赋予了它分辨经验客体的能力。同时，从另一个角度讲，知识必须被应用才可算是知识，倘若不存在那一分辨的思想动作，知识也就不能算是知识。概而言之，知识的工具性使得知识必须经过验证。

第六，知识的附加性。怀特海认为，知识只是主观形式中的一种

---

① ［英］A. N. 怀特海：《观念的冒险》，周邦宪译，北京联合出版公司2014年版，第268页。

第四章 怀特海的知识观——怀特海知识论的核心观点阐释

额外因素,这一说法一方面强调了知识与主观形式的种属关系,另一方面也体现了知识的产生并不是主观形式的先在因素或前提,而是主观形式的一个附加因素。这意味着一个非常重要的观点,即我们并不是从知识中产生了情感,而是从情感中产生了知识。当然,这里的情感并不单单是指喜、怒、哀、乐等我们日常生活中所指的那些明确的情感,而是指包括了情绪、评价、态度、好感、反感等诸多情感因素在内的广义的情感。需要说明的是,知识的附加性针对的是知识的产生过程,而不是知识的应用过程。

第七,知识的有机性。"实际实有"是唯一的理由,任何有关知识的讨论都将归于对"实际实有"的讨论,这是本书前面得出的重要观点。不论是从传统意义上的那种感官知觉所获取的知识,还是源自因果效验经验的知识,都必然需要依托于一种本体上的东西,或是实体,或是"实际实有",不曾联结事物的知识是绝对不存在的。[1] 不论我们是否愿意承认,实体哲学所秉承的那种实体的孤绝性成了知识有机性的绊脚石。因为实体本身是可以不依赖于他物而独立存在的,也就是说,有关这一实体的知识也是可以独立存在的,不存在与任何其他事物或源自其他事物的知识的关联。也许正是因为这一原因,如今随着科学发展的不断深化,各学科之间的关系开始变得疏远,各个领域的有识之士对学科融合的呼声也变得越来越大。反观机体哲学,由于"实际实有"本身是相互内在且彼此交融的,所以那一知识所依托的本体就是有机的,以这种有机的本体论为基础的知识观也就必然是一种有机的知识观。但这一有机性的体现需要我们对实有之间的关联性进行关注,否则并不一定能够被我们的意识所知觉到。那么这也引申出了一个观点,即为了能够真正地解释我们所存在的这个有机的世界,我们需要能够察觉出知识与知识之间、知识与存在物之间的那种相关性,这也就是知识的主题。[2]

---

[1] Alfred North Whitehead, *An Enquiry Concerning the Principle of Natural Knowledge*, New York: Dover Publications, Inc., 1982, p. 12.

[2] Alfred North Whitehead, *An Enquiry Concerning the Principle of Natural Knowledge*, New York: Dover Publications, Inc., 1982, p. 12.

综上所述，通过对怀特海知识论的梳理，我们可以得出有关知识的八个性质，分别为：（1）知识的被制约性；（2）知识的主观性与客观性；（3）知识的可传播性；（4）知识的不可穷尽性；（5）知识的过程性；（6）知识的矢量性与工具性；（7）知识的附加性；（8）知识的有机性。

二 知识何以可能

有关知识的可能问题是一个很重要的问题，因为我们并不能确信我们日常生活中所提到的知识是否就是知识，换个角度说，若我们无法回答知识何以可能，那么怀特海所提的那种知识是否真的可以存在便有待商榷。简单说来，要使知识成为可能，需要同时在理论上具有以下四点支撑：（1）"实际实有"；（2）意识；（3）主体对永恒客体以及实际事态的知觉能力；（4）归纳法的可能。有关（1）的解释详见本书第二章第一部分；有关（2）的解释详见本书第二章；有关（3）的解释详见本书第三章。下面我们将对（2）进行一下补充说明并且对"归纳法"的可能性做一下必要的解释。

知识是意识对所经验客体的分辨，这表明了意识使知识成为可能。通过第二章的相关论述我们能够了解到，意识源自理智感受，它产生于这类感受的主观形式当中。因此，我们可以得出，非理智感受的其他感受的主观形式并不含有知识。比如说，机械的条件反射或肌肉记忆并不能产生知识。虽然意识使知识成为可能，但在我们的意识中存在着大量的信息，并非每一个都是知识。怀特海认为，只有意识知觉、肯定直觉判断与否定直觉判断这三种理智感受的主观形式当中才含有知识，那些形式未定的直觉判断并不具备产生知识的可能。简单来说，形式未定的直觉判断所包含的谓词与客观化的联系之间的关联性是十分模糊的，甚至可以是无关联的。知识的主题是相关性，而形式未定的直觉判断显然与之不符，所以它并不能产生知识。但虽然如此，形式未定的直觉判断为我们提供了一种关联的可能性，这种可

第四章 怀特海的知识观——怀特海知识论的核心观点阐释

能性使我们展开了对未知领域的冒险,令科学得以进步。进一步讲,这种直觉判断虽然未能使知识成为可能,但使知识的发现成为可能,是有关知识的探寻中绝对不能忽视的重要因素。除此之外,还存在一种比较容易被忽略的情况,那就是意识处于某种清晰与模糊交界的地带时是不产生知识的。怀特海认为:"我们自己的生活在任何一个时刻都有一个注意力的焦点,仅少数的内容处于清晰的知觉中,它们含糊而牢固地与其他内容在朦胧的领悟中相互关联在一起,这种朦胧的领悟令人难以察觉地退入没有区别的感受之中。"① 在这种时候,虽然存在意识,但知识没有了生存的土壤,因为此时的意识往往并不稳定,我们没办法对各种关系进行有效的分辨。因此,尽管意识经验是知识的基础,但就把知识单纯地设想为是意识经验的这一观点来说没有任何其他观点比它距离真理更远。②

作为实验科学的创始人,培根把归纳法比作"解释自然的真正钥匙"③,从此科学的发展走向了一条崭新的道路。虽然我们不能否认培根基于"三表法"提出的科学归纳法确实有他的道理,但它的有效性需要基于这样一个形而上的前提,即未来要与过去相似,也就是自然要具备"齐一性",这样我们才能够通过归纳法由过去推出将来,而对这一"齐一性"的辩护往往会因为容易陷入循环论证或无限倒推而被认为是无效的。并且从某种意义上讲,归纳法的可能还需要因果律的支持,但由于人知觉能力的局限,我们不可能观察到宇宙中的所有变量,因此我们也就不能十分准确地肯定究竟是哪一个变量导致了这一结果。比如说,我们观察到现象 A 导致了现象 B,因此我们把现象 A 当作现象 B 的原因,但实际上导致现象 B 的是现象 C 而不是现象 A,只不过现象 C 并没有被我们察觉。这样一来,A 导致 B 的因果就不成立了。从严格意义上说,怀特海并不完全同意上述两类说法。在

---

① [英] A. N. 怀特海:《教育与科学理性的功能》,黄铭译,大象出版社 2010 年版,第 166—167 页。
② [英] A. N. 怀特海:《教育与科学理性的功能》,黄铭译,大象出版社 2010 年版,第 166 页。
③ [英] 培根:《新工具》,许宝骙译,商务印书馆 2008 年版,第 128 页。

本书第一章中提到，在怀特海的自然哲学阶段，所谓事件是广延的基本齐关系的关联者，怀氏通过用事件概念来取代实体概念使得他的时空观并非独立于事件，而是抽象于事件。"实际实有"与"实际实有"之间时空关系可以说是它们最基本的关系，哪怕是共时的"实际实有"也依然存在时空关系。以此为基础，怀特海认为"实际实有"与"实际实有"之间是存在"时空意义"的。那么，我们如果能够把握住"实际实有"之间的这种时空意义，也就自然把握了它们的齐一意义。就这一点来说，基于因果效验知觉的直接表象知觉对广延连续统的感知就很好地完成了这一任务。同时，对于因果律来说，怀特海提出了初级物质性感受，也就是因果感受。由于因果感受的客观予料只是一个摄入，而一个"实际实有"是诸摄入的合生，因此从这个层面上来说，确实存在由于我们无法知晓这一摄入而误把其他摄入当成原因的可能性。但是，在对摄入进行分析时曾提到，在"实际实有"的合生过程中存在诸摄入相互影响、互相融合的阶段，也就是说摄入与摄入之间是不能完全孤立来看的。也许某一摄入对这一"实际实有"的影响非常微小，但我们也绝不能鲁莽且盲目地忽视它的价值。因此，宇宙中任何变量都是导致这一结果的原因，只不过影响的程度有所不同。当然，怀特海也并不认为归纳法是完美的，对其正确性的肯定的前提是运用得法，他指出："就归纳法的本质来讲我不认为是由一般规律中引申出来的。这是从过去某种特殊情形的性质来推论未来某种特殊情形的某些性质的方法。但适用于一切可认识的事态的一般特殊规律，是一个比这种方法更为广泛的假定，对这种有限的知识说来是一个很不妥当的扩大。"① 怀特海认为，归纳法并不是特殊到一般的过渡，而是特殊到特殊的过程，知识具有不可穷尽的性质，归纳法并非绝对全面，对于那个"实际实有"来说，一切纯粹未知的环境都应被排除掉。

---

① ［英］A. N. 怀特海：《科学与近代世界》，何钦译，商务印书馆2012年版，第52页。

第四章 怀特海的知识观——怀特海知识论的核心观点阐释

三 科学是对事物整体性的探索

科学知识是教学内容的重要部分,对科学的理解关系到教学活动实践中的方法论前提,关系到教学内容的创设与组织。面对以客观主义知识观为背景的现代科学对教育的深刻影响,以机体哲学知识论为背景的"后现代科学"定会对我们理解科学、理解教育产生重要的价值。

不同的科学总是会以不同的知识论为假设,有关知识论的研究永远也绕不开科学的议题。不同于近代科学所基于的那种以笛卡尔、牛顿为代表的实体主义知识观,怀特海的知识论所体现的科学内涵更加接近复杂科学或格里芬（David Griffin）所指的后现代科学。① 牛顿以实体哲学知识观为基础开创了震古烁今的近代科学,其伟大成就任何人都无法忽视。同时,在这样一种知识论的影响下,拉普拉斯决定论（Laplacian determinism）开始把宇宙比作一个走时精准且不断运行的时钟,爱因斯坦也曾说过"上帝不会跟宇宙玩骰子"这样振聋发聩的话。一时间,所有科学似乎就应该像物理学那样精确、高效且对一切现象的解释都能够像分析一台机械一样细致严明。但现实是,除了物理学之外,诸如生物科学、社会科学等大量涉及生物机体、情感、思想、道德、意志等方面的学科都陷入了困境,那种在解释无生命世界时的所向披靡似乎很难在上述这些学科中重现。面对此种现象,有的学科的科学性因其无法得出类似物理定律的那种极具规律性的知识而开始被人诟病,这些学科的知识是不是科学知识自然也就有待商榷了。但是,正如马克思所说:"自然科学往后将包括关于人的科学,正像关于人的科学包括自然科学一样:这将是一门科学。"② 霍金也曾说:"爱因斯坦糊涂了,而量子理论是对的。"随着科学的发展,大量

---

① ［美］大卫·雷·格里芬:《后现代科学——科学魅力的再现》,马季方译,中央编译出版社2004年版,第31页。
② ［德］马克思:《1844年经济学哲学手稿》,人民出版社2000年版,第90页。

的现象证明这种带有机械决定论色彩的知识观是错误的，把人与一切生命的情感因素、目的因排除于科学大门之外其实并不合理。在包括物理学在内的诸多学科证明了基于实体哲学的知识论并非尽善尽美之后，人们不禁陷入了沉思：一方面，我们不能无视实体主义知识观所带来的丰功伟业；但另一方面，创设一个能够统合所有科学门类的新知识观，探寻有关科学知识的边界在哪里等问题的回答则成了我们的新目标。始于贝塔朗菲一般系统论的复杂性科学知识论和被格里芬所推崇的后现代主义知识论都致力于此目标的实现，这两种不同的知识观在诸多方面也存在着一定的相似性。[①] 格里芬的观点是以怀特海的思想为基础的，在怀特海的知识论当中，科学与知识一向是两个难以分割的重要范畴，我们不妨通过对怀氏知识论的分析并结合基于实体哲学知识论的一些观点进行进一步的探讨。

通过对实体的那种"不分化持续之谬误"的介绍可知，以实体哲学为基础的知识观必然导致一种对机械还原论的坚守。所谓还原论，曾分别在培根的《新工具》和笛卡尔的《谈谈方法》这两部著作中提及，其中笛卡尔的观点更加为后人所重视。在《谈谈方法》中笛卡尔指出了四个认识方法，其中的第二个和第三个方法很好地诠释了还原分解法：首先，把"我"所审查的每一个难题按照可能和必要的程度分成若干部分，以便一一妥善解决；其次，按次序进行"我"的思考，从最简单、最容易认识的对象开始，一点一点逐步上升，直到认识最复杂的对象；就连那些本来没有先后关系的东西，也给它们设定一个次序。[②] 简言之，笛卡尔所提倡的那种还原分解就是先将整体分为部分，再基于对部分的认知来得出有关整体的知识。结合实体的特性不难得出，这种近代科学所秉承的机械还原论存在着以下几点问题：首先，由于实体本身是不可被知觉到的，因此我们对整体或部分的分析仅限于对永恒客体的分析，并不存在对"实际实有"的分析，这就导致了还原论在对部分与部分之间的关系以及"实际实有"的生

---

① 郭元林：《复杂性科学知识论》，中国书籍出版社2012年版，第260页。
② ［法］笛卡尔：《谈谈方法》，王太庆译，商务印书馆2002年版，第16页。

第四章 怀特海的知识观——怀特海知识论的核心观点阐释

成过程的分析上存在不足。其次，还原论往往是机械的，有关主观形式的问题并不在我们的考虑范围之内，在应对任何有关机体及其精神方面的问题时，还原论要么会将精神刨去，用看待机械的眼光来看待机体；要么就干脆不把这类问题纳入科学讨论的范围之内。最后，还原论只把目光聚焦于动力因，对事物的目的因或终极因则采取漠不关心的态度。怀特海的知识论是反对机械决定论与机械还原论的，其理由如下。

首先，怀特海在谈及对一个"实际实有"的分析方式时曾指出，我们要"将它分析成它的最具体的诸成分，揭示出它是诸摄入的合生"①。我们知道，摄入作为"关联性的具体事实"是不同"实际实有"之间关联性的体现，将这一观点与客观同一性范畴、客观多样性范畴相结合便可得出，怀特海的知识观一方面十分注重"实际实有"与客观化于它的其他"实际实有"的诸关系，强调对事物生成过程的探讨；另一方面也注重客观化于"实际实有"的诸摄入之间的关系与价值。简言之，怀特海的知识论是以事物之间的关联性为主题的。进一步讲，怀氏的这一观点表明了这样的一个原理：科学不应该是一种对还原论的追求，而应是对事物整体性的探索，这一探索既包含诸多被摄入的予料，也包含这些予料之间的关系。任何非共时的"实际实有"都存在着摄入与被摄入的关系，由于关系的极尽复杂性，对事物整体性的探求也许是无法穷尽的，可正如前文所言，任何形式未定的直觉判断都会为这一探求打开一扇新的大门，进而推动科学的不断发展。其次，以怀特海知识论为基础的科学并不像机械还原论那样为了追求确定的规律而排除精神的干扰。精神实体是绝不可分的，我们不能像分割杯子一样把情感、态度进行分割，因此，还原论从理论上就不适于对有关精神的现象进行分析。这主要源自实体哲学所秉持的心物二元论将精神实体与物质实体完美地分离开来。反观怀特海的机体哲学，就不存在这一问题。"实际实有"是偶极的，它既包含精神极

---

① ［英］A. N. 怀特海：《过程与实在》，周邦宪译，北京联合出版公司2014年版，第34页。

也包含物质极,严格意义上,我们绝不能脱离"实际实有"的精神极来单独谈论它的物质极,不存在绝对单纯的物质性摄入和绝对单纯的概念性摄入,只不过在面对某些低端机体的时候,我们可以选择性地忽略那些影响极其微小的摄入。最后,不同于近代科学对终极因的那种冷漠态度,怀特海的知识论不但关注事物的动力因,也关注它的终极因。马克思认为"每个人的自由发展是一切人的自由发展的条件",正如"关于自由和规定的范畴"中所指出的:"每一单个实际实有的合生都是内在规定了而外在是自由的。"① 这里的规定来自动力因,而自由则源自"实际实有"的终极因。近代科学对动力因的过度重视使得虽然我们在解释诸如原子、分子、石头乃至星体等"无机物"时能够得心应手,但在解释相对高级的复杂机体时极为艰难,这便使得诸如教育学等与人这一高级机体密不可分的社会科学陷入了困境。作为怀特海的第三代传人,格里芬认为:"一切迹象表明,在我们的星球上,最能够决定人类经验和行为的,莫过于终极因。"② 科学不应该单单关注动力因,也应该注重对事物终极因的探究,知识是受主观目的制约的,失去了对终极因的探求,我们根本无法获取有关一个"实际实有"的整体性知识,科学也将永远沦为一种"对于被观察到的事物的纯粹描述"③,科学知识也就难以到达复杂性与机体的边界。

"科学的工作是在发现存在于构成我们经验生命的知觉之流、情绪与感觉之中的各种关系。由色、声、香、味、触和各种官能感受构成的世界就是科学活动的唯一领域。以此,科学是经验的思想组织。"④ 结合上文的探讨,怀特海扩大了科学的边界,使科学不单单是

---

① [英] A. N. 怀特海:《过程与实在》,周邦宪译,北京联合出版公司2014年版,第40页。

② [美] 大卫·雷·格里芬:《后现代科学——科学魅力的再现》,马季方译,中央编译出版社2004年版,引言第35页。

③ [英] A. N. 怀特海:《教育与科学理性的功能》,黄铭译,大象出版社2010年版,第155页。

④ A. N. Whitehead, *The Organisation of Thought Educational and Scientific*, London: Williams Publication, 1917, p.110.

第四章　怀特海的知识观——怀特海知识论的核心观点阐释

对冰冷的无机宇宙的摸索，也包含了对复杂关系的关注；不单单是对动力因所带来的确定性的执着，也包含了对终极因所赋予的价值上的探讨。但是，虽然怀特海因不满足于传统实体主义知识观所带来的那种执迷于确定性的科学进而扩大了它的边界，使科学整合了确定性与非确定性，整合了无机世界与生物世界，但是科学的边界依然存在，那就是它只以我们感官知觉所认识的自然为对象，诸如宗教、审美等我们根本无法凭借感官来分辨的东西则并不在或不完全在科学研究的范围之内。同理，哲学也不是科学，虽然它们有着千丝万缕的联系，但我们不能否认哲学总能碰触到科学所无法碰触的地方。对于科学来讲，哲学常常扮演着一个挑战、批判与引导的角色，哲学研究是驶向比科学更普遍的一般观念的航行。最后要说的是，科学本身应该是发展的，这是它的第一原则。①

四　知识体系是一种观念的资本

对教育中有关知识体系问题的研究一直都是我国教育学界的一个重点，其直接关系到教科书内容的选取与编排，直接影响了学生思辨理性的培养和发展。不同知识观对知识体系的关注程度往往有所不同，如客观主义知识观就比较注重学生知识体系与学科逻辑的培养，而建构主义与解构主义知识观则更加倾向于体系性较弱的非良构知识。在怀特海的知识论中，怀氏毫不吝啬地表达了其对知识体系的赞美和对其重要性的强调。

在《过程与实在》的开篇，怀特海就表达了它对"一致的、逻辑的、且必然的体系"的追求，并认为哲学建设的真正方法正是构建一个由诸观念构成的体系，然后在依据该体系来探求经验的解释，科学正需要被这样的一个体系所主宰。除此之外，在怀特海的其他著作中

---

① ［英］A. N. 怀特海：《过程与实在》，周邦宪译，北京联合出版公司2014年版，第15页。

也都可以发现他对知识体系重要性的强调,说怀特海的整个哲学就是对某种知识体系的探求也不为过。按照机体哲学的观点,万事万物不论是在空间上还是时间上都存在着摄入的关系,这种相互依存的关联势必导致知识与知识之间、知识体系与知识体系之间存在着一定的相关性,简言之便是,"所有的一般真理都是互为条件的"①。不过值得我们所注意的是,怀特海所谓的体系并不是某种类似于物理学科体系、数学学科体系等专门科学的体系,而是一种更为宏伟的知识体系——宇宙论,某一门专门科学的体系只不过是这一庞大体系中的一个种,它们之间存在着种属关系。② 脱离那个大的体系而单独、封闭地谈论某门学科知识的体系化并不应该被推崇;否则,即便我们建构出了一个犹如实体般独立的知识体系,也很可能由于它与其他知识体系以及某些更为一般的基本概念之间的关系的丧失造成其很难充分地解释它们的应用范围,进而产生了误用、错用或根本不会应用的现象。另外,对于宏大体系的强调并不意味着怀特海对那些专门科学的知识体系的忽视,在《教育的目的》中那些成体系的专业知识被怀特海认为是学生进步与腾飞的基础,③ 从中我们也不难看出他对传统学科知识体系的尊重。

知识体系的建构需要因果效验知觉,我们只有不断地对我们的过去进行摄入才能够将各种观点联系在一起,或许表象的直接性可以为我们提供知识体系的素材,但单就体系本身的建构而言,它离不开思辨。正如怀特海在《教育与科学理性的功能》中所提到的那样:"一个体系的产生是思辨理性的一种主要成就。它涉及远远超过直接观察的想象力。构造这个体系的概念范畴编织成群,通过演绎逻辑的建构力量容许派生性的扩充。编辑这些关于事物形式相互关系命题的整个范围,其中一些命题容许与经验直接比较。这样,作为一个整体的体

---

① [英] A. N. 怀特海:《过程与实在》,周邦宪译,北京联合出版公司2014年版,第15页。
② [英] A. N. 怀特海:《教育与科学理性的功能》,黄铭译,大象出版社2010年版,第166页。
③ Alfred North Whitehead, *The Aims of Education*, London: Ernest Benn, 1950, p. 1.

第四章 怀特海的知识观——怀特海知识论的核心观点阐释

系就与经验保持着联系。它与观察事实一致或不一致的程度因而能被探究……它们代表了观念的资本。"① 体系是重要的,理性的思辨使我们能够超越感官的壁垒,为我们带来无比珍贵的想象力,因为体系的存在使我们的日常经验得到了解释。但有些知识体系是纯粹抽象的,似乎这些体系并不能与观察到的事实产生任何联系,或者说它在方法论上几乎是无用的。但尽管如此,我们也不能忽略它可能拥有的极端重要性,因为体系不但用来解释经验,更是观念的资本。怀特海认为,如果我们缺少了体系的支撑,生活中千百次的观察都只不过是日常生活的某种惯例。正如每个人都知道苹果会掉下来,却只有牛顿发现了自由落体运动;每个人都知道水在100℃的时候会沸腾,也观察过水蒸气将壶盖顶起,但只有瓦特发明了蒸汽机;世界上无数的农民种水稻,他们辛苦耕耘,或凭借锄头,或凭借机械,开垦了无数的农田,但只有袁隆平发明了杂交水稻。或许我们拥有与他们同样的天赋与机会,但由于缺少了体系这一观念的资本,进而令我们缺少了某种兴趣以及它所带来的敏感性,致使苹果的下落、壶盖的起落最后仅仅变成了我们日常生活中再平常不过的一个常识,它们黯淡无光,甚至低微到无法成为我们饭后的谈资。也许正因如此,才使得专业人士往往具有比常人更加敏锐的洞察能力。怀特海认为,人类进步的秘密是"对于形态学抽象体系的思辨兴趣"②,我们绝不能过分纠结知识体系能否给予我们直接的利益,"体系的价值是无法衡量的"③。但体系也并非完美,诸如物理学体系、经济学体系、教育学体系等各学科的知识体系是有限的,它们能够阐明思想、指导观察甚至给予经验以解释,可它们仅仅能够在自己的领域发挥作用,难以逾越。数学以及怀特海所推崇的思辨哲学宇宙论则是一种对边界的挑战,虽然它们同样来自现实生活,但显然它们更加抽象,而这种抽象扩大了体系的

---

① [英]A. N. 怀特海:《教育与科学理性的功能》,黄铭译,大象出版社2010年版,第163页。

② [英]A. N. 怀特海:《教育与科学理性的功能》,黄铭译,大象出版社2010年版,第164页。

③ [英]A. N. 怀特海:《教育与科学理性的功能》,黄铭译,大象出版社2010年版,第165页。

适用范围。正如怀特海所说的那样，他所创设的宇宙论要"使我们经验的每一成分都能得到解释"，这些经验必然包括了各学科所研究的对象，它包括了物理的运动、谷物的生长、发动机的轰鸣抑或四季的更迭等，只不过与各学科知识体系不同的是，抽象的思辨将这些学科知识体系融合在了一起，各学科体系超越了其自身固有的界限。所以，怀特海认为："抽象的思辨是对世界的拯救——思辨制造了体系然后超越了体系，思辨冒险至抽象的最大限度。限制思辨是对未来的反叛。"①

与宇宙论的那种最大限度的抽象不同，一般学科的知识体系往往更贴近现实，更具为我们解释经验的公用。总的来说，抽象的思辨锻炼了我们的思辨能力，为各学科自身知识体系的编织提供了支持，并且统合了各学科知识体系中的那些宝贵营养；而学科知识体系一方面享受了思辨理性所带来的敏感性和想象力，另一方面正如量子力学打破了实体哲学的禁锢一样，那些专门学科的知识体系也通过对实际事实的论证为宇宙论的修改与发展提供了依据。

综上所述，世界是有机整体，知识具有有机性和整体性，这种知识的有机性和对世界的理解需要通过建构知识体系来实现，当然这种知识体系要有一致性、逻辑性和必然性。知识体系是一种观念资本，是我们走向专业化的关键。怀特海的机体哲学强调世界的有机性，强调对事物关联性的关注，他的知识观也同样是追求一种有机、整体的知识观，并且怀氏对宏大宇宙论与各学科知识体系的关系的论述实际上也正是其哲学以及知识论思想的一种体现。最后要说的是，由于有关知识体系的意义与价值的讨论内容丰富庞杂，很难在一节内表述得清楚，第五章还将结合教育问题做进一步的研究与探讨。

---

① ［英］A. N. 怀特海：《教育与科学理性的功能》，黄铭译，大象出版社 2010 年版，第 165 页。

第四章 怀特海的知识观——怀特海知识论的核心观点阐释

五 真的关系与真的三种类别

有关"真"的问题的探讨一直都是知识论的重要部分,对教育中"真"的问题的论争也是持续不断。传统的客观主义知识观坚持知识与真理的等同关系,对绝对的"真"可谓极端崇尚,以此为基础的教育容易倾向于对知识的记忆与掌握,轻视智慧及创造性的培养,弱化情感因素在教育中的重要价值。建构主义知识观以及解构主义知识观则对真理持一种消极态度,认为真理本身并不存在,知识应该是相对的,教育因此滑向相对主义,一方面提升了学生主观能动性的地位,倡导发现式学习、自主学习等;但另一方面对学生的基本知识与基本技能、学科知识体系与学科逻辑的培养则明显弱化。如今看来,不论是对绝对真理的痴迷还是对知识相对主义的推崇似乎都有不合理之处,都会对教育产生一些负面影响。怀特海的知识论对真也有着自己的独到见解,与上述知识观不同,怀氏的真是现象与实在的一种符合关系,且这一关系并不绝对,而是可以按照符合程度的不同分为三种不同类型的"真"。

(一) 现象与实在

怀特海在论述有关"真"的诸多观点时大量运用了"现象"与"实在"这对范畴;所以,同我们介绍因果效验时一样,在本部分开始之前有必要对这两个关键的概念进行简单的说明。

"'现象与实在'之间的区分是以每一个现实事态的自我形成过程为基础的。"[1] 通过第二章的介绍可知,我们可以通过将一个实际事态分割成若干摄入的合生来分析它,摄入则包含了摄入主体、主观形式以及被摄入的予料。在一个实际事态形成的初始阶段,其客观内容就

---

[1] [英] A. N. 怀特海:《观念的冒险》,周邦宪译,北京联合出版公司 2014 年版,第 230 页。

是那些存在于过去的且只属于那一刻的那些予料,这便是"实在"。作为现象的对立物,实在存在于过去,它是不朽的。在实际事态形成的中间阶段,主观形式开始主宰摄入主体对那个作为予料的实在的摄入方式。一方面,不同摄入之间的主观形式开始相互影响、融合;另一方面,主观形式还导致了对衍生自这一物质性摄入的概念性摄入的否定。也就是说,主观形式的出现使得我们对那些物质性摄入最后变成了混合着概念性摄入以及其他摄入的一种混合摄入,这种混合摄入导致了虽然那一原初的予料依然存在,但它已然被一定程度地遮掩了。[①] 这样,当这个实际事态达到满足,也就是它生成的最后阶段,当物质极与精神极融合之后,那一对实际事态的物质性摄入的客观内容已然要比原初时的那一作为予料的实在要复杂得多。隶属于同一物质性摄入的两个不同阶段的客观内容之间的区别就构成了那一事态的"现象"。对于人类来说,感官知觉便是现象的极致。也就是说,相较于实在,现象是单纯的精神极产物,因为它源于主观形式的影响。需要注意的是,现象与实在这对范畴仅在描述一些有关高级机体的观点时才会适用,对于较为低级的机体而言,由于精神极的影响十分微弱,因此现象也基本可以忽略。

(二) 真的关系

怀特海认为,"真"是一个重要的调节特性,它的作用是令现象可以通过它来向经验主体的当前决定证明自己是合理的,这里的决定意指我们决定对现象的认识,包括了对实在的认识,这一合理则是指这种我们认为自己对照双方中的一方转向另一方的这种转换的合理性。[②] 简言之,所谓真"便是现象符合实在"[③]。为了方便理解,我们可以把这种现象与实在的符合关系一般化。假设存在 A 与 B 且 A≠B,

---

① [英] A. N. 怀特海:《观念的冒险》,周邦宪译,北京联合出版公司 2014 年版,第 230 页。

② [英] A. N. 怀特海:《观念的冒险》,周邦宪译,北京联合出版公司 2014 年版,第 265—267 页。

③ [英] A. N. 怀特海:《观念的冒险》,周邦宪译,北京联合出版公司 2014 年版,第 265 页。

第四章 怀特海的知识观——怀特海知识论的核心观点阐释

A 和 B 虽然实质并不一样，可它们的组合性质中却包含了一个共同的因素 S，此时，我们便说 A 与 B 存在着一种真的关系。进一步讲，当我们对 A 进行考察时，得到了 S，进而我们便能凭借这种真的关系来揭示出 B 中有关 S 的诸种观点。当然，如果严格地对 A 和 B 进行比较，它们是不相符的，可如果我们能够对它们二者进行抽象，排除掉那些多余的部分，则这种真的关系就变得明晰起来。还有一种情况，当 A 与 B 之间存在 C 同样具有 S 性质，那么我们通过 A 与 C 之间、C 与 B 之间的真的关系来间接地推出 A 与 B 之间真的关系，进而通过对 A 的分析来揭示属于 B 的某些性质。这样，我们便可以看出，真其实是一种属性质，我们可以按照相符程度的大小抑或直接、间接的方式来将真分为若干类别。

简言之，真是一种关系的体现，它搭起了现象与实在之间的桥梁。结合我们在谈论知识的过程性的相关论述，知识与现象一样，虽然受到了物质极的影响，但从严格意义上说它还是精神极的产物，知识的客观性与真理性从本小节的视角可以体现为一种知识与客观事实之间存在着一种真的关系，虽然这种关系是完全符合还是部分符合、是直接的关系还是间接的关系我们很难确定，但完全忽视这种真的关系、完全去除知识存在的客观性与真理性显然并不可取。

（三）三种不同的真

怀特海把真分成了三种不同的类别，且这三种不同的类别与其知识论都有着密不可分的关系。

真的第一种类型被怀特海称为"率直的真"，是一种"清晰而分明的现象与实在的相符的联系"[①]，为解释这第一类的真我们还需从感情调子也就是主观形式说起。我们知道摄入主体通过主观形式来决定对予料的摄入方式，但反过来讲，一个被摄入的予料也对主体的主观形式产生了限制的作用。比如说，我们看到落叶便会泛起一股秋意，

---

① ［英］A. N. 怀特海：《观念的冒险》，周邦宪译，北京联合出版公司 2014 年版，第 276 页。

也许在这之中还存有或伤感或快乐或郁郁寡欢等其他情绪，但它们都会在秋意这层情感的基调下。也就是说对于人类而言，我们的感觉对象限制了我们的情感调子。但正如在第三章第一节所介绍的那样，我们通过感官知觉所呈现的现象并不来自我们对"实际实有"的知觉，而是来自我们对广延连续统的知觉；通过第三章第五节的介绍我们还能得出，那些被当作感觉对象所认识的杯子、椅子等联系其实是被表象位置。也就是说，存在两种不同的主观形式：一种是主宰我们对实在的知觉活动的主观形式，另一种则是主宰我们对被表象位置的知觉活动的主观形式。当我们把广延连续统当成由"实际实有"所组成的那一处于直接过去的世界时，感觉材料对感情调子的那种限制就"演变"为对被表象位置的限制，如果此时上述的两种主观形式存在共形，那么实在与现象之间便存在着真的关系。比如说，我们看见一个杯子，实际上看见的并不是被称为杯子的那一联系或"实际实有"，而是由永恒客体组成的广延连续统，比如说一团红色，假使这团红色作为能够限制主宰我们对这一被表象位置下的那一作为杯子的联系或"实际实有"的摄入（主要以因果效验知觉的形式体现）的主观形式，那么我们就能说此时的现象与实在是相符的。不难看出，怀特海对率直的真的强调实际上是在确保感官知觉的有效性，或者说是在证明广延连续统的实在性，这种证明所基于的就是主观形式的共形。怀特海之所以这样做是因为我们"要在纯粹的事实中求得自身主要的证明，其余的无论多重要，都是这一基础的附属之物。脱离了率直的真，我们的生命将颓然堕入提示和间接暗示的香味中"①，知识并不应该是一种对"幻象"的追求。

真的第二种类型是感官知觉与共时事态之间的那种关系。不同于第一种真，怀特海提出第二种真所要保证的是我们对身体之用是有效的。我们在介绍因果效验知觉时曾提到，其实我们的直接知觉对象是我们的身体，是我们对眼睛、耳朵、鼻子的一种"用"。以眼睛为例，

---

① ［英］A. N. 怀特海：《观念的冒险》，周邦宪译，北京联合出版公司2014年版，第275页。

第四章 怀特海的知识观——怀特海知识论的核心观点阐释

眼睛在视网膜上所呈现的像相对于在脑中呈现的那个像就是实在,虽然相距很短,可它确实存在于直接过去而非当前。与我们眼中所呈现的像对比,脑海中的像无疑受到了主观形式的影响,它是我们精神极的产物,是现象。怀特海认为,此时的现象与实在也存在着真的关系,对这种真的关系的证明源自因果感受的存在,源自因果效验知觉的存在。

真的第三种类型被怀特海称为"象征性的真",这种真的关系相较于前两种而言要模糊得多,而且这种真是一种体现着间接性的真。怀特海认为:"当存在着象征性的真时,现象与实在的关系便是这样的:对于某些类的感觉者来说,对现象的摄入导致了对实在的摄入,即是说两种摄入的主观形式是相符的。"① 怀特海在这里用了"导致"一词,这意味着当存在此类的真时,现象与实在并无直接的因果关系。但通过第三章的内容我们知道,不可能存在不以因果效验知觉为基础的直接表象知觉,换句话讲,不可能存在只对现象摄入而不对实在进行摄入的情况。但是有一种情况也许能够解释上述现象,即我们并没有直接摄入那一实在,而是摄入了一个命题,也就是一种命题性感受,然后通过这一命题性感受导致我们对充当这一命题的逻辑主语进行物质性感受。更准确地说,这一命题性感受就是想象性感受,由此我们得到了命题的谓词,进而产生了现象;而那一物质性感受则是物质性说明,由此我们聚焦到了实在。进一步说,我们对命题的感受的主观形式演变成了一种"意义",这种意义则完全主宰了那一物质性说明的主观形式,这种主观形式的共形似乎也可以被我们理解为一种意义的体现。因此,这一真的关系实际上使以包含在说明性感受中的联系和包含在想象感受中的命题二者之间的种属对比为予料的直觉判断成为可能,而直觉判断正是知识的一个重要组成部分。正是这种真赋予了语言以意义,赋予了声音以情感,也使知识的传播成为可能。

综上所述,本章首先通过分析怀特海对知识的独到理解,指出了

---

① [英] A. N. 怀特海:《观念的冒险》,周邦宪译,北京联合出版公司2014年版,第273页。

知识为何物，明确了知识的种类与性质，颠覆了传统以实体哲学为基础且对我国传统教育影响颇深的客观主义知识观，弥补了如今在我国基础教育课程改革中广为流传的建构主义知识观与解构主义知识观的理论缺陷；通过对"知识何以可能"这一问题的探讨，对归纳法进行了重新的界定；通过对科学、知识体系以及"真"的论述，进一步阐释了与知识密切相关的一些其他重要内容。本章内容是对怀特海知识观的诠释，是其知识论核心观点的体现。事实上，怀特海的知识论不论是在作为其基础的本体论和知觉论上，还是在作为其核心观点的知识观上都极具颠覆性。这种颠覆性使怀特海的知识论成为一种体现事件思维、崇尚心物一体与主客融合、宣扬知识的有机性与过程性的有机整体的知识论。面对如此极富洞见且极具建设性的知识理论体系，有必要将其与我国的基础教育课程改革相结合，为我国教育事业的健康发展提供一些助力。

六　怀特海知识论的局限

不得不说，怀特海极具颠覆性的知识论思想的确能够给我们带来很大的启发，他通过对实体的消解、对主客二元对立问题的批判等，力图重新建构一个以过程、事件为基点的新哲学本体论体系，并在此之上构建其知识论思想，这无疑是一种新的尝试。希尔对怀氏的知识观与认识论就有着这样的评价："对认识论的研究是最大胆、最具综合性的。……怀氏竭诚地致力于解决已经导致认识论的分裂的那些核心冲突问题，他力图通过重新思考认识论的范畴和把整个问题置于新的和扩大了的事业之中来做到这一点。"[①] 但是，虽然怀特海对知识论及认识论问题抱有恢宏的愿景，并且他也确实在其理论中竭诚地去解决若干困扰知识论已久的重大问题，但不得不承认的是，怀特海的知

---

① ［美］托马斯·E. 希尔：《现代知识论》，刘大椿译，中国人民大学出版社1989年版，第357页。

第四章 怀特海的知识观——怀特海知识论的核心观点阐释

识论也存在一些问题和局限。

美国学者巴姆批评怀特海说:"机体哲学极性不够,不够层次论,不够辩证法,因而不够有机性。从'感受'、'摄入'、'想象'的意义上说……这些术语都采自经验的心理方面,偏重于表达存在界的极限特征。"① 杨富斌教授认为,巴姆的批评不无道理,由于怀特海"只看重静态逻辑,而对自黑格尔以来直到马克思和恩格斯所继承发展的辩证逻辑不甚了解,这样,当他试图借助静态逻辑去重建动态的实在时,便遇到了不可克服的理论困难"②。的确,虽然怀特海与马克思基本是一个时代的伟大哲人,但很明显怀氏并没有对马克思和恩格斯通过引进科学的实践观而引发的革命性变革产生足够的关注,对德国古典哲人黑格尔的关注也不够充分。怀氏的这种不足致使其在解释一些有关唯物论的问题时明显有些力不从心。比如,我们从怀特海的知识论中就不难发现,怀特海先是否认了一切以实体为核心的思想体系,进而否定了一切基于实体的知识观与认识论,但同时怀特海运用了唯物论中"客观实在"的概念来阐述自己的思想,这无疑体现了怀氏知识论中的矛盾性。

怀特海知识论的另一个问题在于,作为其理论来源的机体哲学与自然哲学之间存在着若即若离的关系。我们在第一章就已经明确,怀特海自然哲学时期的《自然知识原理探究》一书是怀氏少有的对知识有着详细论述的著作,在概念、原理和思想上,后期的《过程与实在》《观念的冒险》等著作可以说是对其的延续。但是,在二者探讨的议题与功能方面,怀氏早期的自然哲学与晚期的机体哲学有着明显的不同,这种差异导致在我们从怀特海不同时期的哲学思想中对其知识论进行梳理时难免会产生一些问题。虽然在本书中笔者并没有去对这种矛盾进行深究,但从严格意义上讲,它确实能够反映出怀特海在知识论问题的研究上缺乏一定的系统性与融贯性,这对我们正确地梳理、解读其知识论思想造成了一定的障碍。

---

① [美]阿尔奇·J. 巴姆:《机体哲学和世界哲学》,四川人民出版社1998年版,第342页。
② 杨富斌:《怀特海过程哲学思想述评》,《国外社会科学》2003年第4期。

第五章

怀特海知识论对我国基础教育课程改革的理论价值

传统的客观主义或称表征主义知识观秉承这样的一个基本观点：知识是客观的、独立于主体之外的，其本身不过就是人心对独立实体的准确表征或是一堆表征的简单集合，并且它能够准确地反映出事物的本质属性或事物与事物之间的本质联系。这种基于实体哲学与牛顿经典力学的知识观随着牛顿物理学在实践运用中取得的巨大成功，以及工业现代化所引发的生活水平的飞速提高开始为人们所大肆推崇。特别是在教育现代化的进程中，这种知识观使得教育变得越发简单且高效，教师唯一要做的似乎只是通过各种不同的手段来使学生能够掌握尽可能多的知识，而学生也好像仅仅只需机械的记忆与反复的训练而已。但随着时代的不断发展和社会新需求、新矛盾的不断产生，一些学者开始对被这种知识观所笼罩的教育展开了反思与批判，"教育的工厂化转变"被认为是传统知识观所引发的一大教育困境。概括起来，所谓教育的工厂化转变就是"教育过程类似于大工业生产，把受教育者纳入学校教育的生产过程，用统一的教育技术、统一的课程、统一的教育工艺流程，把活生生的人制造成标准化的商品……学生被当作要加工的零件，受教育的控制、操纵和灌输，学生在教育的流水线中被程式化和机器化，学生的大脑成了可以存储知识的机器，人之为人的创造性受到压抑"①。这种客观主义的知识观在注重学科知识体

---

① 王澍：《基础教育改革 30 年：知识转型与立场更迭》，《东北师大学报》（哲学社会科学版）2008 年第 5 期。

第五章　怀特海知识论对我国基础教育课程改革的理论价值

系深度挖掘的同时却割裂了知识与生活的关联；注重对客观知识精准掌握的同时却否定了学生主观意志对知识的确实影响；注重动力因驱使下的"传授—接受"式教学的同时却无视了目的因影响下学生的主观能动性；注重确定概念、原理习得的同时却忽略了在讨论与对话中对学生想象力与创造性起到关键作用的冒险精神。为此，主导我国自2001年开始的基础教育课程改革的建构主义与解构主义知识观提出了针锋相对的观点，即认为知识是主观的，其本身源自主体与客体之间的双向建构或人与人之间的交流与沟通，客观的知识与真理并不应是关注的重点甚至去除知识的客观性、普遍性与中立性，提倡主观性、情境性与价值性。随着教育改革的不断推进，自主、个性、对话、探究式学习替代了以往的被动、统一、单向、接受式学习，学生的主观能动性得到了极大的发挥，知识的客观真理性以及那种绝对的普遍性被当成一个可笑的谬误，系统的知识体系开始为人们所淡化，更加贴近生活的知识得到了关注。然而，虽然建构主义与解构主义知识观为我国的基础教育课程改革带来了不少新颖且独到的观念，且其对扭转教育的工厂化倾向起到了不小的作用，推动了教育的发展；但我们同样不能否认，在建构主义与解构主义知识观的影响下，我国的基础教育课程改革也产生了一些新的问题。有学者指出，对教育传统的一再漠视是我国教育问题的一大症结；[①] 建构主义与解构主义知识观的大行其道使教育产生了"四个虚假"，即把自主学习等同于学生自己学习的"虚假的自主"；对待任何疑问，无论难易及价值都采取小组讨论，并且其中优秀同学的观点代替了小组其他同学的想法，即一种"虚假的合作"；在对待学习方式上把探究泛化、神化，不但导致了探究的浅层化和庸俗化，而且使学生丧失了好奇心和探究欲望，也就是实行一种"虚假的探究"；对于情感、态度、价值观的教育脱离了教学内容与教学情境，孤立、生硬、贴标签的现象时有发生，体现着一种"虚假的渗透"[②]。可以说，新一轮基础教育课程改革所提出的种

[①] 杨兆山、张海波：《21世纪中国教育的问题与出路》，《社会观察》2006年第1期。
[②] 邢红军：《中国基础教育课程改革：方向迷失的危险之旅》，《教育科学研究》2011年第4期。

种开创性观点并非没有问题，在改革推进中也的的确确产生了一些困境，比如说改革过程中教学目标的虚化、教学内容的泛化、教师使命的缺失①以及由于对知识客观性的消解而导致的"教学也只能流于形式"②等现象着实令教育从业者感到焦虑万分。

面对客观主义知识观所存在的弊病，"新课改"所采取的方式是通过建构主义、解构主义知识观来对知识进行"概念重建"，彻底否定了知识的客观真理性与普遍性，彻底否定了以往的教学方式与教学成果。这种做法虽然对弥补传统教育的一些漏洞起到了积极的作用，也的确取得了一些可喜的成果，但教育对知识概念的彻底颠覆与重建也"必然产生破坏性结果"③。

相较于基于实体哲学的客观主义知识观以及颇具解构主义意味的建构主义知识观之间的那种针锋相对、非此即彼的关系，怀特海的知识观更为和谐、包容。对于前两种知识观所存在的问题，怀氏所提出的那种有机整体的知识观并非选择了概念的彻底重建，而是更加倾向于融合与超越两者观点的"概念发展"。依照怀特海的知识观，我国的基础教育课程改革就知识的理解问题上不应以"转轨""另起炉灶"等极端方式对过去进行彻底的否定与重建，而是应该走一条平衡、包容的发展道路。

知识观必然影响课程观，什么知识最有价值，知识对谁最有价值，什么知识应该进入中小学课程，以何种方式、依据什么进入基础教育的课程。怀特海的知识观对此提供了必要的理论前提。

一　丰富对知识有机整体性的认识

其实，大多数的知识观会强调知识的有机整体性，直接说某种知

---

① 余文森：《新课程教学改革的成绩与问题反思》，《课程·教材·教法》2005年第5期。
② 彭红卫、蒋京川：《对建构主义学习理论及其教育意义的反思》，《教育探索》2004年第5期。
③ 刘硕：《"重建知识概念"辨》，《教育学报》2006年第1期。

第五章　怀特海知识论对我国基础教育课程改革的理论价值

识观忽视或否定知识的有机性是不合理也不客观的。但是，虽然大多数知识观存在对知识有机性的强调，却并不全面。比如说，一些学者在批判客观主义知识观时曾指出，"课程内容按学科门类划分为多个孤立的和缺乏横向联系的科目，内容的安排注重学科内部知识的逻辑性和线性积累性"①，可见，客观主义知识观并不注重各学科知识体系的横向关联，但对单一学科知识体系中知识与知识之间的逻辑关联性则十分关切。反观建构主义知识观以及解构主义知识观所提倡的是对非良构知识的建构，主张知识的情境性，注重知识与生活的密切关联，学科知识体系中知识与知识之间的逻辑关系则并未得到重视。"新课改"对知识纵向有机性的弱化在我们基础教育课程改革当中引发了不小的影响，有的一线教师在谈及新教材的推行时就提到，新教材的编排"弱化了学科知识体系的完整，注重关注生活、关注实践，注重学习的现实意义"②。那么，这种弱化是否合理呢？北京大学数学科学学院教授、中国科学院院士姜伯驹先生指出："'新课标'全面否定了我国中等教育的优良传统，大大淡化了数学中的推理证明，代之以'贴近学生熟悉的现实生活，使生活和数学融为一体'。甚至连'平面几何'这个词都不见了，只许说'空间与图形'；三角形内角和等于180度这样的基本定理也不要求讲证明，有的教材就代之以所谓说理，让学生用剪刀将三个角进行拼接实验。"③于是乎，我们的基础教育课程改革虽然关注了知识与生活之间的关系，注重各学科知识在情境中的应用与整合，但这种只顾知识与知识之间横向关联性的追求而忽视纵向关联性的探究行为显然也存在着不小的弊病。综上所述，客观主义知识观对学科知识体系内的关联性的注重实则体现了一种学科内知识的有机性，而建构主义、解构主义知识观则体现了一种对知识横向的有机性的强调，两者通过对不同维度的知识关联性的强

---

① 袁维新：《从授受到建构——论知识观的转变与科学教学范式的重建》，《全球教育展望》2005年第2期。
② 张瑜：《浅谈新课标下高中化学教学中的问题与解决策略》，《中小企业管理与科技（上旬刊）》2015年第5期。
③ 蔡闯、周迅、姜伯驹：《新课标让数学课失去了什么》，《光明日报》2005年3月16日第5版。

调构建了自己的"有机知识体系"。然而，遗憾的是，不论是客观主义知识观还是建构主义、解构主义知识观都只形成了一种单方面的有机，窄化了知识有机性的内涵。

相对于客观主义知识观与建构主义、解构主义知识观，怀特海的知识论进一步丰富了知识有机整体性的意义。正如我们在第四章所论述的那样，知识的有机性需要以世界的有机整体性为基础，不但需要关注学科内各种知识之间的逻辑关联，还要关注各学科知识体系之间的关联性以及知识与实在事物之间的关联性等，简言之，就是对与知识有关的一切关联性的强调，就像怀特海所言的那样，对关联性的探寻是知识的唯一主题。

明确自然的有机整体性是理解知识有机性的基础。正如马克思在《德意志意识形态》中所言："人创造环境，同样，环境也创造人。"人与自然之间的关系密不可分，探索由人的意识所决定的知识的有机整体性必须要先明确自然的有机整体性；进一步地讲，我们首先需要明确实在自然或我们生活中的各种事物并不是孤立无援的而是有机共生的。知识是意识对所经验客体的一种分辨，那一客体或予料其实就是我们所置身的广袤自然的一部分。如果这一予料被我们当成一个具有孤绝性的实体，那么学生与其之间的相互作用也就是一种点对点的影响。假使如此，那么学生一方面由于容易仅仅停留在源自表象直接性所展示出来的那些知识，从而限制了他们对事物实在本质的理解；另一方面，源自实体所具有的那种孤绝性也很容易阻碍学生通过对事物之间关系的探寻进而不断扩大自己知识网络。我们常说学习知识需要"举一反三"，可在实体的世界，这种想法似乎很难实现。知识事实上是出于对事物之间关联性的体会，我们谈论知识应该是有机的、相互影响的是以明确自然具有有机性为基础的。宇宙本就是一个强大的事件场，而非由实体构成的孤绝世界。需要注意的是，通过第二章的讨论，怀特海相较于空间上所存在的关联性更加注重时间上的关联性，因为严格意义上讲，共时的诸事件之间并不存在相互摄入的关系，一旦发生摄入就必然存在时间差。自然是一个过程，它存在对过去的继承和对将来的展望。这种对时间上关系的强调凸显于怀特海对

第五章　怀特海知识论对我国基础教育课程改革的理论价值

群集以及秩序的强调。按照怀特海的观点，如果一个联系不存在群集秩序，那么它就是混沌。这样，我们对自然的考察除了要考察其作为某种联系与其他联系的关系外，还要分辨存在于自然之中的那些事件的经验之流，这也正是怀特海十分注重知识体系的原因。

　　明确知识与知识之间的"横纵双向"关联是掌握知识有机性的关键。在前文中我们指出，有机的宇宙观自然导致了有机的知识观，知识与知识之间必然存在着相互影响。知识与知识之间的这种关联可以从空间（横向）与时间（纵向）两个不同的视角来审视。从空间上看，教育需要注重不同学科知识之间的关联性，这种注重主要体现在两个方面：一是让知识回归生活、回归情境，这也是建构主义知识观以及解构主义知识观所强调的。因为知识来源于自然、来源于生活，那么如果我们直接从生活情境中获取知识，则这些知识本身也就必然是有机整体的，学科与学科之间的隔阂在这一刻便被消除了。但是，怀特海虽然认为"相互关联的知识要从整体上加以利用"[①]，比如说知识从情境的实践中来再应用到情境的实践中去，可怀特海也认为"理论和实践不应该混为一谈，儿童在证明和利用某个知识的时候，应该毫不怀疑地知道什么时候是在证明，什么时候是在利用"[②]。也就是说，怀特海并不支持情境对知识意义的无限放大。二是让知识得以最大程度地抽象，这一点我们在第四章有所介绍。当我们对知识进行最大程度地抽象时，便可以跨越学科体系的壁垒，以达到一个更为普遍且一般的观念。由于学生在基础教育时期抽象思辨的能力较弱，因此我们的基础教育大多以第一种关注方式为主来帮助学生建立不同学科之间知识的桥梁。但需要注意的是，诸如数学、物理学等学科也涉及一些对学生抽象思维能力的锻炼，这种锻炼本身就有助于帮助学生找到不同学科知识之间的关联，这一点是万不能忽视的，不能把情境学习当作促进知识融合的唯一途径。从时间上看，教育需要注重各学

---

① ［英］A. N. 怀特海：《教育的目的》，庄莲平等译，文汇出版社2012年版，第7页。
② ［英］A. N. 怀特海：《教育的目的》，庄莲平等译，文汇出版社2012年版，第7页。

科的知识体系。因为有关学科知识体系、学科逻辑、学生逻辑的问题目前学界议论较多，所以我们将在本章的第三部分对这一问题进行详细的论述。总的来说，我们的基础教育课程改革要注重知识的有机整体性，意味着教育既需要使学生能够将不同学科的知识进行整合并应用于生活，同时也要尊重各学科的知识体系与学科逻辑，忽视它们二者中的任一方都是不可取的。

明确知识的客观真理性是深入认识知识有机性的必要步骤。既然我们需要通过探索围绕知识的一切关联性来理解、认识知识的有机性，那么明确知识与事物之间的那层真的关系，肯定知识具有一定的客观真理性就是一项必要的举措。之所以如是说是因为，如果没有了这层真的关系，那么知识就可以不必然反映我们的自然，就算我们承认自然本身是有机共生的，但知识与知识之间也可以彼此孤立。应该说，否认知识的客观真理性的倾向是极其有害的。例如，假设知识正如解构主义者所认为的那样毫无客观性可言，那么我们对知识的评价也就只能以它的"生存力"与"适用性"为标准，或者通过沟通与对话的方式来得出一种民主性知识。然而，有些时候正是某些知识不适用于现今的生活方式才致使我们的科技得以进步，如果仅仅凭借某个知识是适用的或它是众人沟通的结果便得以满足，那么我们的文明也将裹足不前。生物进化所依靠的是极具偶然性的基因突变，它是相对于一个物种的种群来说的，而非对隶属于某一种群的个体的"生存力"或适应能力的强调。在前面对有关"一千个人心中就有一千个哈姆雷特"这一经典论断的分析可知，就算不同的人对同一事物有着不同的看法和见解，甚至说有着不同的知识，但这并不否认他们心中的那个人就是哈姆雷特这一事实。在怀特海的知识论当中，他对知识的客观性及其与真理的关系一向抱有肯定的态度，我们前面对此也进行了反复的论证。虽然，怀特海并不赞同客观主义知识观那样把知识仅仅看作对外界的表征，但怀特海依然坚定地认为知识的的确确反映了我们所经验的自然。因此，教育需要关注知识的客观真理性，而不是把知识推向一个毫无基石的空中楼阁。

明确知识的主观性是领悟知识有机性的重要条件。明确知识的主观性其实就是在强调知识与人的关系。正如我们绝不能切断知识与事物之间的那层真的关系一样，我们也不能如客观主义知识观那样割裂知识与人的关系，将知识看作完全独立于人而存在的实体。知识是意识对所经验客体的分辨，知识是存在于其意识当中的，仅凭这一点就足以证明知识必然受到学生主观意志的影响。但知识同样具备一定的客观真理性，所以也就如知识的性质（2）所表述的，任何知识都是主观性与客观性并存。同时，知识的客观性往往体现着一种对动力因的强调，而知识的主观性则体现着一种对终极因的探求，前者是传统知识观所持有的观点，后者则是建构主义与解构性后现代主义知识观所持有的观点，而怀特海的观点则要通过"实际实有"将这两种不同的思想进行融合。因此，依照怀特海的知识论，教育一方面要对知识的主观性与客观性予以包容，另一方面也要达成动力因与终极因的平衡，这两点也就是本章第二、第三部分所要论述的重点。

二 超越知识主观性与客观性"非此即彼"的困境

在开始本部分的讨论之前，有必要对建构主义知识观有关知识客观性的问题予以说明。有些学者在面对人们对建构主义知识观缺少对知识客观性的关注的质疑时，认为这并不符合实际。这些学者基于皮亚杰的理论并指出，虽然建构主义强调知识是主观建构的，但皮亚杰并没有因为对知识"建构性契机"的提倡而忽视"反应性契机"，建构主义知识观实际上认为"知识兼具主观性与客观性"[1]。对此，笔者并不认同，因为尽管皮亚杰强调知识是通过主体与客体之间的双向建构而产生的，并通过对知识的"同化"的论述来传达知识的客观性一面；然而他依然认为实体可独立存在，依然认可我们虽然能够接近但永远碰触不到实体。以此为前提，皮亚杰所讲的客观性就并不能够

---

[1] 钟启泉：《概念重建与我国课程创新——与〈认真对待"轻视知识"的教育思潮〉作者商榷》，《北京大学教育评论》2005年第1期。

真实地反映实体的本质属性或实体与实体间的本质联系。原因很简单，那就是我们根本无法触碰实体。另外，在本书第一章已有说明，建构主义知识观之所以能够中和知识的主观性与客观性是因为皮亚杰认为主体与客体在认识活动中是"不分离"的共同体，而这种不分离的状态在实体哲学中实则是缺乏理论根基的。所以，就算我们可以称建构主义所推崇的客观性为一种客观性，但那种客观性也是一种排除了真理性和普遍性的客观性，是一种只能在概念上对客体进行意义建构的极具主观色彩的客观性。同时，冯·格拉赛斯费尔德将皮亚杰的观点进一步推向主观主义，使得建构主义知识观开始具有一些解构性后现代主义知识观的意味。

对于我国的基础教育课程改革来说，知识到底是主观的还是客观的是一个十分关键且重要的问题，有关这个问题的回答直接影响了教育目标、教学方法、教学评价等多方面教育实践活动的发展。就目前的情况来看，新一轮基础教育课程改革的总趋势是实现从知识的客观性向主观性转换。有些学者尖锐地指出："现代知识所宣称的客观性是不可能实现的，客观性假设所需要的那些条件是不成立的。"[①] 因此，我们的教育改革应该将目光投向知识的主观性与文化性。但是，当我们的教育改革认识到教育应该提高对知识主观性的注重、舍弃知识的客观性而奔向主观性之后，一些新的问题又冒了出来，并且在实际的教学活动中，那种对知识客观性的依赖似乎拥有着顽强的生命力，任我们如何舍弃也舍弃不掉。

如今，很多学者都意识到不论是把知识当成绝对客观的还是把知识完全主观化都很片面，教育改革只有兼顾知识的主观性与客观性才能良性发展。但问题是这种兼顾首先在理论层面就十分困难，而这就致使在教学实践过程中很难在真正意义上实现对二者的兼顾。确切地讲，知识的主观性和客观性问题不是教育领域的问题，而是哲学中的问题，只能依靠哲学来解决。旨在调和守恒与变化、事实与价值、理智与情感、逻辑与直觉的怀特海哲学，他的知识论论证了知识既有主

[①] 石中英：《知识性质的转变与教育改革》，《清华大学教育研究》2001年第2期。

第五章　怀特海知识论对我国基础教育课程改革的理论价值

观性也有其客观性的一面,我们将通过对怀特海知识观的进一步阐释,来为我国基础教育课程改革探索出一条能够包容知识主观性与客观性的新道路,并进一步论证教育应该避免陷入知识主观性与客观性非此即彼的两难境地这一重要观点。

主观性与客观性的对立在实体哲学中是一个历史悠久的问题,在笛卡尔提出心灵与物质、主体与客体的二元对立后这一矛盾被进一步凸显出来。事实上,化解这一矛盾的第一步就是跳出实体哲学的禁锢,否则主客对立就根本不存在统一的可能,这一点也是建构主义知识观所未能做到的。因此,要令教育能够包容知识的主观性与客观性,就需要先通过机体哲学来厘清这两种截然对立的性质。回顾本书第四章,机体哲学中的"主体"与"客体"这对范畴实则是在代表"主体—超体"和"予料"这对范畴,并且结合第二章的内容可知,"主体—超体"所指的就是存在于当前的那个"实际实有",而予料则是在指那个发生在过去的"实际实有"。主体与客体的关系则是作为予料的"实际实有"已经被作为主体的那个"实际实有"客观化了,也就是说主体已经完成了对客体的摄入,或言客体已在主体之中。这里我们说客体在主体之中不是指那种绝对意义上空间的包含,而是指一种影响已然发生,这种影响使该"实际实有"是其所是。在这一过程中,知识的作用就是对予料进行分辨,从而使主观形式能够将那一予料当作它之所是来进行摄入。知识的客观性体现的就是知识对予料之所是的承认,而知识的主观性体现的则是对予料之所是与之所不是的共同排除。这一点其实我们在第二章介绍理智感受时也有所论述:一个命题性感受必然存在对客观化了的事实的否定,理智感受的予料是一种"肯定—否定对比"。而理智感受使意识得以产生,知识又存在于意识当中,所以知识必然存在着对事实的否定,但与此同时也存在着对事实的肯定,前者体现着知识的主观性,而后者则体现着知识的客观性。这里需要强调的是,本部分所讨论的主观性的前提是知识,如果这一观念本身不是知识则致使它产生的那种主观作用并不在我们的讨论范围之内。举例来说,因为"我"拥有有关杯子的知识,所以"我"会把杯子当作杯子来摄入,这便是知识客观性的体现，知识的主观性则体现为"我"没有把这个杯子当作水壶来摄入，或者说"我"没有按照摄入水壶的方式来摄入这个杯子。再比如说，"我"拥有有关杯子的知识使得"我"把一个玻璃杯当作杯子来摄入，但知识的主观性使得"我"排除了玻璃。第一个例子中的主观性是对予料之所不是的排除的体现，而第二个例子中则是对予料之所是的排除的体现。主观性的第一种排除对我们的生活来说无疑是有着正向作用的，而知识主观性的第二种排除就知识本身来说则有着负面的作用，它导致了知识与真理之间的关系永远成为一种"种属关系"。进一步讲，在怀特海的知识论中，主观性真正意味的是一种不全面性或者说是一种片面性，这种片面性使得我们只能洞悉真理的一部分，但如果我们换个角度来看的话，这种片面性也为人类提供了进步与发展的可能。正如怀特海在《观念的冒险》中所言："显然存在着失败，以及仅仅不完全的调整。但我们必须要问一下，自然内部是否包括一种走向和谐的趋势，一种趋向完美的爱欲（Eros）。要讨论这个问题，就非得越过关于真的关系的狭隘范围不可了。"[①] 怀氏越过真实关系所要达到的就是"美"这一比"真"更为宽泛、更为基础的概念。简单说来，客观主义知识观秉承的态度是"见山是山"，抛去一切主观的可能；建构主义知识观以及解构性后现代主义知识观则秉承了一种"见山不是山"的态度，即弱化、剔除知识的客观性与真理性；机体哲学则是在推崇一种"见山还是山"的态度，即虽然我们知道那座山并非真的完全如我们所见，可我们并不因此而否定它就是那座山。因此，本书所提倡的教育需要包容知识的主观性与客观性其实就是在说教育在肯定知识的客观性的同时，也要接纳它的不确定性与可能性，并且在这一过程中怀揣着一种面对真理的谦卑态度。

　　教育曾经在面对知识的主观性与客观性时有些尴尬，主要原因在于知识必须在物质与精神二者之间选择，但在机体哲学中精神极与物质极是统一于"实际实有"的，因此，知识的主观性与客观性的体现

---

① [英] A. N. 怀特海：《观念的冒险》，周邦宪译，北京联合出版公司2014年版，第277页。

第五章 怀特海知识论对我国基础教育课程改革的理论价值

不过是主观形式对不同予料的作用的两种描述而已,一种体现着真的关系,另一种则没有体现。或者说,知识的主观性与客观性无非就是通过不同的视角对同一事物性质的强调。就好比镜子能够反射光线成像,因此镜子具有反光性,但同时在太阳的照射下镜子会变热,这说明镜子吸收了红外线,红外线也是光的一种,所以镜子也具有能够吸收红外线的性质。我们不能说因为镜子吸收了红外线所以镜子就不能反光,当然也不能说镜子由于能够反射成像所以它反射光线的性质就是绝对的。可见,对知识客观性的强调绝不意味着把知识当成像查尔斯·泰勒(Charles Taylor)批判表征主义知识观那样"将知识视为对独立实体的准确表征",或是像罗蒂(Richard Rorty)所反对的那样"把知识看成一堆表征的集合之结果",而是对知识与事物、知识与真理之间那层真的关系的承认,是对知识对分辨客体的能力的肯定;同样,对知识主观性的关注并不是说教育要信奉相对真理观,而是说教育要去除知识万能论与独断论,明确知识的不可穷尽性,要对学生的可能性与创造性加以保护。教育如果硬要让知识选边站队就十分容易发生一些理论上的矛盾和实践中的困境。比如说,如今的教育学界十分关注对话教学,有学者认为对话教学就是"以问题为起点,以问题表征和问题探讨为指向,由此达到学生知识建构的目标"[1],它所提倡的既不以教师为中心也不以学生为中心,而是以话题为中心,按照话题的逻辑进行的一种平和、去除话语霸权的教学方式。但问题是,知识的建构意味着知识只具备主观性不具备客观性,但如果果真如此,那么在对话过程中话语霸权就很可能存在,就算不是教师也可能是某些优秀的学生。之所以这样说是因为,假如知识没有客观性就意味着不存在一个客观的标准,那么对个人而言话题逻辑就不具备任何约束力,也就不必遵守,除非这一话题的逻辑恰好同时与教师和学生的逻辑相适应,否则对话的进行就很可能依赖学生或教师的主观逻辑的主导。同时,对话的目的是要达成学生知识的建构,然而知识本身不能

---

[1] 黄伟:《课堂对话的运作机理——基于话语分析的视角》,《教育研究》2014年第7期。

被传播只能被建构,这使得在理论上教师根本无法了解学生对知识的掌握情况,也就是说我们很难对对话的结果进行任何有效的评价。当然,我们并不能否定对话教学的意义与价值。通过对怀特海知识论的梳理,不难发现,对话教学是教育包容知识主观性与客观性的一个很好的方法。在客观性上,对话教学需要一个客观的事件或话题,对话则围绕这一事件的逻辑进行开展,在对话进行中,教师的实际作用更像是一个组织者,而真正的引领者则是知识,更确切地说是知识的客观真理性。正如苏格拉底所言:"不要听从我,阿伽松,要听从真理。"在主观性方面,对话教学的意义一方面在于拓宽学生的知识网络,通过多个人对同一客观事件的分析与讨论,进而使学生能够从不同的视角来看待同一个问题,以此降低知识主观性所存在的干扰,或是通过对话来对问题进行拓展,对事物与事物、知识与知识之间的相关性进行进一步的探索;另一方面,在对话教学过程中还会产生一些极具主观色彩的形式未定的判断,这些虽然不是知识,却为知识的持续生成提供了广阔的空间与可能性。

三 平衡知识习得过程中的动力因与目的因

我们在第四章曾表明,怀特海的知识观不但需要关注受动力因所主导的规律与因果,还要关注受目的因(或称终极因)所影响的主观目的与情感欲望。长久以来,教育究竟该偏向对知识动力因的把握还是偏向对知识目的因的注重的争论一直不休。可喜的是,不论选择哪一方我们的教育都生成了一套相应的教育目标和教学模式,并取得了些许成效;可悲的是,不论选择哪一方,都为我们的教育带来了一些明显的弊病,引发了诸多亟待解决的教育问题。譬如,在课程与教学理论中只关注本质和规律,鲜有研究教师、学生的目的因,这也是一直以来人们批判教育学是"无人"的教育学的原因。而为了避免这种"无人"的教育,我们的基础教育改革便开始将知识的目的因纳入研究范围,甚至为了避免动力因对人的"干扰"而将其弃于不顾。

第五章　怀特海知识论对我国基础教育课程改革的理论价值

早在十年前，王策三教授就坦言："切实提高教学质量，抓紧、抓好科学知识教育，这应该是'基本'中的基本。"① 现在看来，虽然教育是应该偏重对知识动力因的研究还是偏重对知识目的因的关注尚无定论，但如何令学生能够更有效能地获取知识一直都是我国基础教育课程改革所致力达成的重要目标之一。目前，最具代表性的有关如何提高学生获取知识效能的观点有两种。按照客观主义知识观，知识作为被认识的客体，提高学生获取知识的效能的最有效方法就是提高"传授—接受"式教学的效率，当我们将这种模式发挥到极致时，填鸭式教学、死记硬背等现象就难免会出现。传授—接受、教师教—学生学、原因—结果，这不正是教育对知识动力因的一种执着的体现吗？反观建构主义知识观，其认为"人的学习是一种情境认知"②，知识来源于主观的建构，如何为学生提供一个有助于其更好地进行知识建构的情境才是教育的当务之急。假使我们把这种观点也发挥到极致，便有了一种解构主义知识观的味道，就是凡知识都必须要从情境中获取，学生的主观意志得到最大限度的发挥，完全摒弃"传授—接受"式的教学方法。从中我们也不难察觉出，建构主义与解构主义的这种观点正是对知识终极因追求的体现。有关对第一种观点的批判学界已经进行了将近二十年，它所包含的那种机械的、工厂化的教育观念已然被我们今天的教育理念摒弃。相较于第一种观点，建构主义与解构主义知识观所提倡的"情境式教学""对话教学""探究式教学"等教学方式越来越被如今的中小学校所推崇。但问题是，尽管这种推崇也进行了将近二十年，可在实际的教学活动中那种站在它对立面的"传授—接受"式教学依然存在，甚至从某种意义上说，这种"传统"且"落后"的教学方式还依然是一种主流的教学方式，这其中所体现的问题很值得我们反思。

机体哲学既关注动力因也关注终极因，这种双向关注正如对知识的主观性与客观性的包容一样，是在实体哲学二元对立的前提下完全

---

① 王策三：《迫切的要求和长期任务：提高教育质量》，《江西教育科研》1999 年第 3 期。

② 钟启泉：《对话与文本：教学规范的转型》，《教育研究》2001 年第 3 期。

不可能的。在大多数情况里,我们对动力因与终极因这对范畴采取的是一种互不联系、平行发展的观点,即一个个体从外部看是凭借着动力因与其他个体相互作用,从内部看却是由于目的因或终极因的存在。① 然而,这种观点其实也很难站得住脚,因为按照此观点我们很难解释高级形式的经验进化的原因,并且量子力学也证明了因果律所带来的确定性并非适用于全部物理现象。在机体哲学中,作为瞬间事态的"实际实有"代替了持续不分化的实体。以此为前提,动力因的体现就源自任何一个"实际实有"都来自对存在于过去的"实际实有"的摄入,也就是说当前的个体源自过去的世界。必须强调的是,主观形式的那种矢量特性也受因果感受所带来的动力因的支配。终极因的瞬间则产生于主体对这些因果影响所做出的自觉反应,当这一终极因的瞬间结束,即一个"实际实有"消亡之后,它则变成了未来活动的动力因。② 概言之,终极因的产生依赖于动力因,并且终极因的消亡又将成为未来的动力因,也就是说动力因和终极因之间存在着密切的关系。当然,对于那些精神极较为低级的机体来说,终极因的影响在大多数的情况下可以被忽略,但假如这一机体的物质极同样并不复杂(比如说量子),终极因的作用或许也能体现出来。不过无论如何,对于人类来讲,终极因的作用是必须被我们重视的。

在学生习得知识的过程里主导知识那一"因"实际上存在着一个由动力因到终极因再到动力因的变化过程,这是一个连贯的过程且该过程的各个阶段存在着密切的关系。教师向学生传递知识,这就是一种动力因的体现,但学生聆听教师讲授的过程不单单是一个简单的接受过程,也存在终极因所引发的主观判断。虽然这一过程包含了感官接受的部分,但正如怀特海所言:"更原始类型的经验与感官接受有关……在感官接受中,感觉材料是明确的情感:它们是在事态间传播的情感形式。最后,在某一具有充分复杂性的事态中,嬗变范畴赋予

---

① [美]大卫·雷·格里芬:《后现代科学——科学魅力的再现》,马季方译,中央编译出版社2004年版,第33页。
② [美]大卫·雷·格里芬:《后现代科学——科学魅力的再现》,马季方译,中央编译出版社2004年版,第34页。

它们描绘联系特性的新功能。"① 也就是说，知识确实能够在动力因的影响下通过教师传递给学生，这一点毋庸置疑，但这并不意味着在这一过程中学生是没有情感的，学生的接受过程是不存在终极因作用的；反过来讲，学生在知识的习得过程中的确受到了终极因的影响，但这也并不意味着，知识就不能通过教师来传递到学生的思想中去。言而总之，教育要达成动力因与终极因的平衡，我们既要在知识的传授中考虑到学生情感所带来的主观作用，也要在和谐情境下的沟通与对话中适当地传递一些有益于学生发展的知识，这两者绝不应该存在不可跨越的冲突与矛盾。最后，通过对本部分内容的梳理不难发现，此处似乎有一种为"传授—接受"教学鸣不平的意味在其中，因此在这里我们需要强调的是，教师绝对不可能将知识硬生生地"灌输"到学生的脑子中，这一点毋庸置疑，但知识不能被灌输不代表知识不能被传递，知识传授的过程并不必然导致知识的接受或灌输，任何知识的传递过程都不是毫无学生情感夹杂其中的。动力因对知识所起到的作用仅仅是为学生的摄入提供了予料，至于学生如何摄入这一予料则需要依靠主观形式的判断，依靠终极因来解释。这样，对这一问题的讨论又引出了另一个十分重要的议题，即知识与学生主观形式中所包含的主观意志、学生的情感、态度、价值观之间究竟存在着怎样的关系，对于此问题的探究将在第六章进一步展开讨论。

四 在提高知识获取效能的同时重视对学生冒险精神的培养

在受客观主义知识观影响的传统教育教学中，为了提高学生获取知识的效率，知识的密度是相当大的，如何在尽量短的时间内令学生获取足够多的知识是传统教学的核心任务。应该说，就提高学生获取

---

① ［英］A. N. 怀特海：《过程与实在》，周邦宪译，北京联合出版公司2014年版，第171页。

知识的效率来说。它绝不应该也绝不能够是一件错事，但如果单单以学生获取知识为唯一目标，则往往会丢失一些更宝贵的东西，比如说学生的冒险精神。

　　前文指出，怀特海认为理智感受中的肯定直觉判断、否定直觉判断连同意识知觉正是洛克所言的"知识"。虽然，怀特海的知识论与洛克的知识论在本体论方面有着些许不同，但在知识是什么的问题上，他与洛克十分相似，只不过洛克更加强调观念间的相符关系，而怀特海则把这种相符的关系扩大化、复杂化了。因此，知识源自理智感受这一点是站得住脚的。凭借这一观点，我们继续推导就不难得出，知识所从属的那种感受的予料必然存在着"肯定—否定对比"。被客观主义知识观所笼罩的传统教育的最大问题之一，就是教师往往为了提高知识传授的效率，通过对课堂上绝对的权力的利用，进而令学生对其主观形式所否定的部分进行进一步的否定，以加强学生所肯定的那部分的感受强度。或者说，传统的教学方式更强调知识客观性的一面，而弱化或摒弃知识主观性的一面。这种对知识主观性的弱化导致了两个问题。第一个问题比较好理解，就是当教师所传授的信息是错误的时候，学生会因为教师的权威而丧失对事实所不是的否定的坚持，导致真理的歪曲；相对于第一个问题，第二个问题比较隐蔽，影响也更为深远，那就是由于对知识的客观性的过分强调使学生彻底否定了事实所不是与事实所可能是，而这就使学生在主观上对自己的想象力与可能的创造性施加了屏蔽。比如说，教师指着讲台上的一个西瓜并向学生传递一样的一个"真理"：西瓜是圆的。随后，教师或许会运用各种手段对这一真理进行不断的强调，最后令学生坚信西瓜是圆的。这里，我们不去考证自然生长的西瓜是否全都是圆的，我们假定教师说的没有错，西瓜确实是圆的。但可以肯定的是，通过人为的方法，我们可以培育出方形的西瓜，这种方形的西瓜虽然是人为产生的，可它无疑也是西瓜。也许，在座的某一位学生的头脑中产生了方形西瓜的想法，随后这种想法被他否定了，然而，虽然方形被否定了，但这并不妨碍学生能够注意到自己否定了方形，而这就会使学生产生疑问："西瓜能否是方形的？"如果教师没有注重这一否定，而是

第五章　怀特海知识论对我国基础教育课程改革的理论价值

以强化对圆形的肯定方式对这一否定进行了忽略,即灌输给学生"西瓜绝不可能也绝不可以是方形的"这样一种观点,那么这个学生成为那个发明方形西瓜的人的可能性就会大大降低。再或者,一个教师告诉学生"人不能飞",这显然是对的,因为人既没有翅膀也没能在生理上进化出像火箭一样的助推器,但对人不能飞的强化和对人能飞的进一步否定,会弱化学生借此发明飞机的想象力与创造性。当然,就算人发明了飞机,人也依然不能飞,能飞的是飞机,教师所传授的知识依然没有错。在这两个例子中,前者是对事物可能是的否定加强所导致的后果,后者则是对事物所不是的否定的加强所产生的后果,这两个例子同时体现了一种削弱学生想象力与创造力的可能。分析"西瓜是方形的"和"人是能飞的"这两个命题我们不难发现,不论是"方"还是"飞"这两个谓词与被学生客观化了的西瓜和人这两个联系中,得到说明的永恒客体存在一种全然或部分地无关联。也就是说,这种判断是一种形式未定的判断,它虽然也是一种理智感受但显然不是知识。

通过我们在前文的论述,形式未定的判断虽然不是知识,虽然它并没有建立或错误地建立了与实际事物的真实关系,可它提供了关于这一实际事物的一些其他信息,这些信息为学生的想象力与创造性提供了土壤与可能,为知识的探究和发展提供了动力与希望。的确,教育对未定判断的注重是一种冒险,这种判断或许会产生一些让人失望的结果,或许我们奋力追求而得之的仅仅是一个谬不可及的错误。然而,文明需要冒险,教育需要冒险精神,"只要有冒险的精力,迟早会越过该时期的底线,越过学术的鉴赏成规所允许的底线……一个种族要保持它的精力,就必须怀抱有既成现实和可能事实的真正对比,就必须在这一精力的推动下敢于跨越以往稳健保险的成规。没有冒险精神,文明就会全然衰败"①。

综上所述,传统知识观对知识客观性的崇拜致使教育对于非知识

---

① [英] A. N. 怀特海:《观念的冒险》,周邦宪译,北京联合出版公司2014年版,第307—308页。

的关注过少，学生提出的那些形式未定的判断甚至会被当成笑柄或扰乱课堂纪律的表现。而依照怀特海的知识论，知识在教育中的地位虽然是不可撼动的，但那些宝贵的非知识所能带来的对学生冒险精神的培养也是教育所应该追求的。因此，我们的基础教育课程改革既要保持对知识的关注，也要珍惜学生那些形式未定的判断所带来的巨大教育价值。

第六章

怀特海知识论对我国基础教育课程改革的实践意义

我们的基础教育课程改革必须"要以教育实践为落脚点,不能落实到实践的理论只能是空洞无用的理论,教育实践需要教育理论的指导规范,而教育理论的产生与完善也离不开教育实践的源泉"[①],"知识论是近代教育的理论,近代教育则是知识论的实践。教育作为一种综合的文化、伦理实践活动,典型而深刻地体现了知识论的特征"[②]。在第五章中,我们偏重于对怀特海知识论在我国基础教育课程改革中的理论价值介绍,提出怀特海知识论主张"概念的发展",倡导对客观主义、建构主义与解构主义知识观的融合与超越。但是,知识论对教育的影响是全面深刻的,不但会影响教育改革背后的理论思想,同时对我国教育改革中更为具体、更具实践色彩的环节也具有巨大的启发价值。具体说来,怀特海的知识论有助于解决情感态度方面的课程目标落实难的问题,有助于解决"学科"知识体系在教科书内容选择与组织中何去何从的问题,有助于使我们认识到踏准教育的节奏对课程设置和教学过程的重要价值,有助于在教学活动中实现"教"与"学"的平衡。

---

① 杨兆山、张海波:《整体性视角下的教育改革与发展》,《东北师大学报》(哲学社会科学版) 2010 年第 1 期。
② 高伟:《知识论批判:一种教育哲学的反思》,《自然辩证法研究》2012 年第 4 期。

一　在课程目标的制定上明确知识与情感的从属关系

一直以来，我国基础教育课程改革都非常重视情感态度价值观方面的课程目标，如 1980 年出版的王道俊、郭文安教授主编的《教育学》，1990 年出版的唐文中教授主编的《教学论》[①]，1991 年出版李秉德和李定仁教授主编的《教学论》[②] 等书中，都明确提出情感态度价值观方面的教学目标，也可以说是课程目标。始于 2001 年的新一轮基础教育课程改革，更是在各学科课程标准中明确提出知识与技能、过程与方法、情感态度价值观三维课程目标。近两年在课程目标研究方面所提出的核心素养，也非常重视情感态度价值观方面的目标，与之前不同的是，没有把它作为课程目标的一个维度，而是融合在各素养之中，认为素养是"同时包括'知识'、'能力'与'态度''价值观'的"[③] 概念。我国基础教育改革也一直在为如何把情感态度价值观方面的目标落到实处而努力，但恰在此方面问题较多。

虽然情感态度价值观方面的目标一直是我们的关注点，但在 20 世纪 80—90 年代基础教育课程改革中，如王策三教授所言："目标虽然提出，但对于教学目标跟它实现的诸多条件之间的规律性联系，还不甚清楚，未能很好地贯彻落实。情感、态度、价值观等发展性或教育性目标几乎落空了。"[④] 或许正是这种情况的存在，造成人们对前辈们在教学目标研究方面已有研究成果的忽视，缺少认真研究，习惯上将新一轮课程改革之前的课程目标结构定位为"双基论"。新一轮课程改革实施以来，情感态度价值观作为"三维目标"之一备受重视，是"新课改"的一大亮点，似乎旨在改革教育中的"目中无人"现

[①] 唐文中：《教学论》，黑龙江教育出版社 1990 年版，第 34 页。
[②] 李秉德、李定仁：《教学论》，人民教育出版社 1991 年版，第 59 页。
[③] 辛涛、姜宇、林崇德、师保国、刘霞：《论学生发展核心素养的内涵特征及框架定位》，《中国教育学刊》2016 年第 6 期。
[④] 王策三：《"三维目标"的教学论探索》，《教育研究与实验》2015 年第 1 期。

第六章　怀特海知识论对我国基础教育课程改革的实践意义

象,但自课程改革以来,"围绕'三维目标'的界定,引发了持续的忽隐忽现的论争"①。

应该说,通过长达近二十年对课程的情感目标的强调,我们早前所担心的知识至上的教育现象得到了一定的缓解,最起码如今几乎所有教师在进行教案编写和教学规划时都会注重课程的情感目标,这也是"新课改"所带来的成绩之一。然而,我们不能忽略的是,在这二十年间,有关情感、态度与价值观的一些问题尚存在着诸多的论争。比如说,早在 2004 年王策三教授就指出,在我们对"应试教育"进行批判的过程中总是夹杂着这样的一种倾向,即"无条件地(不理社会现实、轻视知识教育)追求学生个人发展;把情感、意志提到第一位;不重视学科、书本知识,强调个人经验、生活中心;主张探究、发现和活动教学而贬低传授、接受特别是讲授;以学生为中心,弱化教师技能;反对统一要求和甄别评价,提倡个人标准和普遍肯定"②,而这种倾向是有待商榷的。还有学者指出,情感、态度与价值观作为教育目标的提出"不仅是'一大亮点',而且也成了'一大难点'。很多一线教师都反映,新课程目标中的知识与技能、过程与方法都好把握,但情感态度与价值观太虚了,不知道如何落实"③。还有一些专家、学者提出了自己的看法和见解,其中大多数都聚焦于这一问题,即如何在保证知识目标得以实现的同时确保教育情感目标的达成,引申一下就是知识与情感究竟存在着一个怎样的关系的问题。

针对这一问题,目前比较受支持的观点是:"三维目标是相辅相成的一个整体。知识与技能是基础与载体,过程与方法是中介机制,情感态度价值观是动力机制。离开了知识与技能,过程与方法就成了'无米之炊';离开了过程与方法,知识与技能就成为外在于人的、无

---

① 钟启泉:《"三维目标"论》,《教育研究》2011 年第 9 期。
② 王策三:《认真对待"轻视知识"的教育思潮——再评由"应试教育"向素质教育转轨提法的讨论》,《北京大学教育评论》2004 年第 3 期。
③ 姚林群、郭元祥:《新课程三维目标与深度教学——兼谈学生情感态度与价值观的培养》,《课程·教材·教法》2011 年第 5 期。

生命力的知识;离开了情感态度,学生就变成了机械麻木、被动装载知识的容器。"① 对此,怀特海却有着别样的理解。

依照怀特海的知识论,一方面由于知识存在于主观形式当中,所以知识与情感绝不是分离平行的,这一点毫无疑问;而另一方面,根据知识的性质七,虽然情感与知识二者相伴共生,但情感并非知识的附加产物,实际情况恰恰相反,知识是情感的附加产物。简言之,是情感承载着知识,而非知识承载着情感。在生活中这一观点也不难理解,我们可以列举很多并不含有知识的情感:当我们听到爱国歌曲时的那种激动,当我们目睹自然灾害时的那种恐惧,当我们的成绩与预想中相去甚远时的那种低落,等等。但我们很难找到能够脱离情感的知识,因为哪怕我们在习得或运用一些最简单的知识时也都会伴随着或肯定或否定、或高兴或不高兴、或接纳或不接纳等最基本的情感。虽然,怀特海的这一理念所体现的仅仅是知识与情感的简单的位置倒置,正是这一简单的倒置却厘清了教育中知识与情感之间的诸多问题,不论是对知识教育还是情感教育来说都具有极大的启发价值。

首先,以知识的习得为主要目的的一些教学活动不需要过分刻意地追求培养学生情感、态度以及价值观目标的实现。知识与情感并不存在对应关系,而是存在衍生关系,即知识衍生于情感。因此,我们通过以知识的习得为主要目的的一些教学活动仅仅能够部分地达成一些课程的情感目标,有关学生情感、态度、价值观的培养还需要一些其他方面的帮助,比如说思想品德教育与艺术教育等。也就是说,相对于以知识和技能为目标所进行的教育教学活动,以情感、态度和价值观为目标的教育范围要更广,严格意义上讲,几乎所有形式、所有内容的教育都涉及对学生情感、态度以及价值观的培养。如果我们把这一观点进行扩展,不难得出另一条重要的启示,即教育没有必要在落实知识与技能目标的过程中,过分刻意地追求情感、态度、价值观课程目标的实现。在任何科目的教育教学活动中,都必须蕴含知识与

---

① 王月芬、徐淀芳:《论三维目标的设计、实施与评价》,《上海教育科研》2010年第2期。

第六章 怀特海知识论对我国基础教育课程改革的实践意义

技能目标以及情感态度价值观目标。但是，对于数学、物理、生物等学科来说，令学生能够掌握该学科的知识体系永远都应该是最为重要的核心任务，在此之上，适当且自然地展开一些有关情感、态度与价值观的教育是必要的，但万万不能过于生硬。回想新中国成立之初以及"文革"时期的教材，就存在着过分追求情感、态度和价值观教育的情况，导致那时的教材内容过分冗长，甚至有关学科知识的内容过少，本末倒置的问题严重。今时今日，我们的教育虽然不致像过去那样极端，但为了达成培养学生情感态度价值观的任务而在教学中狗尾续貂、生拉硬扯、打补丁、贴膏药的现象还是时有发生，① 对于此种现象我们必须认真对待。

其次，进一步明确兴趣在知识习得过程中的关键作用，避免将本应由激发学生兴趣所承担的责任施加到教育教学活动的其他方面。我们在批判传统"传授—接受"式教学时经常针对其无视学生情感的行为进行强烈的抨击，但问题是，在对其抨击的过程中我们自己也把学生的情感给无视掉了，因为就算我们把学生当作机器来教，但本质上我们并不能够真的把学生变成机器。的确，在"传授—接受"式的教学中，因为学生的情感得不到切实的反映，所以很容易出现教师单方面地将知识强加给学生的现象。一般在这种情况下，虽然教师能够在极短的时间里向学生传递大量的知识，可学生真正学到的不多，大部分信息被学生否定性摄入了。但我们不能否认另一种常见情况的存在，那就是在面对很多优秀的教师时，虽然也是传授式教学，学生却能够用心聆听，自身在学习过程中也没有觉得枯燥。其实，这种单方面接受的例子在生活中非常常见，比如说我们听评书、看电影、看歌剧、看视频等，都是单方面的接受，可尽管如此，我们往往也可以听得津津有味，很多内容不但可以记住，还能够生根发芽。也就是说，我们在抨击传统教学方式的时候，忽略掉了学生兴趣对知识习得的决定性作用。正如上文所述，在任何情况下，知识的习得与应用都存在否定或肯定的情感，假使这一情感是否定的，那么不论用何种教学方

---

① 郭元祥：《教师的二十项修炼》，华东师范大学出版社2008年版，第190页。

法都于事无补。反之,情感作为知识的载体是知识生发的基础与土壤,假如这一土壤足够肥沃,即便知识的传授是单方面的,它依然可以开花结果。这里需要再次澄清的是,此处并非在说传统的传授—接受式教学是没有问题的,这种单一的教学方式所存在的问题无可争辩。我们不能在批判传统教学方式的同时忽略掉情感,特别是兴趣对知识习得的那种巨大的作用。要知道,情感才是知识的基础,方法的改良只能起到一个锦上添花的作用。

二 对知识体系与学科逻辑保持足够的尊重

可以说,教科书内容的选择与组织是教育教学活动中的一个重要环节,虽然唯教科书至上、照本宣科并不可取,但不能否认,如何选择与组织教科书内容对学生头脑中的知识结构有着巨大的影响,甚至对学生思维能力和实践能力的培养也会起到十分关键的作用。对此,我国目前基础教育改革的基本趋势是淡化学科知识体系与学科逻辑在教科书内容中的地位,淡化对学科的专业训练,强调知识的整体性,促进学生综合素养的形成。[①] 正如有教授所言:"与其强调具有导向理论知识的体系性的学科型学力,不如重视具体的生活和工作中能够应用的知识、技能;它不是零散知识的积累,而是基于种种基础性技能与理解的知识;它不仅是抽象设定的,而且是借助某种形式可以测定的具体的成就目标。这种能力是通过中小学的基础教育形成的,而且是终身持续地发展的。"[②] 与此同时,在我国基础教育课程改革中颇具影响力的建构主义知识观以及解构性后现代主义知识观的理论观点对于各学科的知识体系和学科逻辑来说也并不友好。概括起来,这种不友好主要源自两个方面:其一,因为不论是建构主义的还是解构主义的知识观在对知识的理解上都极具主观主义色彩,进而弱化甚至消解

---

① 钟启泉、有宝华:《发霉的奶酪——〈认真对待"轻视知识"的教育思潮〉读后感》,《全球教育展望》2004年第10期。

② 钟启泉:《"知识教学"辨》,《上海教育科研》2007年第4期。

第六章 怀特海知识论对我国基础教育课程改革的实践意义

了知识的客观性,而当知识的客观性不复存在之后,学科的知识体系和学科逻辑也就自然失去了赖以生存的土壤,取而代之的则是对学生心理逻辑的依赖;其二,这两种知识观对情境以及知识生活化的过分强调,致使各学科的知识体系及逻辑的地位受到了不小的影响。在这样的一种情况下,虽然大多数理论工作者都没有直接否认学科知识体系的意义与价值,但实际上学科知识体系的重要性已然开始淡出人们的视野,在教材内容的选取与组织上,学科知识体系已经丧失了原有的重要地位。但是,这种对知识理论体系的淡化实际上会引发很多严重的教育问题,对学生的成长与发展未必是一件好事。就拿知识体系性最强、学科逻辑最为严谨的数学科目来说,当新课标提出要淡化对知识体系的注重之后,很多学者都提出了反对的见解。有教授指出,数学的抽象性和形式化特点决定了其与现实生活之间有一定距离,一味地淡化数学的知识体系和学科逻辑,一味地去除数学的形式化并不可取。[①] 与这类观点相对应,一些学者认为学科知识体系的淡化是必然的发展,也是一种教育的进步。有教授就指出:新课标推行"淡化知识体系,以课题为主线……反映数学的各个领域之间,数学与自然,数学与社会,数学与科学之间的联系,更高层次地体现数学的整体性和统一性"[②],这实际上是一种大大的进步,是教育改革需要不断努力坚守的正确方向。那么,学科知识体系在教科书内容选择与组织上到底何去何从,是巩固还是淡化,是坚守学科的学科逻辑还是转而追求学生逻辑、生活逻辑,这是一个我们教育理论工作者必须回答的问题。

在过去的教学实践中,为了达成对知识体系的深入挖掘,我们的教材内容中经常出现一些繁、难、偏、旧的琐碎知识,严重阻碍了学生对知识的整体理解,淡化了知识与生活的密切关联,这绝对是应该被摒弃的。但学科知识体系是否真的如某些学者所说的那样是专家的独享而非学生所应考虑的问题,解决知识脱离生活实际、过于深奥、

---

① 张奠宙:《中国数学教育在改革与反思中前进》,《人民教育》2008年第22期。
② 何小亚:《回应〈姜伯驹:新课标让数学课失去了什么〉》,《广东教育》2006年第11期。

过于烦琐的知识过多等问题，是否就意味着我们应该淡化体系的重要性则有待商榷。我们在前文曾指出怀特海把知识体系比作一种"观念的资本"，它涉及远超于我们直接经验的想象力与创造力，从中足以见得其对知识体系的重视程度。按照怀氏的观点，我们的教育必须给予各学科知识体系以足够的尊重，对培养学生的思辨理性存有巨大的价值，但同时我们的改革也不能把深奥性引入基础教育。总的说来，在面对在教材内容的选取与组织中的知识体系应何去何从的问题时，我们改革的态度不应该是"淡化"学科知识体系，而应是"精炼"学科知识体系。

　　首先，对学生整体素养的培养必须依赖知识体系。如今，我们在进行教材内容的选取与组织时，淡化学科知识体系的一大理由便是防止学科分割所造成的知识支离破碎的状态，防止学生的知识体系过于狭窄、僵化、脱离实际，以及防止教育对专业化的过度追求所导致的学生整体素养的不足，因此我们要强调学科的统整，由"分科"走向"领域"①。知识的僵化、碎片化、脱离生活化的确应该坚决反对，学科的整合以及培养学生广泛的文化修养也的确应该被我们所推崇。然而，这一切是否就意味着我们要淡化学科的知识体系、淡化任何形式的专业化培养则并不一定。其实，早在20世纪的英国就出现过这一问题，基于对当时英国教育现状的分析，怀特海在《教育的目的》中提出："在学习中，不存在一种课程仅仅传授普通文化修养知识，而另一种课程仅仅传授专业知识。为普通文化修养教育而设置的科目，都是需要专门学习的特殊课程；另一方面来说，鼓励一般心智活动的方式之一，就是培养一种专门的爱好。不可能把这种浑然一体的学习过程进行分割……对思想的逻辑的欣赏，是有教养的心理的一种表现，这是在一种专门学习之后才可能具备的一种能力。这种能力是这样的一种洞察力，既有全局观，有通盘认识；又能看到一组思想与另一组思想之间的联系。只有通过专门学习，人们才能欣赏一般思想的

---

①　钟启泉：《开发新时代的学校课程——关于我国课程改革政策与策略的若干思考》，《全球教育展望》2001年第1期。

第六章 怀特海知识论对我国基础教育课程改革的实践意义

确切表达，领会这些思想被表达时它们之间的相互联系，以及领会它们对理解生活的帮助。"①

概而言之，怀特海认为绝不存在某一学科的教学是完全孤立的，而某一学科则是完全的综合学科；培养学生对生活的综合理解必须依赖专业化的学科培养。怀特海的这一观点实际上正是其知识论的体现，按照机体哲学的观点，世界并不是由可以独立存在的实体构成，而是由彼此联系的"实际实有"构成，因此知识本身便具有有机整体性，像基于实体哲学的那种孤绝的学科关系是根本不存在的；同时，依照我们在对怀特海知识论中有关知识体系的介绍可知，不论是对一般学科的理解还是对范围更大的某种综合性学科的掌握，抑或最大程度上的对宇宙的思辨都离不开知识体系的作用，并且学科自身知识体系的编织对提高我们对生活的认识，乃至对宇宙的理解都有着至关重要的作用，知识体系是观念的资本。综上所述，我们的教育改革不能由于教育曾经对学科的过分执着和错误理解，就去淡化对学生的专业化培养，不能为所谓的防止知识的碎片化和僵化，就在教材内容的选取和组织中淡化学科知识体系的重要性。

其次，对学生学科知识体系的培养有助于防止知识的僵化与碎片化。不论是建构主义知识观还是解构主义知识观都强调知识与生活的联系，教育改革也强调要防止知识的僵化与碎片化，不要让知识仅仅停留在课本之上，而要让知识活起来，因此我们要淡化学科知识体系，要让知识能够更加贴近学生的生活，让知识能更加符合学生的心理逻辑。对于这类看法，本书的观点是：知识确实要贴近生活，教育也必须以生活为主题，但这与对学科知识体系的强调之间并无矛盾，防止知识的僵化与碎片化并不是要远离知识体系，反而是要让学生更好地掌握各学科的知识体系。之所以这样讲，理由有二：第一，轻视学科知识体系只会让学生得到一些蜻蜓点水式的皮毛，根本无法对知识产生透彻的理解，难以激发学生思想的火花。对于这种浮于表面的

---

① ［英］A. N. 怀特海：《教育的目的》，庄莲平等译，文汇出版社2012年版，第17—18页。

知识来说，根本谈不上什么活力，也很难能够令学生将知识应用于生活中去。正如怀特海曾指出的那样，"如果要避免思想上的僵化，就要特别注意两条戒律：（一）不要同时教授太多科目；（二）如果要教，就一定要教得透彻"①。第二，对学科知识体系的掌握也是对知识整体性的强调，是防止知识碎片化的重要举措。如今的教育强调知识与生活的联系，可如果失去了对知识体系的关注，那么教育所强调的也就仅仅是知识与生活的关联性罢了，知识的有机整体性并不能得到我们所预想的体现。正如在本章第一部分所强调的那样，教育不能将理论与实践进行混淆，虽然相互关联的知识要在整体上加以利用，但这一利用的前提是学生首先能够对学科的知识体系有着一个基本的理解。学科知识体系本身就体现着一种知识纵向的整体性，我们不能因为曾经存在知识与生活脱钩的现象就一股脑地投入生活的怀抱，教育对学科知识体系的足够尊重还是必要的。

最后，对知识体系在教材内容的选取和组织中的注重不在"巩固"与"加强"而在"精炼"。由于怀特海本身除哲学家、教育家外还是一名享誉全球的数学家，所以对于数学教育怀特海也有着明确的观点。在《教育的目的》中怀特海指出，"我们必须坚决把深奥性从这门学科的教育用途中根除"②，对学科知识体系的把控不是要强行且盲目地灌输给学生一些复杂难懂的概念与定理，而是要让学生能够了解一些最基本的概念与原理之间所存在的关系，那些无意义的细节堆砌应该被我们所抛弃。繁、难、偏、旧的知识，过于深奥的定理其实并不有助于学生对知识体系的掌握，反而会阻碍学生对学科知识体系的整体理解。所以，我们的教育改革要精炼知识体系，要去除那些关于不必要知识的硬性学习，主张对学科内最为核心、最为基础的观点、定理的掌握以及这些知识之间关系的理解与把控。

综上所述，知识体系并非我们教育改革路途中的拦路虎，而是更

---

① ［英］A.N. 怀特海：《教育的目的》，庄莲平等译，文汇出版社 2012 年版，第 3 页。
② ［英］A.N. 怀特海：《教育的目的》，庄莲平等译，文汇出版社 2012 年版，第 109—110 页。

好地推进改革进程、促进教育良性发展的助推器。如何在教材内容的选取与组织中精炼学科知识体系，如何让学生通过尽可能少的知识来对某学科有一个整体的了解，才是我国基础教育课程改革所要完成的重要任务，单纯地淡化、逃离知识体系并不可取。

三　课程实施遵循教育应有的"节奏"

教育要包容知识的主观性与客观性、兼顾动力因与终极因、既要有知识的传授也要有对话与沟通，这些观点中所存在的诸多如今被很多人看成二元对立、非此即彼的性质或方法，都通过怀氏的知识论得到了理论上的整合与统一。然而，我们对这类问题的解决与回应大多只留存于哲学上的省思与逻辑的推演上，如欲落到基础教育课程改革的实处，落实到教师每天所进行的课程设置和教学活动的过程中，则还需一些更为具体且具备可实践性的方法——踏准教育的节奏。

理论追求的是一致、逻辑且必然的体系，但对理论与知识的应用则更像是一种对和谐的向往，一种对美与艺术的追求。怀特海作为一个醉心于数学、物理学以及哲学思辨的科学家与哲学家的同时也总是对美与艺术情有独钟，他认为诗歌与科学乃是同根所生，它们都来自人的天性。怀特海这种对真的执着以及他那种对美与艺术的向往，使得在其将其知识论应用到教育领域时，不但包含了对教育规律以及儿童身心发展规律的细心思考，还体现了些许艺术的韵味。在《教育的目的》一书中，怀特海曾反复地强调教育所具有的艺术气质，正如在他的知识论中所提到的观点一样，教育也需要跨越真的藩篱去追求美与艺术的和谐，因此怀特海提出他那广为人知且极具艺术气息的教育节奏理论。怀特海的教育节奏理论可以说是其知识论的实践部分，我们在前文中所说的诸多观点的实现最终都有赖于我们能够踏准教育的节奏。

概括起来，教育的节奏理论主要包含两个方面的内容：一是对学生智力发展的"浪漫"阶段、"精确"阶段与"综合运用"阶段这三者的有机循环过程的强调;二是对"自由"与"训练"的节奏的探讨。本书将结合怀特海的知识论来对其教育的节奏理论进行进一步的探讨,并对其所存在的一些教育价值进行必要的阐释。

(一) 从呆板到过程的飞跃,教育要奏响浪漫、精确与综合的三和弦

新一轮基础教育课程改革对传统教育教学的一些批判都可以归结为对知识的僵化与呆板的批判,特别是当学生需要应用所学知识来处理问题的时候,那种通过灌输得来的碎片化、去生活化的知识往往令我们对教育倍感失望。怀特海有言:"不能加以利用的知识是相当有害的。所谓知识的利用,我是指要把它和人类的感知、情感、欲望、希望,以及能调节思想的精神活动联系在一起,那才是我们的生活。如果知识一味地通过被动记忆一些支离破碎的知识来塑造自己的精神生活的话,简直不可想象,人性不是这样,生活更不应该这样。"① 传统的教育之所以产生呆板、僵化的知识或怀特海所谓的那种"呆滞的思想",其一大原因就是对教育节奏的无视,而在当今的课程设置与教学过程中我们对此也没有足够的重视。

所谓教育的节奏,就是指在课程设置和教学活动中依照学生智力发展的节奏来采取不同的教学模式及教学方法。怀特海认为:"智力发展的过程显示出一种节奏性,这种节奏包含着一种互相交织的循环,而这个过程作为发展中的小漩涡,又受到一个具有相同特点的更重要的循环周期的控制。"② 这里的一个循环周期包含了三个阶段,其分别为"浪漫阶段""精确阶段""综合运用阶段"。首先,"浪漫阶段是开始有所领悟的阶段……在这一阶段知识不受系统程序的支配,

---

① [英] A. N. 怀特海:《教育的目的》,庄莲平等译,文汇出版社2012年版,第6页。

② [英] A. N. 怀特海:《教育的目的》,庄莲平等译,文汇出版社2012年版,第39页。

第六章 怀特海知识论对我国基础教育课程改革的实践意义

这里所说的系统是为了特定的题目而建立起来的系统"①，怀特海认为学生的浪漫阶段将一直延续到十三四岁。我们曾提到，激发学生的兴趣是对学生进行知识与技能培养的第一要务，而学生浪漫阶段最为重要的一个任务就是激发他们的情感与兴趣，让他们在面对纷繁复杂的世界时能够合理运用他们已掌握的观察能力和处理问题的能力。在这一阶段，那种浪漫的遐想是最为重要的，系统与逻辑则退居次席。虽然这样只能给学生带来一些一知半解或朦胧而又模糊的知识，但那种浪漫的遐想能够激发学生探求世界的欲望，并且能够通过想象力与创造力，在那些支离破碎的知识之间建立起种种可能的关联，为后续阶段打下良好基础，同时也可对知识的有机性做出很好的诠释。其次，在精确阶段，"知识之间的广泛关系居于次要地位，从属于系统阐述的准确性。这是文法和规则的阶段，包括语言的文法和科学的原理"②，这一阶段大概处于孩子的14—18岁。如果说浪漫阶段的任务是赋予知识以活力，那么精确阶段就是赋予知识以意义。前者是对各种确定的或可能的广泛关系的关注，而后者则是对那些在浪漫阶段产生的关系的进一步分析以及对有关事实的揭示。在这一阶段，系统与逻辑成为主导，对学科知识体系的深入挖掘成为教师和学生的主要任务。最后，最后的综合运用阶段是在增加了分类概念和有关的技能之后又重归浪漫，它不但是前两个阶段的目的，也是最后的成功,③ 综合运用阶段主要是指学生18—22岁的阶段。也就是说，在综合运用阶段，知识开始融会贯通且学生开始能够将那些他们在早先所学到的知识进行整体上的应用。不过，相对于曾经逻辑严谨、极具条理性的各学科知识体系而言，此时学生所要面对的是更加丰富而多变的实际问题，对知识体系的挖掘被对世界的探索替代，学生对事物的好奇心与想象力再度成为教育的重点关注对象。在综合运用阶段中，知识的

---

① [英] A. N. 怀特海：《教育的目的》，庄莲平等译，文汇出版社2012年版，第27页。
② [英] A. N. 怀特海：《教育的目的》，庄莲平等译，文汇出版社2012年版，第28页。
③ [英] A. N. 怀特海：《教育的目的》，庄莲平等译，文汇出版社2012年版，第29页。

那种有机整体性得到了最好的诠释，知识的过程性所体现的那种不断探究的冲动与欲望也得到了最大限度的发挥。

怀特海对教育节奏的强调无非在说明这样的一个原则，即"在学生心智发展的不同阶段，应该采用不同的课程，采用不同的学习方式"①。对今天的教育工作者来说，这一原则似乎早已没有什么新意可言，怀特海对学生不同阶段的年龄划分与我国所提倡的小学以综合性课程为主、中学以分科课程为主、大学以专业的学习与应用为主的教学策略也基本相同。但是，怀特海所提出的浪漫、精确与综合应用的三个教育阶段并不是一个简单的循环过程，而是大循环套小循环。如果一个节奏周期为一个"大漩涡"的话，那么这一"大漩涡"之下还包含有一些"小漩涡"，这些"小漩涡"体现在学生每学期、每周、每天甚至是每一节课的教学设计与教学过程当中。如今的教育改革立志要消灭那些呆板、僵化的知识，要让知识能够回归生活，要让学生能够活学活用，这没有任何问题，但简单地把教育当作浪漫到精确再到综合运用的三连音是不够的，教育要奏响的是一曲复杂的和弦。以我们的小学为例，此时的学生正好处于浪漫阶段，我们绝不能够在这个阶段压抑孩子那种浪漫的遐想甚至磨灭学生宝贵的学习兴趣，反而去追求对各学科知识的精深理解。但是，尽管从宏观的角度来讲学生确实处于浪漫阶段，可我们也绝不能忽视包含在这一阶段中的若干完整小循环，在浪漫氛围下适当地强调知识体系与学科逻辑，适当地进行一些知识的综合应用也是非常必要的。对话与沟通的确应该成为主导此时教学活动的教学方式，但我们也同样需要认识到，教师适当地宣讲对激发学生的兴趣也很有帮助。假使我们在这一阶段一味地强调浪漫，而对精确与综合运用置之不理，那么学生所习得的知识就会过于浮于表面，这种知识依然是僵化的。再次重申一下怀特海对防止知识僵化所提出的两个原则：一是不要设立过多的学科；二是如果要教就一定要教得透彻。再以学生的中学阶段为例，此时的学生

---

① [英] A. N. 怀特海：《教育的目的》，庄莲平等译，文汇出版社 2012 年版，第 23 页。

第六章　怀特海知识论对我国基础教育课程改革的实践意义

正处于精确阶段,强化学生对各学科知识体系和学科逻辑的掌握是最为重要的。此时的学生虽然已经经过了浪漫阶段的学习与沉淀,但令其完全自主地生成各学科严密的知识体系依然十分困难,就算学生真的可以完全自主地建构出某一学科大致的知识体系,也难免耗时过长,致使教育的效能大打折扣。因此,此时教师对学生进行合理的知识传授显然更有利于完成此阶段的教学任务。当然,正如我们所讨论过的那样,教育不能忽视情感的作用,不能忽视知识所具有的主观性,所以,适当地讨论,在每一节课的前期巧妙地设置一个浪漫的阶段也是必要的。否则,学生在浪漫阶段所积累的那些宝贵的兴趣与想象力则会被定理与公式消磨殆尽,知识的习得也将事倍功半。

综上所述,对于每一个学生来说,知识从朦胧且离散到在学生头脑中形成一个有机整体的知识体系是一个漫长的过程,这一过程既包含了有关知识的浪漫遐想,也包含了对精确知识体系的不懈追求,更需要通过最后的综合运用阶段来将知识融会贯通。这三个阶段中的每一个都是一个篇章,而每一篇章则为诸多悦动的音符所呈现,它们彼此连贯,共同铸成了教育的美之灵魂。

(二) 从知识到智慧的进化,教育要踏准自由与纪律的节拍

有学者指出:"在信息化社会时代,掌握创造文化的态度与能力(可以为之'功能性学力')比掌握多少现成的知识更为重要。"[①] 这里所言的功能性学力是一种智慧的体现,也就是说,如今的教育不能拘泥于强调学生对知识的掌握,还要使学生拥有智慧。特别是在终身学习的大环境下,授人以鱼不如授人以渔,教育必须赋予学生不断学习与进步的能力,以此来适应时代的飞速发展。对于这一观点,怀特海不能同意更多,正如其在《教育的目的》中所说的那样:"虽然智力教育的一个主要目的是传授知识,但是智力教育还有另一个要素,

---

① 钟启泉:《概念重建与我国课程创新——与〈认真对待"轻视知识"的教育思潮〉作者商榷》,《北京大学教育评论》2005 年第 1 期。

模糊却伟大,而且更重要——古人称之为'智慧'。"① 过去,我们的学生或许能够熟练地背诵各种公式定理,或许能够在面对复杂的考题时得心应手,然而,当把他们置于生活中,一些学生所表现出的呆板与窘态与他们在面对试题时所体现出的灵活和自信形成了鲜明的反差。对此,教育改革开始了一场由知识到智慧的革命,一边对以往那种充满了纪律性的课堂进行了猛烈地批判;另一边则对那种洋溢着自由、给予学生的智慧以施展空间的课堂陷入了深深的迷恋。我们似乎终于认识到了"通往智慧的唯一途径是在知识面前享有绝对的自由"② 这一真理;但遗憾的是,我们同时也遗忘掉了"通往知识的唯一途径是在获取有条理的事实方面的训练"③ 这一重要法则。

  我们在解决各种实际问题的时候,经常自觉或不自觉地采取这样一种方式,当我们在某条道路上碰壁的时候,我们首先会认识到这条道路是不对的,是存在问题的,我们感到庆幸而惶恐,随后为了避免自己头破血流,便会朝着相反的方向头也不回地走下去。过去,我们的教育是极具纪律性的,教育本身所强调的是对学生的训练过程,课堂上的交头接耳是知识习得途中的绊脚石,我们的目的是通过严格的训练来使学生能够掌握其所应具备的各种知识,知识体系的缜密和完整与对各种细节的关注成为教育的主题。此时,学生学习知识就好比教师在打包行李,既要使箱子能够装尽量多的衣物,还要使这些衣物平平整整、秩序井然。但当学生步入社会后,事实告诉我们,那个知识的行李箱虽然丰满,却很少被打开,即便打开了,学生也很难找到真正需要的衣物。此时,我们似乎明白了,教育的重点不在于有秩序地填满行李箱,而在于让学生能够自由选择自己所需要的知识,并按照自己的喜好将这些知识摆放在箱子当中以便他们能够随时应用,即在于运用知识的智慧。于是,在教育的每一个阶段中,自由成为永远

---

  ① [英] A. N. 怀特海:《教育的目的》,庄莲平等译,文汇出版社2012年版,第42页。
  ② [英] A. N. 怀特海:《教育的目的》,庄莲平等译,文汇出版社2012年版,第43页。
  ③ [英] A. N. 怀特海:《教育的目的》,庄莲平等译,文汇出版社2012年版,第43页。

第六章　怀特海知识论对我国基础教育课程改革的实践意义

的第一原则，学生主观能动性的发挥永远是最应优先考量的事情。教育在训练上碰壁了，所以我们要投入自由的怀抱。

怀特海认为："教育中的自由和训练的对立，并不像我们在对这两个词进行逻辑分析时所想象得那么尖锐……在一个完美的具有理想结构的教育体系中，其目的应该是使训练成为自由选择的自发的结果，自由则因为训练而得到丰富的机会。"① 我们在上一部分曾指出，教育要遵循浪漫、精确与综合运用这三个阶段的有机循环过程，针对这三个不同的阶段我们所采取的态度则应该是自由—训练—自由。首先，浪漫阶段的自由是必须的，应为此阶段的最重要目的在于对孩子们兴趣的培养。"没有兴趣就没有智力的发展，兴趣是注意和理解的先决条件"②，此时过分强调对知识的单纯传授只会令学生感到厌烦，无休止的训练会耗尽学生渴求智慧的欲望，那些我们通过知识的训练想方设法塞进学生大脑中的知识最终很可能仅仅成为一种"呆滞的思想"，逐渐消失于学生的思想海洋之中。其次，在精确阶段，知识的训练成为教育的首要任务，这一方面源于学生对系统知识的渴望，对真理深度挖掘的冲动；另一方面则来自知识体系与学科逻辑对学生智慧的滋养。正如当一本书的前言让我们产生兴致的时候，那种读下去的欲望甚至可以令我们废寝忘食一样，经过了浪漫阶段的学生迫切渴望能够进一步了解有关的各种知识，那种希望不断揭示真理的诉求教育应该给予满足。同时，虽然当我们拥有智慧之后，曾经的那些细枝末节或许会被遗忘，对一般原理的运用使我们可以从生活中的任何一个领域获取知识；但是，那种通过对知识细节的精准掌握而领悟原理的过程则需要通过训练来完成。③ 这里有一点需要强调，精确阶段所注重的那种精确蕴藏着两个方面的内涵：一方面，在精确阶段教育需要通过训练的方式实现学生对某些指定知识的确切掌握，那种在浪漫

---

① ［英］A. N. 怀特海：《教育的目的》，庄莲平等译，文汇出版社2012年版，第43页。
② ［英］A. N. 怀特海：《教育的目的》，庄莲平等译，文汇出版社2012年版，第44页。
③ ［英］A. N. 怀特海：《教育的目的》，庄莲平等译，文汇出版社2012年版，第51页。

阶段所产生的模糊且不成体系的思想并不是我们此阶段的目标；另一方面，精确阶段虽然强调学生对系统、逻辑的知识的领悟，但这些指定给学生去学习的知识必须在学生所能接受且所需要接受的范围之内。如果教育所设置的内容超过了学生力所能及的范围，那么不但会迫使精确阶段的训练不断延长，更会破坏学生的想象力与思维能力，使学生困于知识的牢笼之中，甚至产生一些我们所说的那种"书呆子"。最后，在综合运用阶段，教育要重回浪漫，回归自由。怀特海认为："综合运用阶段的本质是，脱离那种被训练的比较被动的状态，进入到积极主动应用知识的自由状态。"① 当学生经历了精确阶段的训练后，学生的心智不再像开始时那样零散，而是严密的。学生此时在浪漫的历险中自由驰骋，但相比于一开始的懵懂，他们所积累的那些精确知识变得更加活跃，使他们更具智慧与远见卓识，机智的学习与积累开始不再刻意，而是成为一种生活的习惯。

　　浪漫、精确与综合运用的教育三重奏需要实现自由与训练的平衡，正如没有一个教育阶段是绝对的浪漫或绝对的精确，自由与训练也同样蕴含于每一次教学活动当中。"教育的全部目的——就是使人具有活跃的智慧"②，而智慧的全部基础则来自知识的积累与融会贯通。从知识到智慧的进化是一场艺术的变奏曲，这一变奏能否动听与美妙全在我们能否踏准自由—训练的节拍。

四　注重"教"与"学"的平衡

　　长久以来，有关教学活动中"教"与"学"孰重孰轻的问题一直都是学界的研究热点。应该说，有关"教"与"学"的论争在很大程度上就是关于教师的地位与作用的论争，如果教师的地位远高于

---

① ［英］A. N. 怀特海：《教育的目的》，庄莲平等译，文汇出版社2012年版，第51页。
② ［英］A. N. 怀特海：《教育的目的》，庄莲平等译，文汇出版社2012年版，第51页。

第六章 怀特海知识论对我国基础教育课程改革的实践意义

学生,那么教师在教学活动中就将享有绝对的权威,向学生传授知识成为其主要职能,教师"教"的作用被放大;如果教师的地位与学生平等,那么教师通过创建不同的情境或组织各种讨论来引导学生自主生成知识则成为教师的主要任务,学生"学"的作用就会被放大。也就是说,教师地位与作用的不同直接影响了学生知识的获取方式,或者反过来讲,学生应如何获取知识决定了教师到底应该处于怎样的地位并发挥怎样的作用。

如果按照客观主义知识观的思想,由于知识是一种可以独立于人之外的客观、普遍且中立的存在,其本身可以通过传授来获取,那么在教学活动中,教师理应拥有一个凌驾于学生之上的较高地位,其主要作用就是向学生高效地传授那些人类经过上千年所积淀的知识与技能。在这种教育中,教师的"教"占了上风,"然而这种以教为核心的教育实践忽视了学生在接受教育过程中、在学习发展过程中的学习欲望、探究意识、批判能力、质疑思维等方面的发展,由此造成中国基础教育里的学生可持续发展的动力与能力的不足"[1]。对此,一些学者指出,教师的地位与作用需要转换,应降低对教学活动中"教"的关注转而注重学生的"学",教师的职能要从传授知识转换为引导学生自主建构知识。对于我们经常提到的"教师主导,学生主体"这一观点的理解,"我们应谨慎地使用以'为主、支配、控制、决定'为内涵的'主导'一词来界定教师的地位和作用"[2],在学生面前应该尽量避免教师主观上对学生的影响与支配,给予学生充足的空间来展现自身的主观能动性,还学生一个"主体"的地位。同时,随着大数据时代的来临,知识的获取变得比以往更加便捷,教师这个曾经是课堂上知识拥有者的地位已然被手机以及互联网数据库所替代,"教师对知识的垄断格局将彻底打破"[3],教师的作用正从知识的二传手向质

---

[1] 柳海民、王澍:《合理发展:提升中国基础教育质量的新思路》,《东北师大学报》(哲学社会科学版)2014年第6期。
[2] 陈佑清:《学习中心课堂中的教师地位与作用——基于对"教师主导作用"反思的理解》,《教育研究》2017年第1期。
[3] 钟启泉:《开发新时代的学校课程——关于我国课程改革政策与策略的若干思考》,《全球教育展望》2001年第1期。

疑创新精神的引路人转变。① 除此之外，翻转课堂的提出、慕课的普及等教学创新也进一步弱化了教师传授知识的职能，如何引导学生对各种教学资源所提供的大量知识进行合理的筛选，如何创设理想的情境来供学生进行知识的自主建构成了教师的新任务。一时间，传授知识似乎成了传统教育遗留下来的糟粕，是落后的、跟不上时代发展的、所有教师都需要彻底摒弃的东西。对此，建构主义与解构主义知识观对知识客观性的弱化甚至消解淡化了学生通过传授的方式来获取知识，以此为从"教"到"学"的转换提供了理论上的支撑。这种在教学活动的推进中否定教师传授知识的作用，一味抬高学生"学"的价值的观点在理论以及实践中都存在着不少的问题，其正确性与合理性值得我们进一步商讨。

首先，在教学活动的推进中完全摒弃教师传授知识的职能，在理论上并不存在合理性。之所以这样讲有以下两点原因：第一，不论是建构主义抑或是解构性后现代主义所提倡的那种对知识客观性的弱化与消解根本站不住脚。建构主义对知识的理解使得知识根本无法进行传播，因此教师本身也就不可能具备向学生传授知识的职能。但是，正如本书反复论证的那样，这种对知识客观性的消解实则有失偏颇，知识本身是具有客观性的。通过前文的论述可知，不论是通过直接表象知觉还是因果效验知觉，我们知觉到的东西都是实在的，而非虚幻的；通过直接表象性的知识与因果效验性的知识所揭示的有关"实际实有"的抽象本质与实在本质的确部分地反映了世界的真实面貌。因此，一方面基于实体哲学的那种只讲客观性无视主观性的知识观的确为教育带来了诸多严重的问题，是我们应该扬弃的；但另一方面，完全无视知识与实际世界之间的那层真的关系，进而奉行相对主义、民主真理观也并不可取。概言之，由于知识存在着客观性，所以教师通过传授的方法来让学生习得知识本身是可能的，但由于知识同时也具有主观性的一面，过分夸大教师的这一作用，赋予教师绝对的权威来

---

① 周洪宇、易凌云：《大数据时代教师教育的变革》，《教育研究与实验》2017 年第 1 期。

第六章　怀特海知识论对我国基础教育课程改革的实践意义

妄想对学生进行全方面的支配并不可取。第二，传授知识与引导学生生成知识并非二元对立，不存在非此即彼、有你没我的矛盾关系。知识是可以传授的，同时知识也是可以通过学生讨论与应用，通过对生活、对自然的感悟而自主习得，这二者不论是在理论里还是在实践中都不矛盾。也许是由于解构主义知识观将知识的客观性瓦解了的原因，在我们的教育改革中十分容易把教师传授与引导的作用看成二元对立、非此即彼，即使很多经验丰富的教师懂得应该将二者有机融合，但理论上的极端促使他们在融合二者的过程中产生了迷茫，以致刻意增加了一些不必要的自主学习过程，降低了教学的效能，妨碍了学生对精准知识的欲求。正如王策三教授早在20世纪80年代所认为的那样，单方面地强调教师"教"的作用或单方面地强调学生"学"的价值都是片面的。①

其次，在教学活动的推进中彻底实现教师身份的转换既无可能也无必要。教育是一项极其复杂的科学，教学活动是一项极其复杂的过程，因此教学活动的推进本身是处于变化与交替当中的，单纯把教师的作用限定于某一确定的责任或任务并不科学，也并不利于学生的健康发展。目前我国基础教育课程改革所强调的教师在教学活动中的角色变更，不外乎就是让教师更多地去充当一个引导者的角色，一方面，在学生与学生之间水平的对话与讨论中，教师能够通过巧妙地情境搭建与话题设计促进学生知识的自主建构；另一方面，在学生与学生之间的讨论发生混乱或遇到一些较难解决的问题时，教师也需要给予必要的指点与引导，进而推进讨论的持续进行。这里需要注意的是，教师在不涉及知识的传授与渗透的情况下，通过与学生之间的垂直互动来促进讨论的良性持续是一件非常困难的事情，并且完全舍弃在讨论中合理地传授一些必要的知识与定理，让教师十分刻意地避免知识的传授也似乎有些舍近求远、强人所难。

最后，依照怀特海的知识论，教学活动的推进要平衡教师的传授

---

① 王策三：《论教师的主导作用和学生的主体地位》，《北京师范大学学报》1983年第6期。

与引导作用。怀特海知识论所体现的那种对知识主观性与客观性、动力因与终极因的包容使得怀特海本身并不反对科学知识的传授，但怀特海也不认为教学活动中教师仅仅需要向学生机械地灌输一些琐碎、僵化的知识。怀特海指出："在传授科学知识中，思维的艺术应该加以培养，即形成一些清晰的概念用于直接经验的艺术，对所用的一般原理进行推测的艺术，检验各种推测的艺术，以及通过推理把一般原理用到具有某种特殊意义的个别案例中去的艺术。"① 同时怀特海还指出，教师"应该引导孩子们的思维。学生们应该觉得他们是在真正地进行学习，而不只是在表演智力的小布舞蹈"②。可见，怀特海在提及知识的传授时将其比作一门艺术，传授知识的目的是让学生能够将概念应用于直接经验、能够通过一般原理来进行推测、能够具备检验这些原理的能力以及能够通过推理来将那些一般的原理应用到具体的情境，教师机械且粗暴地传授知识并不为怀特海所提倡；同时，在教学活动中教师不但需要向学生传授一定的科学知识，也要去引导学生的思维，进行沟通与对话，为学生搭建一个平台、创设一个情境，以使学生能够感受到知识探究所带来的兴奋与激情。结合怀特海教育的节奏理论，我们的基础教育课程改革要实现在教学活动的推进过程中平衡教师的传授与引导作用，实现对"教"与"学"的共同追求，将知识的传授与引导学生自主探究融合在一起，并根据不同的教学时期、不同的学科需要来对教学活动中二者的比重进行必要的调节，这才是教育的艺术，也是教师的职责所在。

---

① ［英］A. N. 怀特海：《教育与科学理性的功能》，黄铭译，大象出版社2010年版，第28页。
② ［英］A. N. 怀特海：《教育的目的》，庄莲平等译，文汇出版社2012年版，第15页。

参考文献

一 中文类

(一) 中文著作

《毛泽东选集》(第一卷),人民出版社1991年版。

陈奎德:《怀特海哲学演化概论》,上海人民出版社1988年版。

但昭明:《从实体到机体——怀特海本体论研究》,人民出版社2015年版。

傅佩荣:《西方哲学与人生》第一卷,东方出版社2013年版。

郭元林:《复杂性科学知识论》,中国书籍出版社2012年版。

郭元祥:《教师的二十项修炼》,华东师范大学出版社2008年版。

贺麟:《现代西方哲学演讲集》,上海人民出版社2012年版。

洪汉鼎、陈治国:《知识论读本》,中国人民大学出版社2010年版。

胡军:《知识论》,北京大学出版社2006年版。

黄铭:《过程思想及其后现代效应科布神学思想研究》,宗教文化出版社2010年版。

黄铭:《过程与拯救怀特海哲学及其宗教文化意蕴》,宗教文化出版社2006年版。

金岳霖:《知识论》,中国人民大学出版社2010年版。

李秉德、李定仁:《教学论》,人民教育出版社1991年版。

李存山编:《张岱年选集》,吉林人民出版社2005年版。

林崇德:《21世纪学生发展核心素养研究》,北京师范大学出版社

2016年版。

柳海民：《教育过程论》，重庆出版社1994年版。

牟宗三：《寂寞中的独林》，陈克艰编选，新星出版社2005年版。

牟宗三：《五十自述》，鹅湖出版社1989年版。

牟宗三：《周易哲学讲演录》，华东师范大学出版社2004年版。

潘洪建：《致知与致思：课程改革的知识论透视》，山东教育出版社2015年版。

唐文中：《教学论》，黑龙江教育出版社1990年版。

王锟：《怀特海与中国哲学的第一次握手》，北京大学出版社2014年版。

王治河、樊美君：《第二次启蒙》，北京大学出版社2011年版。

王治河：《扑朔迷离的游戏——后现代哲学思潮研究》，社会科学文献出版社1998年版。

杨兆山：《教育学原理》，东北师范大学出版社2010年版。

杨兆山：《马克思人的解放思想的时代价值——科技革命视野中人的解放问题探索》，东北师范大学出版社2006年版。

杨兆山、姚俊：《马克思主义经典作家教育文论选讲》，辽宁人民出版社2017年版。

于伟：《现代性的省思后现代哲学思潮与我国教育基本理论研究》，教育科学出版社2014年版。

于伟：《现代性与教育》，北京师范大学出版社2008年版。

张东荪：《新哲学论丛》，商务印书馆1929年版。

张桂春：《激进建构主义教学思想研究》，辽宁师范大学出版社2002年版。

（二）中文译著

《马克思恩格斯全集》（第3卷），人民出版社1960年版。

《马克思恩格斯文集》（第1卷），人民出版社2009年版。

《马克思恩格斯选集》（第1卷），人民出版社2012年版。

《马克思恩格斯选集》（第4卷），人民出版社2012年版。

［澳］查尔斯·伯奇、［美］约翰·柯布：《生命的解放》，邹诗鹏、

麻晓晴译，科学普及出版社 2015 年版。
［德］康德：《纯粹理性批判》，邓晓芒译，人民出版社 2012 年版。
［德］马克思：《1844 年经济学哲学手稿》，人民出版社 2000 年版。
［法］笛卡尔：《第一哲学沉思集》，庞景仁译，北京商务印书馆 1986 年版。
［法］笛卡尔：《谈谈方法》，王太庆译，商务印书馆 2002 年版。
［美］大卫·格里芬等：《超越解构：建设性后现代哲学的奠基者》，鲍世斌译，中央编译出版社 2002 年版。
［美］大卫·格里芬：《后现代科学——科学魅力的再现》，马季方译，中央编译出版社 2004 年版。
［美］大卫·格里芬：《怀特海的另类后现代哲学》，北京大学出版社 2013 年版。
［美］大卫·格里芬：《魅何须超自然主义过程宗教哲学》，周邦宪译，译林出版社 2015 年版。
［美］大卫·格里芬：《现代精神》，王成兵译，中央编译出版社 1998 年版。
［美］多尔：《后现代课程观》，王红宇译，教育科学出版社 2000 年版。
［美］菲利浦·罗斯：《怀特海》，李超杰译，中华书局 2014 年版。
［美］罗伯特·梅斯勒：《过程—关系哲学——浅释怀特海》，周邦宪译，贵州人民出版社 2009 年版。
［美］撒穆尔·伊诺克·斯通普夫、［美］詹姆斯·菲泽：《西方哲学史》，丁三东等译，中华书局 2008 年版。
［日］田中裕：《怀特海——机体哲学》，包国光译，河北教育出版社 2001 年版。
［瑞士］皮亚杰：《发生认识论原理》，王宪钿等译，商务印书馆 1981 年版。
［瑞士］皮亚杰：《结构主义》，倪连生等译，商务印书馆 1986 年版。
［希腊］亚里士多德：《形而上学》，苗力田译，中国人民大学出版社 2008 年版。

［英］A. N. 怀特海：《观念的冒险》，周邦宪译，北京联合出版公司 2014 年版。

［英］A. N. 怀特海：《过程与实在》，周邦宪译，北京联合出版公司 2014 年版。

［英］A. N. 怀特海：《教育的目的》，庄莲平、王立中译，文汇出版社 2014 年版。

［英］A. N. 怀特海：《教育与科学理性的功能》，黄铭译，大象出版社 2010 年版。

［英］A. N. 怀特海：《科学与近代世界》，何钦译，商务印书馆 2012 年版。

［英］A. N. 怀特海：《思维方式》，刘放桐译，商务印书馆 2011 年版。

［英］A. N. 怀特海：《自然的概念》，张桂权译，译林出版社 2000 年版。

［英］A. N. 怀特海：《宗教的形成符号的意义及效果》，周邦宪译，译林出版社 2012 年版。

［英］罗素：《西方哲学史》（上卷），马元德译，商务印书馆 2009 年版。

［英］罗素：《西方哲学史》（下卷），马元德译，商务印书馆 2009 年版。

［英］洛克：《人类理解论》，关文运译，商务印书馆 1983 年版。

［英］培根：《新工具》，许宝骙译，商务印书馆 2008 年版。

（三）中文期刊和报纸

蔡闯、周迅：《姜伯驹：新课标让数学课失去了什么》，《光明日报》2005 年 3 月 16 日第 5 版。

蔡铁权：《从知识观解读课程三维目标》，《全球教育展望》2005 年第 9 期。

陈佑清：《学习中心课堂中的教师地位与作用——基于对"教师主导作用"反思的理解》，《教育研究》2017 年第 1 期。

陈元晖：《中国教育学七十年》，《北京师范大学学报》1991年第5期。

程永新：《浅议高中化学教育观念转变》，《教育教学论坛》2012年第24期。

迟延英：《新课程改革与知识观的转变》，《基础教育》2005年第6期。

迟艳杰：《我国基础教育课程改革的知识论基础之反思》，《教育科学研究》2011年第5期。

褚宏启：《核心素养的国际视野与中国立场——21世纪中国的国民素质提升与教育目标转型》，《教育研究》2016年第11期。

崔岐恩、钱海娟、陈小萍：《建构主义：新课程改革的灵魂》，《河北师范大学学报》（教育科学版）2009年第2期。

但昭明：《怀特海的"因果效验"及其存在论底蕴》，《自然辩证法研究》2008年第11期。

邓飞：《教育理想的价值归属困境与多元阐释可能》，《当代教育科学》2011年第5期。

丁立群：《过程哲学与文化哲学：生态主义的两个理论来源——与杰伊·麦克丹尼尔教授关于生态伦理和后现代主义的对话》，《求是学刊》2005年第5期。

董慧：《怀特海对现代科学的反思及其启示》，《自然辩证法研究》2009年第6期。

方环非：《论知识学视野下的怀特海内省理论》，《广西社会科学》2010年第10期。

傅维利：《教育研究原创性探析》，《教育研究》2003年第7期。

傅维利：《培养学生的实践能力：推进素质教育的重点》，《中国教育学刊》2005年第12期。

高伟：《知识论批判：一种教育哲学的反思》，《自然辩证法研究》2012年第4期。

高云球：《过程哲学与社会存在本体论》，《北方论丛》2008年第2期。

高云球：《过程哲学——作为建设性的后现代主义》，《求是学刊》2006年第2期。

葛玲霞：《反思建构主义教学理论及其在我国的适切性》，《基础教育研究》2007年第7期。

郭元祥：《新课程背景下课程知识观的转向》，《全球教育展望》2005年第4期。

贺来：《辩证法与过程哲学的对话——科布教授访谈录》，《哲学动态》2005年第9期。

胡芳：《知识观转型与课程改革》，《课程·教材·教法》2003年第5期。

胡君进：《学校是需要想象力的——怀特海教育思想启示》，《江苏教育研究》2014年第25期。

胡颖峰、但昭明：《作为一种文化奠基的怀特海宇宙论》，《广西社会科学》2009年第10期。

黄铭：《怀特海哲学在当代跨学科的意义》，《自然辩证法研究》2006年第7期。

黄铭：《论怀特海的教育哲学》，《浙江大学学报》（人文社会科学版）2004年第2期。

黄铭：《人类理性之"根"和"翼"——论怀特海理性观的两个维度》，《哲学研究》2012年第5期。

黄首晶：《从知识创新的视角看书本知识与生活经验的关系》，《教育研究与实验》2012年第2期。

黄伟：《课堂对话的运作机理——基于话语分析的视角》，《教育研究》2014年第7期。

黄小莲、刘力：《我们需要怎样的课程改革——兼评〈"新课程理念""概念重建运动"与学习凯洛夫教育学〉》，《课程·教材·教法》2009年第7期。

霍桂桓：《一只正在蜕皮的蝉——作为西方哲学当前生长点之一的怀特海过程哲学》，《哲学研究》2003年第4期。

江峰：《客观与主观：当代课程哲学的两种知识观评析》，《北京大学教育评论》2006 年第 4 期。

姜美玲：《课程知识观的隐喻转变：从"水桶"到"探照灯"》，《全球教育展望》2005 年第 3 期。

靳玉乐、王洪席：《基于过程哲学的课程论研究》，《教育理论与实践》2011 年第 22 期。

赖俊明：《新课程改革背景下中小学教师素质及其培养问题》，《北京教育学院学报》2011 年第 4 期。

李本友、王洪席：《过程哲学视域下传统课程范式转型》，《中国教育学刊》2011 年第 5 期。

李润洲：《过程哲学视野里的教学论研究》，《教育理论与实践》2010 年第 7 期。

李世雁、张建鑫：《从达尔文到怀特海的本体论逻辑进程》，《哈尔滨工业大学学报》（社会科学版）2012 年第 4 期。

李志强、张仁天：《论西方过程哲学思想的历史演进》，《理论探讨》2011 年第 6 期。

廖哲勋：《评新课改中不同知识观引发的激烈争论》，《课程·教材·教法》2014 年第 12 期。

林红：《论怀特海的智育思想》，《首都师范大学学报》（社会科学版）2003 年第 1 期。

刘德恩：《知识论视野的职教课程改革》，《外国教育资料》2000 年第 2 期。

刘红：《学习共同体：一种新型的教学组织形式》，《当代教育论坛》（下半月刊）2009 年第 9 期。

刘硕：《"重建知识概念"辨》，《教育学报》2006 年第 1 期。

柳海民、王澍：《合理发展：提升中国基础教育质量的新思路》，《东北师大学报》（哲学社会科学版）2014 年第 6 期。

卢建筠：《怀特海的生成性教育思想之探索》，《现代教育论丛》2006 年第 2 期。

卢晓梅：《对当代知识观转型与课程变革的审视》，《课程·教材·教法》2006 年第 9 期。

陆杰荣、刘红琳：《"实体"的沉降与"过程"的升腾——从西方形而上学的演进逻辑解读过程哲学的发展脉络》，《理论探讨》2014年第1期。

罗嘉昌：《爱因斯坦定域性破坏的哲学意义——兼评过程哲学的解释》，《自然辩证法通讯》1981年第3期。

马海涛：《论课程中知识的社会性建构——当代课程理论的知识观述评》，《全球教育展望》2003年第1期。

孟强：《梅洛·庞蒂、怀特海与当代科学论》，《现代哲学》2011年第4期。

聂敏里：《亚里士多德的形而上学：本质主义、功能主义和自然目的论》，《世界哲学》2011年第2期。

聂荣鑫：《后现代知识观中的课程改革》，《全球教育展望》2003年第6期。

欧阳康：《建设性的后现代主义与全球化——访美国后现代思想家小约翰·科布》，《世界哲学》2002年第3期。

潘洪建：《当代知识观及其对基础教育课程改革的启示》，《课程·教材·教法》2003年第1期。

潘洪建：《什么是知识：教育学的界说》，《江苏大学学报》（高教研究版）2005年第1期。

潘新民：《反思"当代西方新理论"在我国新课程改革中的适切性》，《教育科学研究》2006年第10期。

潘新民、张薇薇：《必须走出后现代知识观——试论科学知识教育的作用与价值》，《教育学报》2006年第4期。

裴娣娜：《现代教学论生成发展之思——怀特海过程哲学的方法论启示》，《教育学报》2005年第3期。

彭红卫、蒋京川：《对建构主义学习理论及其教育意义的反思》，《教育探索》2004年第5期。

彭泽平：《我国新课程改革的价值转型及其知识论与人学根源》，《华东师范大学学报》（教育科学版）2005年第1期。

曲跃厚：《过程哲学：当代哲学发展的一个新生长点——科布教授访

谈录》,《哲学动态》2002 年第 8 期。

曲跃厚:《怀特海哲学若干术语简释》,《世界哲学》2003 年第 1 期。

阮阳:《从怀特海过程教育哲学的视角看现代教学》,《基础教育》2007 年第 10 期。

桑国元:《对中国现代教育的理性思考——怀特海过程教育哲学的视角》,《当代教育科学》2006 年第 11 期。

沈丽平:《怀特海哲学的现象学之思》,《中南大学学报》(社会科学版)2008 年第 1 期。

沈湘平:《过程哲学与科学发展观》,《理论学刊》2008 年第 12 期。

石中英:《知识性质的转变与教育改革》,《清华大学教育研究》2001 年第 2 期。

粟高燕:《树立与新课程相适应的知识观》,《教育探索》2005 年第 3 期。

孙振东:《学校知识的性质与基础教育改革的方向》,《教育学报》2006 年第 2 期。

谭顶良、王华容:《建构主义学习理论的困惑》,《南京师大学报》(社会科学版)2005 年第 6 期。

谭顶良、王华容:《建构主义学习理论的困惑》,《南京师大学报》(社会科学版)2005 年第 6 期。

唐龙云:《评激进建构主义的知识观》,《宁夏大学学报》(人文社会科学版)2003 年第 4 期。

唐荣德:《我国中小学生科学素养形成中的问题探析》,《教育探索》2006 年第 7 期。

万伟:《知识观转变视野下的课程改革》,《教育科学》2003 年第 1 期。

汪霞:《转变课程观:来自杜威和怀特海过程理论的启示》,《教育理论与实践》2003 年第 3 期。

王策三:《对"新课程理念"介入课程改革的基本认识——"穿新鞋走老路"议论引发的思考》,《教育科学研究》2012 年第 2 期。

王策三:《迫切的要求和长期任务:提高教育质量》,《江西教育科研》1999 年第 3 期。

王策三:《认真对待"轻视知识"的教育思潮——再评由"应试教育"向素质教育转轨提法的讨论》,《北京大学教育评论》2004 年第 3 期。

王策三:《"三维目标"的教学论探索》,《教育研究与实验》2015 年第 1 期。

王策三:《"新课程理念""概念重建运动"与学习凯洛夫教育学》,《课程·教材·教法》2008 年第 7 期。

王策三:《应该尽力尽责总结经验教训——评"十年课改:超越成败与否的简单评价"》,《教育科学研究》2013 年第 6 期。

王洪席:《过程课程观念的历险——以怀特海、杜威和多尔为例》,《全球教育展望》2012 年第 7 期。

王洪席、靳玉乐:《课程改革:过程哲学之思》,《全球教育展望》2010 年第 4 期。

王立志、冯秀军:《过程哲学与大学之道》,《河北学刊》2006 年第 3 期。

王立志:《过程哲学与心灵生态国际学术研讨会综述》,《哲学动态》2011 年第 3 期。

王立志:《怀特海的"摄入"概念》,《求是学刊》2013 年第 5 期。

王立志:《怀特海与康德》,《哲学研究》2007 年第 6 期。

王澍:《基础教育改革 30 年:知识转型与立场更迭》,《东北师大学报》(哲学社会科学版)2008 年第 5 期。

王炜:《高等教育大众化背景下教师教育课程改革的价值取向》,《教育科学》2008 年第 4 期。

王新举:《论后现代主义对法律主体的解构和建构——以过程哲学为视角》,《求是学刊》2008 年第 5 期。

王月芬、徐淀芳:《论三维目标的设计、实施与评价》,《上海教育科研》2010 年第 2 期。

王治河:《过程哲学:一个有待发掘的思想宝库》,《求是学刊》2007 年第 4 期。

魏善春：《过程哲学视域中的教学生活：内涵、特质及价值诉求》，《教育理论与实践》2012 年第 34 期。

文雯、许甜、谢维和：《把教育带回来——麦克·扬对社会建构主义的超越与启示》，《教育研究》2016 年第 3 期。

吴康宁：《教育改革成功的基础》，《教育研究》2012 年第 1 期。

吴康宁：《制约中国教育改革的特殊场域》，《教育研究》2008 年第 12 期。

吴康宁：《中国教育改革为什么会这么难》，《华东师范大学学报》（教育科学版）2010 年第 4 期。

吴全会：《转变知识教学观：新课程改革的诉求》，《教育理论与实践》2008 年第 11 期。

吴晓玲：《我国近三十年学校文化研究探析：过程哲学的视角》，《教育发展研究》2013 年第 10 期。

吴志宏：《怀特海教育思想述评》，《华东师范大学学报》（教育科学版）1985 年第 4 期。

肖爱芝：《新课程背景下教师知识观的重塑》，《教育探索》2010 年第 4 期。

肖士英：《走向智慧教育观的新境界：怀特海智慧教育观的审视与超越》，《华东师范大学学报》（教育科学版）2015 年第 4 期。

谢龙：《与过程哲学融通的新型人文世界观》，《天津社会科学》2002 年第 6 期。

辛继湘：《课程评价改革的当代知识论基础》，《课程·教材·教法》2005 年第 6 期。

邢红军：《中国基础教育课程改革：方向迷失的危险之旅》，《教育科学研究》2011 年第 4 期。

熊华军：《个体生成：怀特海的过程教育哲学之意蕴》，《复旦教育论坛》2006 年第 6 期。

许锋华：《从实体到过程：过程哲学视野中传统课程观的反思》，《宁波大学学报》（教育科学版）2008 年第 1 期。

许锋华、岳伟：《浪漫、精确与综合——怀特海教育节奏思想探析》，

《扬州大学学报》（高教研究版）2009年第5期。

杨富斌：《怀特海过程哲学基本特征探析》，《求是学刊》2012年第5期。

杨富斌：《怀特海过程哲学思想述评》，《国外社会科学》2003年第4期。

杨富斌：《论怀特海的过程哲学观》，《求是学刊》2013年第5期。

杨丽娟：《建构主义学习理论与基础教育课程改革》，《济南大学学报》（社会科学版）2003年第5期。

杨丽、李长吉：《论怀特海的课程思想》，《教育探索》2010年第1期。

杨丽、温恒福：《怀特海的认识论及其对中国教育学发展的启示》，《教育研究》2013年第8期。

杨丽、温恒福：《怀特海对17世纪实体哲学的批判》，《北方论丛》2011年第5期。

杨丽、温恒福：《我国怀特海机体哲学研究85年》，《求是学刊》2011年第4期。

杨丽：《我国现代教学理论建构应有的五个追求——怀特海机体哲学方法论的启示》，《教育研究》2010年第2期。

杨启亮：《教材的功能：一种超越知识观的解释》，《课程·教材·教法》2002年第12期。

杨玉春、温勇：《建构主义教学观及其对我国新课程改革的影响》，《当代教育科学》2006年第20期。

杨兆山、张海波：《21世纪中国教育的问题与出路》，《社会观察》2006年第1期。

杨兆山、张海波：《整体性视角下的教育改革与发展》，《东北师大学报》（哲学社会科学版）2010年第1期。

姚林群、郭元祥：《新课程三维目标与深度教学——兼谈学生情感态度与价值观的培养》，《课程·教材·教法》2011年第5期。

于伟：《后现代科学观及其对科学教育观的消极影响》，《外国教育研究》2005年第11期。

于伟、胡娇：《现代性的教育观的危机与出路》，《教育科学》2004年第4期。

余文森：《新课程教学改革的成绩与问题反思》，《课程·教材·教法》2005年第5期。

袁传明：《试析怀特海的职业教育思想及启示》，《职业技术教育》2013年第1期。

袁维新：《从授受到建构——论知识观的转变与科学教学范式的重建》，《全球教育展望》2005年第2期。

张奠宙：《中国数学教育在改革与反思中前进》，《人民教育》2008年第22期。

张桂春：《建构主义教学思想的张力》，《教育科学》2003年第1期。

张菁：《基于过程哲学的教学论研究思维方式变革》，《中国教育学刊》2009年第8期。

张磊：《新课程改革的知识观反思》，《教育发展研究》2009年第1期。

张妮妮：《思辨的后现代主义——怀特海哲学》，《国外社会科学》1995年第10期。

张曙光：《过程范畴与过程哲学》，《学术交流》1992年第5期。

张香兰：《简论基于过程哲学的课程思维方式转变》，《课程·教材·教法》2007年第5期。

张小平：《试论建构主义与历史新课程教学》，《现代教育科学》2005年第2期。

张晓洁、常志良：《怀特海的摄入理论与教育哲学》，《教育学术月刊》2008年第1期。

张晓瑜：《论"有根有翼"课程价值观的构建——基于过程哲学与中国文化融合的视角》，《教育研究》2013年第2期。

张秀华：《马克思与怀特海的精神实践之比较》，《理论探讨》2017年第1期。

张瑜：《浅谈新课标下高中化学教学中的问题与解决策略》，《中小企业管理与科技》（上旬刊）2015年第5期。

赵君英：《怀特海的过程哲学思想及其所蕴涵的教育研究方法论启示》，《教育探索》2013年第8期。

郑金洲：《课堂教学变革的十个要点》，《教育理论与实践》2007年第11期。

郑利霞：《论知识观转型与课程改革》，《教育理论与实践》2008年第28期。

钟启泉：《对话与文本：教学规范的转型》，《教育研究》2001年第3期。

钟启泉：《概念重建与我国课程创新——与〈认真对待"轻视知识"的教育思潮〉作者商榷》，《北京大学教育评论》2005年第1期。

钟启泉：《基于核心素养的课程发展：挑战与课题》，《全球教育展望》2016年第1期。

钟启泉：《建构主义"学习观"与"档案袋评价"》，《课程·教材·教法》2004年第10期。

钟启泉、姜美玲：《新课程背景下教学改革的价值取向及路径》，《教育研究》2004年第8期。

钟启泉：《开发新时代的学校课程——关于我国课程改革政策与策略的若干思考》，《全球教育展望》2001年第1期。

钟启泉：《凯洛夫教育学批判——兼评"凯洛夫教育学情结"》，《全球教育展望》2009年第1期。

钟启泉：《日本"学力"概念的演进》，《教育发展研究》2014年第8期。

钟启泉：《"三维目标"论》，《教育研究》2011年第9期。

钟启泉、王艳玲：《教师知识研究的进展与启示》，《大学》（研究与评价）2008年第1期。

钟启泉：《"学校知识"与课程标准》，《教育研究》2000年第11期。

钟启泉、有宝华：《发霉的奶酪——〈认真对待"轻视知识"的教育思潮〉读后感》，《全球教育展望》2004年第10期。

钟启泉：《"知识教学"辨》，《上海教育科研》2007年第4期。

钟启泉：《知识论研究与课程开发》，《外国教育资料》1996年第

2期。

钟启泉:《知识社会与学校文化的重塑》,《教育发展研究》2002年第1期。

钟启泉:《知识隐喻与教学转型》,《教育研究》2006年第5期。

周洪宇、易凌云:《大数据时代教师教育的变革》,《教育研究与实验》2017年第1期。

[美] J. A. 西蒙斯、[美] J. 迈克丹尼尔、郭晓慧:《列维纳斯和怀特海:未来谈话之说明》,《世界哲学》2011年第4期。

[美] J. B. 科布、邵刚、杨金颖:《怀特海哲学和建设性的后现代主义》,《世界哲学》2003年第1期。

[美] J. B. 科布、王盈、曲跃厚:《怀特海思想与当代中国的相关性》,《世界哲学》2003年第1期。

[美] 鲍伯·麦斯里、尹航:《创造性转化:过程哲学在课程和课堂教学中的运用》,《现代教育管理》2013年第1期。

[美] 大卫·格里芬、蔡仲:《新千年的怀特海、中国及全球民主》,《求是学刊》2002年第5期。

[美] 大卫·格里芬、曲跃厚:《怀特海的道德哲学》,《求是学刊》2007年第4期。

[美] 费劳德、李大强:《一种怀特海主义的教育理论——兼论中国教育改革》,《华中科技大学学报》(社会科学版)2005年第5期。

[美] 费劳德、王治河、曲跃厚:《怀特海过程哲学及其当代意义》,《求是学刊》2002年第1期。

[美] 杰伊·麦克丹尼尔、李斌玉:《为什么选择过程哲学》,《求是学刊》2007年第4期。

[美] 小约翰·B. 柯布、李明:《从怀特海哲学的角度审视现代化》,《马克思主义与现实》2007年第2期。

[美] 小约翰·B. 科布、程相占:《怀特海论伦理学与美学》,《南阳师范学院学报》2012年第5期。

[美] 小约翰·B. 科布、张学广:《怀特海的价值理论》,《天津社会科学》2002年第6期。

［美］小约翰·科布、黄铭：《为什么信仰需要过程哲学》，《求是学刊》2008年第5期。

［英］A. N. 怀特海、艾彦：《怀特海过程哲学观概要》，《世界哲学》2003年第1期。

［英］A. N. 怀特海、霍桂桓：《论不朽》，《社会科学论坛》2010年第17期。

二　外文类

（一）外文著作类

Alfred North Whitehead, *An Enquiry Concerning the Principle of Natural Knowledge*, New York: Dover Publications, Inc., 1982.

Alfred North Whitehead, *Symbolism: Its Meaning and Effect*, New York: Fordham University Press, 1995.

Alfred North Whitehead, *The Aims of Education*, London: Ernest Benn, 1950.

A. N. Whitehead, *The Organisation of Thought Educational and Scientific*, London: Williams Publication, 1917.

T. Details, *Rethinking Education: Towards a Global Common Good?*, United Nations Educational, Scientific and Cultural Organization, 2015.

（二）外文期刊类

Berkeley, George, "An Essay Toward A New Theory of Vision, 1709", *Australasian Journal of Optometry*, Vol. 8, 1948.

Deneulin, Severine, and N. Townsend, "Public Goods, Global Public Goods and the Common Good", *International Journal of Social Economics*, Vol. 34, 2007.

L. S. Stebbing, "Professor Whitehead's 'Perceptual Object'", *Journal of Philosophy*, Vol. 8, 1926.

后　　记

本书是基于我的博士学位论文《怀特海的知识论及其启示——基于对我国基础教育课程改革的分析》稍作修改后完成的。虽毕业两年有余，但对怀特海知识论的理解还是远远不足，其深邃的内涵与远见卓识可能还要花费数年方可领悟透彻。在改稿过程中，一些当时觉得深奥难懂的话语如今看来依然难以参透其中奥妙，在此也希望能够借本书抛砖引玉，令更多的学术同人注意到怀特海思想的独特魅力并提出宝贵的意见。

选择基础教育课程改革与知识论为研究主题，主要源自自己对我国"新课改"背后的知识论问题的不断省思与自己成长过程中对教育发展变革的各种感悟。作为一名"80后"，"新课改"伴随了我的成长，从小学到中学再到大学，我深深地感受到了我国教育改革的不断深化，对其中存在的一些问题也是感受颇深。多年前，王策三教授与钟启泉教授的学术论争非常激烈，我在拜读了相关文章后，对教育学界中所存在的有关"新课改"的两个派别及其相关理论思想进行了一定的研究。在研究过程中，我发现不论是哪一派别的学者都热切地希望我国教育事业能够健康、平稳地发展，都希望"新课改"能够越来越好。但不能否认的是，"新课改"并不完美，它的的确确存在着一些理论困境与实践问题。特别是在知识论方面，客观主义、建构主义与解构主义知识观都曾主导过我国教育事业的发展，在取得了一定成绩的同时也埋下了不少隐患，其背后的哲学背景也存在诸多论争，让很多学者及教师感到茫然无措。因此，我选择了"知识论"作为视角及主要研究方向，尽可能客观、全面地梳理出我国基础教育课程改革背后的知识论问题，哪怕力量低微，也愿能够对我国教育事业的发展有所裨益。

  兴趣使然，我接触了怀特海及其哲学思想，其深邃的内涵、开创性的思维方式、缜密的逻辑推导以及极具远见卓识的理论观点让我心生向往。我隐隐地感觉到脱胎于有机哲学的怀特海知识论也许能够为我国基础教育课程改革提供一些新机缘与新可能。但客观地说，怀氏的哲学比较晦涩难懂，其对本体论的重构使得机体哲学的整个话语体系与理论逻辑与以往的哲学思想大不一样，加之国际及国内有关怀特海知识论的研究相对较少，更加大了对其的研究难度。还记得第一次研读怀特海的《过程与实在》一书时，整篇文字自己连只言片语都难以参透，甚至一度想放弃这个方向。然而，本人深知学术科研绝不是一件简单的事情，越困难的研究或许才能够越有所值。所以，基于自己对基础教育课程改革的浓厚情结与对怀特海哲学思想的巨大兴趣，虽然磕磕绊绊，但还是在多方的支持与鼓励中完成了本研究并终以成书。

  在这里，我首先要感谢我的博士生导师杨兆山教授，本研究自始至终都是在杨老师的指导下进行的，在遇到瓶颈时恩师的鼓励以及着手研究怀特海时恩师对我能力的认可，使我能够坚定研究的信念，终成此书。对于杨老师的恩情，学生一生难忘！同时也要感谢王治河教授、樊美筠教授、杨福斌教授、温恒福教授、杨丽教授、张海波教授给予我的悉心指导，各位老师对我可谓知无不言、言无不尽，指出了本研究的诸多不足并提出了相关的修改建议。可以说，没有各位老师的批评指正，想必本研究很难成文成书，在此，我再次报以深深的感谢！

温宏宇

2020 年 9 月 29 日于哈尔滨